KB063545

중국인의 미덕과 핵심가치관

초판 1쇄 인쇄 2017년 10월 15일
초판 1쇄 발행 2017년 10월 25일
지 은 이 다이무차이(戴木才)
옮 긴 이 김승일
발 행 인 김승일
디 자 인 조경미
펴 낸 곳 경지출판사
출판등록 제2015-000026호

판매 및 공급처 도서출판 징검다리
주소 경기도 파주시 산남로 85-8
Tel : 031-957-3890~1 Fax : 031-957-3889 e-mail : zinggumdari@hanmail.net

ISBN 979-11-86819-87-6 93330

중국인의 미덕_과

핵심가치관

다이무차이(戴木才) 지음 | 김승일 옮김

 경지출판사

CONTENTS

CONTENTS

책임편집 소개

다이무차이(戴木才), 남, 1965년생, 장시(江西)성 지안(吉安)출생. 박사, 교수, 박사연구생 지도교사. 현재 중앙선전부 사상정치업무연구소 연구원 겸 부소장, '간판(贛鄱)영재 555프로젝트'의 고급유연인재(高端柔性人才). 2014년 2월 24일 제18기 중앙정치국 제13차 집단학습반에서 「사회주의 핵심가치관을 양성하고 선양하며 중화의 전통미덕을 고취하자」라는 주제를 발표함. 연구방향은 주로 중국 특색의 사회주의·핵심가치관·정치윤리 등 분야이고, 중국공산당 제18차 전국대표대회 이후 기획 편찬한 저술은 다음과 같다.

1. 『레이펑(雷鋒): 우리 시대 도덕의 랜드마크』(중국 사회주의 핵심가치체계 건설 '바이[双百, 중국 문예 학술 분야에서 백화제방·백가쟁명(百花齊放·百家爭鳴)의 기본 방침]'출판 프로젝트 최초 중점 출판물)

2. 『흥국지혼(興國之魂)—사회주의 핵심가치관 적극 양성 및 실천 관련 10강』(중국공산당 제 18차 전국대표대회 주제 출판물·2014년 중국 청소년에게 추천하는 100종 우수 도서)

3. 『중국인의 미덕과 핵심가치관』(사회주의 핵심가치관 양성 및 실천 주제 중점 출판물)

4. 『중국이 사회주의 길을 걸어 성공한 원인은 무엇인가?』(건국 65주년 주제 출판물)

제1장
중국인의 전통 핵심가치관

제1장
중국인의 전통 핵심가치관

한 사람의 성공과 실패, 한 가정의 흥망성쇠, 한 국가와 민족의 존립과 멸망은 모두 핵심가치관과 밀접히 연결되어 있다. 한 국가와 민족에 있어서 핵심가치관이 없어서는 안 된다는 사실은 이미 역사를 통해 거듭 증명된 이이다. 핵심가치관은 한 국가와 민족에 사상적 · 정치적 기치이며, 한 국가와 민족이 나라를 평안하게 다스리는 정신적인 혼이다.

1. 중국인의 전통 핵심가치관은 무엇인가?

중국의 전통 핵심가치관은 중화민족이 세계 민족 가운데 우뚝 설 수 있는 정신적 기치이다. 중국의 5천여 년에 걸친 문명 발전, 특히 2천여 년 간의 봉건사회 발전과정에서 중화민족은 생존과 연속 · 발전을 거치면서 사상문화가 깊이 뿌리를 내렸으며, 중화민족의 전통 핵심가치관과 우수한 도덕정신이 형성되었다. 정심성의 (正心誠意, 마음을 바르게 가다듬고 뜻을 정성스럽게 함 · 격물치지(格物致知, 실제 사물의 이치를 연구하여 지식을 완전하게 함) · 수신제가치국평천하(修身齊家治國平天下, 먼저 몸과 마음을 닦아 수양하여 집안을 안정시킨 후에 나라를 다스리고 천하를 평정함)……
중화민족의 전통 핵심가치관은 중화 아들딸의 우수한 도덕정신을 양성하는
것과 밀접히 연결되며 개인·가정·사회·국가 등 여러 방면에 일관되어
있다.

중국 전통 핵심가치관의 중요한 특징의 하나가 바로 개인의 도덕품성을
수련하는 것을 중시하고 도덕규범의 실천을 중시하며 전반적인 이익가치를
추구하는 것을 중시하는 것이다. 중국 전통 핵심가치관은 중화의 아들딸이
의지하고 처세하며 사업에서 성취를 이루는 가치기준과 도덕적 기반인 한편
중화민족의 진보와 사회의 발전, 국가의 안정을 이루는 가치 추구와 정신적
기둥이기도 하다. 그 가치관이 대대로 뜻있고 덕을 갖춘 사람을 양성해
중화민족이 문명과 발전을 향해 꾸준히 나아가도록 추진하고 있다.

그중 '삼강오상(三綱五常)'과 명교(名教) 관념은 핵심 범주로서
중화민족의 전통 핵심가치관을 집중적으로 반영했다.

이른바 '삼강(三綱)'이란 군위신강(君爲臣綱, 임금은 신하의 벼리가 됨),
부위자강(父爲子綱, 아버지는 자식의 벼리가 됨), 부위처강(夫爲妻綱지,
지아비는 아내의 벼리가 됨)이다.

이른바 '오상(五常)'이란 '인·의·예·지·신(仁義禮智信, 유학에서
사람이 마땅히 지켜야 할 다섯 가지 도리. 곧 어질고, 의롭고, 예의 바르고,
지혜롭고, 믿음직함을 이름)'이다.

이른바 명교 관념이란 봉건 지주계급의 통치 이익에 부합되는
정치 관념·가치 추구·도덕규범으로서 "명분을 세우고(立爲名分)
명목을 만들어(定爲名目) 명예와 절의라고 이름을 짓고(號爲名節)
공명이라고 규정지어(制爲功名)" 이로써 백성을 교화하면서 '명분으로

교화한다(以名爲敎)'라고 이른다. 그 내용은 주로 '삼강오상'이다.

'삼강오상'은 중국 고대의 핵심가치관이 되었으며 형성과 발전·보완하는 과정을 꾸준히 거쳤다.

'삼강오상'은 서한(西漢) 동중서(董仲舒)의 『춘추번로(春秋繁露)』가 근원이다.

'삼강'의 뜻은 '아내란 지아비와 합하는 것(妻者夫之合)이고, 자식이란 아버지와 합하는 것(子者父之合)이며, 신하란 임금과 합하는 것(臣者君之合)'이라는 뜻이다. 그러나 그 사상 내용은 선진(先秦)시기까지 거슬러 올라간다. 공자는 '군군(君君, 임금은 임금다워야 함), 신신(臣臣, 신하는 신하다워야 함)', '부부(父父, 아비는 아비다워야 함), 자자(子子, 자식은 자식다워야 함)' 등 윤리 관념을 제기했다. 맹자는 인(仁)·의(義)·예(禮)·지(智)를 모덕(母德)으로 해 '부자유친(父子有親, 아버지와 자식 사이에는 친함이 있어야 함), 군신유의(君臣有義, 임금과 신하 사이에는 의리가 있어야 함), 부부유별(夫婦有別, 지아비와 아내 사이에는 분별이 있어야 함), 장유유서(長幼有序, 어른과 아이 사이에는 차례가 있어야 함), 붕우유신(朋友有信, 벗과 벗 사이에는 신의가 있어야 함)'이라는 '오륜(五倫)' 도덕규범을 제기하고 이를 '오륜십교(五倫十敎)'로 확장했다. 즉 '군혜신충(君惠臣忠, 임금은 어질어야 하고 신하는 충성해야 한다), 부자자효(父慈子孝, 아버지는 자애로워야 하고 자식은 효도해야 한다), 형우제공(兄友弟恭, 형은 아우에게 우호적이어야 하고 아우는 형을 공경해야 한다), 부의부순(夫義婦順, 지아비는 아내에게 의리를 지켜야 하고 아내는 지아비에게 순종해야 한다), 붕우유신(朋友有信, 벗과 벗 사이에는 신의가 있어야 한다)'이라는 것이다.

관중(管仲)은 이른바 '사유칠체(四維七體)' 윤리도덕규범체계를 제기했다. '사유(四維)'란 '예절(禮)·의리(義)·청렴(廉)·부끄러움(恥)'을 가리키고 '칠체(七體)'란 '효도·공경·자애·은혜(孝悌慈惠), 공손·경건·충성 ·신의(恭敬忠信), 공정과 우애(中正比宜), 단정과 절제(整齊撙詘), 절약(纖嗇省用), 돈후함과 소박함(敦懷純固), 화목과 조화로움(和協輯睦)'을 가리킨다. 한비자는 '신하는 임금을 섬기고, 자식은 아버지를 섬기며, 아내는 지아비를 섬겨야 한다. 이 3자가 모두 순조롭게 잘 행해져야 세상이 태평하고 이 3자를 거스르면 세상이 어지러워진다(臣事君, 子事父, 妻事夫, 三者順則天下治, 三者逆則天下亂)'라는 관점을 제기했다.

이러한 사상을 바탕으로 동중서는 그의 대도(大道)인 '귀양천음(貴陽賤陰, 양을 높이고 음을 낮게 봄)'의 양존음비(陽尊陰卑)이론에 따라 '오륜'관념에 대해 더 한 층 발휘해 '삼강'원리와 '오상(五常)'의 도(道)를 제기했다.

동중서는 인륜관계에서 군신(君臣)·부자(父子)·부부(夫妻) 세 가지 관계가 가장 중요하다면서 이 세 가지 관계에는 하늘이 정한, 영원히 변하지 않는 주종(主從)관계가 존재한다고 주장했다. 즉 임금은 주(主)이고, 신하는 그를 따르는 종(從)이며, 아버지는 주이고 자식은 종이며, 지아비는 주이고 아내는 종이라는 것으로서 이른바 '군위신강, 부위자강, 부위처강'의 삼강을 이른다.

'삼강'은 모두 음양의 도에 따른다. 구체적으로 말하면 '임금(君)· 아버지(父)·지아비(夫)'는 하늘의 '양(陽)'면을 뜻하고, '신하(臣)· 자식(子) ·아내(妻)'는 하늘의 '음(陰)'면을 뜻한다. '양'은 영원히 주재자로서 존귀한 지위에 있고 '음'은 영원히 순종자로서 비천한 지위에 있다. 동중서는 이로써 군권(君權)·부권(父權)·부권(夫權)의 통치 지위를 확립토록 했으며,

봉건등급제도 · 정치질서를 우주의 근본 법칙에 따라 신성화했다.

'삼강'은 실제로 '오륜'에서 발전했다고 해야 마땅할 것이다. '오륜' 중에서 가장 중요한 '삼륜(三倫)'인 부자유친, 군신유의, 부부유별을 인륜의 근본으로 삼는다. '오륜'관계는 양 방향 상대적 관계인 반면에 '삼강'관계는 일방적인, 인신종속과 순종을 원칙으로 하는 절대적 관계이다. '오륜'은 비록 종법위계질서를 강조하나 군신(君臣), 부자(父子) 사이에는 서로 혜택을 주고 서로 작용하며, 또 윗사람의 솔선수범을 전제로 하지만 '삼강'은 윤리관계를 더욱 간단하고 직관적이 되게 했다.

'오상'은 '인의예지신(仁義禮智信)'를 가리킨다. '상(常)'은 항상, 영원불변의 의미가 있다.

맹자(孟子)는 중국에서 제일 처음 '인의예지' 4덕을 하나의 전체로 삼아 제기한 사상가이다. '인의예지'는 처음에는 매 개인이 모두 따라야 하고 또 마땅히 갖춰야 할 도덕규범을 가리키는 것으로서 "측은지심이 곧 인(仁)이고, 수오지심이 곧 의(義)이며, 공경지심이 곧 예(禮)이고, 시비지심이 곧 지(智)이다. '인의예지'는 외부에서 얻는 것이 아니라 자신에게 원래부터 고유한 것으로서 다만 사람들이 애써 생각하고 깨우치지 않았을 뿐이다(惻隱之心, 仁也; 羞惡之心, 義也; 恭敬之心, 禮也; 是非之心, 智也; 仁義禮智, 非由外鑠我也, 我固有之也, 弗思耳矣.") 동중서는 '인의예지'를 기반으로 해 '신(信)'이라는 규범을 추가해 '오상'이 라고 불렀다.

한장제(漢章帝)가 이를 받아들였으며 또 선비들에게 새롭게 설명했다. 즉 "인이란 모질거나 잔인하지 아니함이요, 다른 사람에게 사랑을 베풂이다. 의란 마땅히 해야 하는 도리이며 바르게 판단함이다. 예란 실행함이요,

도의를 실천함에 조문이 되는 것이다. 지란 아는 것이요, 눈앞에 보이는 알고 있는 사물에 대해 독특한 견해를 갖고 있으며 겉으로 보이는 표면현상에 미혹되지 않고 아주 미소한 조짐만 보고도 그 뒤에 일어날 수 있는 큰 변화에 대해 알 수 있음이다. 신이란 성실함이요, 한결같고 함부로 변하지 않음이다(仁者, 不忍也, 施生愛人也；義者, 宜也, 斷決得中也；礼者, 履也, 履道成文也；智者, 知也, 獨見前聞, 不惑于事, 見微者也；信者, 誠也, 專一不移也.)"라고 했다. 동중서가 제기한 "백가를 배척하고 유가만을 중시해야 한다(罷黜百家, 獨尊儒術)"는 치국정책과 '삼강오상' 학설을 한무제(漢武帝)가 채택하고 실시했다. 한장제 시기에 '백호관(白虎觀)회의'[1]를 거쳐 정식으로 신권(神權)·군권(君權)·족권(族權)·부권(夫權)은 신성불가침이라는 기본 사회 윤리체계를 확립했다. 그 뒤 '삼강오상'은 중국 고대 봉건사회 윤리규범의 영원불변의 금과옥조가 되었으며, 중국 봉건사회의 천 년 동안 흔들리지 않고 세세대 대로 지켜온 사회윤리 도덕규범이 되었다.

중국 봉건사회의 통치자들은 '삼강오상'을 두고 "세속을 구제하고 길하고 상서로운 기운을 불러 하늘이 내린 복을 백성들이 받게 하는 것"[2]이라고 했다. 그래서 '삼강오상'을 봉건사회의 근본 사상과 핵심 가치 관념으로

---

1) 『백호통의(白虎通議)』를 참조.
2) 『후한서·조포전(後漢書·曹褒傳)』

삼고, 최고 도덕원칙으로 삼아 학설·이론체계를 세우고 저서로 편찬했으며 학당을 세워 널리 가르쳐 백성을 교화했다. 또 '삼강오상'을 이용해 관직을 설치하고 직무를 분담시켰으며, 선비를 등용해 벼슬을 시키고 명예와 절의를 장려했다. 그리고 또 '삼강오상'을 봉건 족보와 가규에 포함시키고 풍속습관과 민간문화로 전환시켜 사회생활의 여러 분야에 침투시킴으로써 사람을 교화하고 사람의 사상과 행위를 규범화시키며 속박하는 역할을 발휘할 수 있게 했다.

명교(名敎)관념의 최초 창시자는 공자이다. 공자는 등급명분으로 사회를 교화할 것을 강조했다. 그는 '위정(爲政, 정치를 행함)'에 있어서 우선적으로 "명분을 바로세워야 한다(정명, 正名)"라고 주장하면서 "임금은 임금다워야 하고(군군, 君君), 신하는 신하다워야 하며(신신, 臣臣), 아비는 아비다워야 하고(父父), 자식은 자식다워야 한다(자자, 子子)"고 주장했다.

동중서는 각기 다른 도덕적 요구에 대해 깊이 살펴 만민을 교화할 것을 선도했다. 한무제 때 통치이익에 부합되는 정치관념·도덕규범으로 '명분을 세우고(立爲名分) 명목을 만들어(定爲名目) 명예와 절의라고 이름을 짓고(號爲名節) 공명이라고 규정지어(制爲功名)' 이로써 백성을 교화하면서 "명분으로 교화(以名爲敎)한다"고 했다. 그러나 '명교(名敎)'라는 단어가 나타난 것은 위진(魏晉)시기로서 공자의 '정명'사상을 주요 내용으로 하는 예교(禮敎)를 가리켰다. 위진시기에 '명교'와 '자연'의 관계를 둘러싸고 변론을 벌였다.

왕필(王弼)은 노장(老莊, 노자와 장자를 아울러 이르는 말)의 사상을 유교와 결합시켜 '명교'가 자연에서 생겨났다고 주장했다. 혜강(嵇康)은 "명교에서 벗어나 자연을 받아들여야 한다(越名敎而任自然)"는 사상을 제기했다. 서진(西晉)시기 곽상(郭象)은 '명교'는곧 자연이라고 주장했다. 송(宋)·명(明) 후 명교는 '천리(天理)'로 간주되어 사람의 언행을 속박하는 질곡이 되었다. 윤리강상을 어길 경우에는 '명교의 죄인'으로 간주되었다.

'삼강오상'과 명교관념은 봉건주의 전제통치와 위계질서의 신성성과 합리성을 변호하기 위한 수단으로서 역대 봉건통치계급이 수호하고 제창해온 사상이다. 따라서 이론적으로 막대한 위력을 발휘했을 뿐 아니라 실천과정에서도 깊은 역사적 영향을 일으켰다. '삼강오상'과 명교관념은 봉건군주 전제정치의 등급제도와 통치질서를 수호하고 인륜관계를 규범화시켰으며, 봉건주의 사회제도를 크게 공고히 함으로서 중국 2천여 년의 봉건사회 역사 발전과정에서 중요한 핵심가치관 역할을 했다.

비록 어지러운 위진남북조(魏晉南北朝) 시대에 '정변이 잦고 전란이 이따금씩 발생했지만 군주정치질서는 대체로 안정을 유지했다.' 그 주요 원인 중의 하나가 바로 '유가정치사상과 정치원칙'을 대표하는 '삼강오상'이 핵심가치관으로서 상대적으로 안정되었고 또 사상적, 정신적으로 막강한 통솔역할을 발휘하였다.(표 1—1)

표 1—1 중국 봉건사회 핵심가치관의 이론 구조

이론구조	기본 내용
'삼강'	즉 군위신강, 부위자강, 부위처강. '삼강'은 봉건사회에서 군신·부자·부부 사이의 특별한 사회관계와 사회위계질서에 대해 규정지었다. 신하·자식·아내는 반드시 임금·아버지·지아비에게 절대적으로 순종해야 하고 임금·아버지·지아비는 신하·자식·아내의 본보기가 되어야 한다.
'오상'	즉 인의예지신은 군신·부자·형제·부부·벗 등 인륜관계를 조정하고 규범화시키는 행위 가치 준칙과 윤리도덕규범이다. "인이란 모질거나 잔인하지 아니함이요, 다른 사람에게 사랑을 베풂이다. 의란 마땅히 해야 하는 도리이며 바르게 판단함이다. 예란 실행함이요, 도의를 실천함에 조문이 되는 것이다. 지란 아는 것이요, 눈앞에 보이는 알고 있는 사물에 대해 독특한 견해를 갖고 있는 것이며 겉으로 보이는 표면현상에 미혹되지 않고 아주 미소한 조짐만 보고도 그 뒤에 일어날 수 있는 큰 변화에 대해 알 수 있는 것이다. 신이란 성실함이요, 한결같으며 임의로 변하지 않음이다." 『백호통의·정성(白虎通義)·情性』
명교관념	명(名)은 즉 명분이고, 교(敎)는 즉 교화를 가리킨다. 이른바 '명교'란 위에서 통치계급이 정한 명분을 통해 천하를 교화함으로써 봉건사회의 윤리강상과 등급제도를 유지하는 것을 가리킨다.

'삼강오상'과 명교관념은 중국 봉건사회의 핵심가치관으로서 내용이 풍부하고 자체의 체계를 이루었으며 고도로 개괄적이고 간단명료하여 기억하기 쉽고 알기 쉬우며 전파하기 쉬워 널리 보급하기가 편리했다.

  첫째, '삼강오상'과 명교관념은 토대성과 체계성을 갖추었다. '삼강'은 봉건사회에서 군신·부자·부부 세 가지 가장 기본적인 윤리관계를 명확하게 확립하였다. '인의예지신'은 군신·부자·형제·부부·벗 등 인륜관계를 조정하고 규범화시키는 행위 가치 준칙과 다섯 가지 영원불변한 도덕규범으로서 명교관념은 도덕실천의 기본법칙에 대해 명확하게 규정지었다. 즉 위에서 통치계급이 정한 명분을 통해 천하를 교화한다는 것이다.

  둘째, '삼강오상'과 명교관념은 근원성과 주도성을 갖추었다. '삼강오상'과 명교관념은 전 사회에 영향을 미치는 핵심가치체계와 도덕규범체계로서 사회의 가치 방향과 도덕 교화를 추진하며, 기타 많은 가치 관념과 도덕규범은 모두 '삼강오상'과 명교관념에서 파생과 추론을 거쳐 나온 것이다. 역사적으로 '삼강오상'과 명교관념은 중화의 문화를 양성하고 사회발전을 추진하며 국민의 성격을 부각하는 데서 매우 중요한 역할을 발휘했다.

  물론 우리는 '삼강오상'과 명교관념에 풍부한 정수(精髓)가 포함되어 있을 뿐 아니라 또 봉건사상의 찌꺼기도 섞여있음을 충분히 선별해 내야 한다. 우리는 '삼강오상'과 명교관념을 사회주의 핵심가치관을 적극 양성하고 실천하는 기본 가치자원으로 삼는 과정에서 분석과 비판을 거치지 않고 전부 그대로 받아들일 것이 아니라, 반드시 그 속의 정수만 취하고 찌꺼기는 제거해야 한다. 특히 시대의 요구와 결합시켜 창조적으로 전환시켜야 한다.

종합적으로 '삼강오상'과 명교관념 중에서 '삼강'과 명교관념은 대체로 봉건적 찌꺼기에 속하고 '인의예지신'에는 풍부한 정수가 되는 요소가 포함되어 있다. 우리는 사회주의 발전의 시대적 요구와 인류문명 발전의 시대적 흐름이라는 높은 차원에서 봉건적인 찌꺼기를 제거하고 정수를 받아들이며 새로운 시대적 내용을 부여해 사회주의 발전에 적응하도록 하고 인류문명의 발전과 맞물리도록 해야 한다. 우리는 비판 과정에서 전승하고 전승과정에서 혁신하며 혁신 속에서 널리 선양하고 선양 속에서 발전을 이루어야 할 것이다.

2. 중국 전통 핵심가치관의 정수

근대에 들어선 뒤 자산계급 계몽사상의 선전과 개량, 혁명의 세례를 거쳐 중국의 진보적인 지식인들이 선도하는 '낡은 도덕에 반대하고 새로운 도덕을 제창하며 낡은 문학에 반대하고 새로운 문학을 제창하는' 신문화운동이 흥기하기 시작했으며 봉건적인 유교와 낡은 문화에 반대하고 민주와 과학을 제창하는, 봉건주의문화에 전면적인 충격을 가하는 흐름으로 점차 발전했다.

5.4운동시기에 중국의 일부 급진파 사상가들이 "공가점(孔家店, 공자의 유교사상을 선전하는 거점)을 타도하자"는 구호를 제기했다. 중화민족은 나라를 멸망의 위기에서 구하고 생존을 도모하는 과정에서 서양의 새로운 사상을 배우고 봉건적인 낡은 도덕을 비판하면서 역사의 발전을 구현하고자 했다. 그러는 과정에 또 중국 전통문화와 전통 핵심가치관을 전면 부정하는

경향이 나타났다. 이는 우리가 오늘날 사회주의 핵심가치관을 양성하고 실천함에 있어서 냉철하게 분석하고 변증법적으로 대해야 할 과제이다.

혁명시기에는 사회경제기반과 생산관계가 급격히 변화됨에 따라 시대발전의 흐름에 맞는 사회 선진 가치 관념과 의식형태·도덕정신이 필연적으로 모든 낙후하고 부패한 가치 관념과 의식형태·도덕정신에 강렬한 충격을 가하고 말끔히 씻어버림으로써 사회에 천지개벽의 변화를 가져오게 된다. 이는 사회발전과 사회사상의식형태 발전 변화의 필연적인 법칙이다. 혁명이 지나간 뒤에는 또 낡은 문화유산과 핵심가치관·도덕정신에 대해 재차 정리와 조정·한 차원 높은 단계로 끌어올리는 과정을 거치게 되는데 이 역시 사회사상 의식형태 건설의 객관적 수요이다.

1949년 중화인민공화국이 창립된 후 중국공산당은 마르크스주의 기본원리를 중국의 구체적 실제상황에 결합시킨 성공적인 경험에 비추어 중국 고대문화를 비판적으로 계승하자는 사상을 제기했다. 이에 따라 '그중의 정수를 받아들이고 찌꺼기를 제거하자'는 옛날의 문화유산을 오늘의 현실에 맞게 받아들이는 방침을 확립함으로서 중국 전통문화에 대한 자세와 방법론문제를 정확하게 해결했다. 모택동(毛澤東)은 다음과 같이 말했다.

"우리 역사 유산을 배움에 있어서 마르크스주의의 방법으로 비판적으로 평가하는 것은 배우는 과정에서의 다른 한 가지 임무이다. 우리 민족은 수천 년 역사를 가지고 있어 자체적 특징이 있고 자체의 진귀한 부분이 많다. 그 부분에 대한 우리의 이해는 아직 초등학생 수준이다. 오늘의 중국은 역사 속 중국의 한 발전 과정이다. 우리는 마르크스주의의 역사주의자로서 역사를 단절시켜서는 안 된다. 우리는 마땅히 공자에서 손중산(孫中山)에 이르기까지의 역사 유산을 총 결산해 그 부분의 진귀한 유산을 계승해야 한다. 고대문화의 발전과정을 정리해 봉건적인 찌꺼기를 제거하고 민주적인 정수를 받아들이는 것은 민족의 새로운 문화를 발전시키고 민족의 자신감을 키우는 필요조건이다. 그러나 비판을 거치지 않은 채 전부 받아들이는 것은 절대 안 된다. ”

만약 이러한 방침과 방법을 고수해왔더라면 오늘에 이르러 중국 전통문화에 대한 계승과 선양은 아주 대단할 정도로 잘되어 있을 것이다.

그런데 유감스럽게도 새 중국이 창립된 뒤 한동안 '좌'적 사상과 '우'적 사상이 존재했던 영향으로 인해 중국 전통문화에 대한 인식과 발굴 · 정리 사업은 먼 길을 돌아왔다. 중국 전통문화에 대한 비판을 많이 하고 계승한 것이 적었으며, 일률적으로 논한 것이 많고 구체적으로 분석한 것이 적으며, 부정한 것이 많고 긍정한 것이 적었다. 특히 '문화대혁명' 기간에는 심지어 중국의 모든 전통문화를 봉건전제통치와 등급사회질서를 수호하는 낡은 사상과 낡은 도덕으로 간주해 한때는 사회적으로 모두를 부정하는 분위기까지 나타난 적도 있었다.

개혁개방 후 중국공산당은 어지러운 세상을 바로잡아 정상으로 되돌리고 사상을 해방시켰으며, 실사구시적으로 변증유물주의와 역사유물주의 과학적인 세계관과 방법론을 이용해 중국 전통문화문제를 정확하게 대함으로써 중국 전통문화에 대한 새로운 인식과 평가를 이루어냈다. 따라서 전통문화 중 민족정신과 시대정신에 부합하는 문화정신과 우수한 가치요소가 점차 긍정을 받아 발굴되고 널리 알려지기 시작했다. 중국공산당 제18차 전국대표대회가 열린 뒤 시진핑(習近平) 총서기를 중심으로 당중앙은 중화의 우수한 전통문화와 전통미덕을 계승하고 드높이며 시대정신을 선양하고 사회주의 핵심가치관을 크게 양성하고 선양하는 것을 크게 중시하기 시작했다.

'인의예지신'은 중국 전통미덕의 정수이다.

'인의예지신' 이 다섯 가지 가치 이념은 완벽한 가치체계로서 중국 전통가치관 중에서 한결같이 가치 방향과 도덕규범의 역할을 했고 핵심지위를 차지했으며, 중국 전통핵심가치관을 고도로 개괄하고 집중적으로 구현했다.

'인'은 인류에 대한 내재적 관심과 존중 · 사랑으로 서술할 수 있으며, 이는 만물이 공생할 수 있는 기반이다.

'의'는 자아를 초월해 현실세계를 향한 정의라고 서술할 수 있으며, 이는 인간 정도의 준칙이다.

'예'는 인륜관계와 현실질서를 처리하는 행위규범으로서 사회의 조화로움을 실현하는 보장이다.

'지'는 세계를 인식하고 대인관계의 모순을 처리하는 이성적 원칙이며, 인류가 발전하는 원천이다.

'신'은 인류의 자유로운 교제활동을 보장하는 도덕적 책임과 정신적 유대이며, 입신(立身)과 나라 진흥의 근본이다.

따라서 '인의예지신'은 중국 전통가치관 중 다섯 가지 가장 핵심적인 가치이념과 다섯 가지 가장 중요한 윤리도덕 규범이다. 그 가치 내용은 모두 아주 막강한 가치적 지도력과 도덕적 영향력 · 문화적 영향력을 갖추어 기타 전통 가치 관념과 도덕규범에 대한 규정과 제한 및 보충이 될 수 있다.

기타 전통 가치 관념과 도덕규범, 예를 들어 날랠 용(勇)·『후한서·조포전(後漢書·曹褒傳)』 충성 충(忠)·효도 효(孝)·공적인 공(公) 등은 대체로 단일 방향성을 띠어 각자 한 가지 가치 방향과 구체적인 품격을 표현하고 한 가지 단순 행동을 규범화시키며 한 가지 상반되는 가치 방향과 구체적 품격 혹은 단순 행동을 찾을 수 있다. 예를 들면 날랠 용(勇)은 겁낼 겁(怯)과 대응되고, 충성 충(忠)은 배신 이(貳)와, 효도 효(孝)는 업신여길 설(屑)과, 공적인 공(公)은 사적인 사(私)와 대응되는 등등이다. 이러한 단방향성 전통 가치 관념과 도덕규범의 가치 내용을 정확하게 판단하려면 항상 '인의예지신'에 의거해야 한다. 예를 들어 "공경하나 예의를 모르면 헛된 일이 되고, 신중하나 예의를 모르면 주눅 들고 불안하게 되며, 용감하나 예의를 모르면 난폭하게 되고, 솔직하나 예의를 모르면 신랄한 말로 사람을 상하게 한다(恭而無禮則勞, 愼而無禮則葸, 勇而無禮則亂, 直而無禮則絞)"[1] "군자는 의리를 가장 고상한 품성으로 여긴다.

군자가 용감하나 의리를 모르면 난을 일으키게 되고 소인배는 용감하나 의리를 모르면 도둑이 된다(君子義以爲上. 君子有勇而無義爲亂. 小人有勇而無義爲盜)"[2] '인의예지신'을 떠나 중화민족의 기타 전통 가치 관념과 도덕규범의 가치 내용을 정확하게 이해하는 것은 참으로 어려운 일이며 중화민족의 전통문화에 대한 정확한 가치 판단 또한 너무 어렵게 된다.

이로부터 한걸음 더 나아가 '인의예지신'은 중화민족의 전통

---

1) 『논어 · 태백(論語 · 泰伯)』
2) 『논어 · 양화(論語 · 陽貨)』

핵심가치관임을 알 수 있다. 중국 2천여 년의 봉건사회에서 '인의예지신'은 줄곧 중국 전통 핵심가치관의 근본이 되었으며, 중국 전통사회를 이끌고 중국 전통사회에 영향을 준 가치 관념체계와 도덕규범체계가 되어 중국 전통사회 사상도덕의 교화와 발전을 추진해왔으며, 중국 전통사회의 사상도덕수준과 정신문명수준을 제고해왔다.

이 다섯 가지 핵심 가치 이념은 중화민족문화의 발전방향을 확정하고 민족의 성격을 연마하며 민족정신을 양성하는 데 중요한 역사적 역할을 했다. 그중 '인'과 '의'는 '인의예지신' 다섯 가지 핵심가치이념 중에서도 주도적 위치를 차지하고, 중국 전통 핵심가치관 중 가장 중요한 영역을 차지하며 특히 핵심역할을 한다.

바로 '인의예지신', 특히 '인의'라는 중국 전통 핵심가치관의 사상적 힘과 도덕적 힘·정신적 힘이 있었기에 중화민족은 비로소 오래도록 멸망하지 않고 쇠락했다가도 다시 부흥하면서 다재 다난한 속에서도 줄곧 꾸준히 분발할 수 있었다. 우리에게는 '인의예지신'을 사회주의 핵심가치관을 적극 양성하고 실천하는 기반과 민족적 내용으로 삼을 충분한 이유가 있다. 사회주의 실천의 수요와 인류 문명의 발전추세에서 출발해 역사와 시대, 중국과 세계를 연결시켜 '인의예지신'이 시대적 요구에 부합하는 새로운 내용과 새로운 설명을 부여함으로써, 중국 전통 핵심가치관을 계승해 중화의 아들딸이 보편적으로 공감하고 따르며 중국의 풍격과 중국의 풍채를 최고로 보여주어야 할 뿐만 아니라 사회주의 가치의 본질과도 일치시키고 또 인류문명의 발전추세와 맞물리는 핵심가치관을 수립해야 할 것이다.

3. 중국 전통 핵심가치관을 대하는 과학적인 자세

중국 전통 핵심가치관에 대한 비판과 계승 및 선양은 미시적 관점으로 말해서 중국 전통 가치관 중 일부 구체적인 가치 이념과 도덕규범을 어떻게 대해야 할 것인가 하는 문제와 관련된다. 예를 들어 '인의예지신' 오상을 제외하고도 또 '지인용(智仁勇)'(온 천하에서 통행되는 미덕)後漢書 '충효염치(忠孝廉恥)'後漢書'공관신민혜(恭寬信敏惠)'後漢書'온양공검양(溫良恭儉讓)' 등 구체적 가치 이념과 도덕규범이 존재한다. 거시적인 관점으로 말해서 중국 전통 사상문화를 어떻게 대해야 하느냐는 문제와 관련된다. 이는 근대에 들어서 중국에서 줄곧 논쟁이 끊이지 않던 문제이다. 그러므로 중국 전통 핵심가치관에 대한 비판과 계승 및 선양은 중국 전통가치관 중 일부 구체적 가치 이념과 도덕규범에 대한 구체적 분석을 떠날 수 없을 뿐만 아니라, 특히 중국 전통 사상문화가 형성되고 발전할 수 있는 경제와 정치 및 사회배경에 대한 거시적 분석도 떠날 수 없는 것이다.

세계문명 속에 존재하는 사상과 도덕·문화는 각기 다른 민족과 국가·지역에 분포되어 있다.

각기 다른 민족과 국가後漢書지역의 사상과 도덕(後漢書)문화는 형성·발전의 자연환경과 사회환경後漢書역사전통 등이 다름에 따라 각각 다른 민족특색과 지역특색을 띤다. 따라서 다른 국가와 민족 혹은 지역과 구별되는 가치 관념과 도덕정신·전통문화가 형성되는 것이다. 예를 들어 일본인은 '무사도'를 숭상하고, 인도인은 카스트의식의 뿌리가 깊으며, 서양인들은 '자유'·'민주'·'평등'·'박애'에 대해 말하기를 즐기고, 아라비아인들은 이슬람교의를 엄격히 준수하는 것 등이다.

이런 가치 관념과 도덕정신·전통문화의 민족성·지역성은 민족 분별과 자가 분별의 중요한 표징이다. 세계 여러 민족과 국가·지역은 바로 각기 다른 가치 관념과 도덕정신 그리고 전통문화로 구별되며, 그중 특히 핵심가치관이 근본적인 표징이다.

인류문명과 세계문화의 전승과 발전은 민족별·국가별·지역별 각각의 특색을 띤 민족문화·핵심가치관 및 도덕정신을 매개와 기반으로 삼아야 한다. 인류 공동의 문명 성과는 도덕 재부의 축적과 발전 및 진보, 그리고 여러 민족·여러 국가·여러 지역의 가치관념·도덕정신·전통문화의 발전과 동시에 진행되면서 서로 충돌하지 않고 서로 상부상조한다.

한 민족의 가치 관념과 도덕정신 및 전통문화는 그 민족의 장기적인 공동생활과 역사발전 과정에서 누적된 것이다. 중화민족은 5천년 문명역사를 가진 위대한 민족이다. 중화민족의 가치 관념과 도덕정신 및 전통문화를 어떻게 대해야 할지, 특히 전통 핵심가치관을 어떻게 대해야 할지는 오늘날 글로벌화 배경과 중국 특색의 사회주의를 건설하는 위대한 과정에서 아주 중요하고도 절박한 과제가 되었다.

중화민족의 전통문화를 어떻게 대해야 하느냐 하는 문제에서 중국 자체에 많은 논쟁이 존재할 뿐만 아니라 세계적으로도 다양한 견해가 존재한다.

예를 들어 20세기 세계 2대 유명 문화학(사)자인 아놀드 조셉 토인비 (Arnold Joseph Toynbee)와 새뮤얼 P. 헌팅턴(Samuel P. Huntington)은 모두 중화민족의 전통문화와 핵심가치관에 시선을 집중했다. 이 두 학자는 이 분야의 양대 대표적 인물이다.

아놀드 조셉 토인비는 '문화형태사관'의 각도에서 중화문명의 부흥이 21세기 세계문명 미래 발전의 방향과 세계 평화·번영의 희망이라고 주장했다. 그는 "서방의 현재적 우월성은 하나의 혼합되고 통일된 문화에 의해 대체될 가능성이 크다. 그래서 서방의 활력이 중국의 안정과 적절하게 결합해 전 인류에 적용되는 생활방식이 나타날 가능성이 아주 크다"라고 말했다. 이로써 토인비는 '중화문명의 우월론'을 주장한 것이다.

토인비의 예언 :

"중화문화를 위주로 하는 동양문화와 서양문화의 결합이 인류의
가장 아름답고 영원한 문화가 될 것이다. 인류가 21세기의
문제를 해결하려면 반드시 중국의 공자사상과 대승불법 중에서
지혜를 얻어야 한다. 19세기는 영국인의 세기였고, 20세기는
미국인의 세기였으나, 21세기는 중국인의 세기가 될 것이다."

새뮤얼 헌팅턴은 '문명충돌론'의 각도에서 중국의 유교문명이 이슬람 문명과 함께 21세기 서양문명에 가장 심각한 도전이 될 두 가지 문명이라고 했다. 그는 21세기에 "한 문명의 핵심국가(미국)가 다른 한 문명의 핵심국가(중국)와 그 문명 구성원국 간의 분쟁에 관여한 것"이 원인이 된 세계전쟁이 일어날 것이라면서 '중화문명위협론'을 주장했다.

1996년 헌팅턴은 『문명의 충돌과 세계 질서의 재건』 이라는 책을 출판해 그의 '문명충돌론'에 대해 체계적으로 서술했다. 그는 냉전 후 세계 충돌의 기본 근원은 더 이상 의식형태가 아니라 문화방면의 차이라면서 세계를 주재하는 것은 '문명의 충돌'이라고 주장했다. 냉전 후 세계 구도의 결정적

요소는 7대 혹은 8대 문명으로 표현된다. 즉 중화문명 · 일본문명 · 인도문명 · 이슬람문명 · 서양문명 · 동방정교문명 · 라틴아메리카문명 및 존재 가능성이 있는 아프리카문명이다. 헌팅턴은 분명하게 유교문명을 미래 문명 충돌 중에서 '말썽을 일으킬' 가능성이 가장 큰 문명에 포함시켜 중국문명이 세계에 도전할 것이라고 분명히 말했다.

마르크스는 다음과 같이 말했다.

> "사람들은 스스로 자신의 역사를 창조한다. 그러나 그들은
> 제멋대로 창조하는 것이 아니고 그들 자신이 선정한 조건 하에
> 창조하는 것이 아니라 직접 맞닥뜨린, 기정된, 과거에서 이어져
> 내려온 조건 하에서 창조하는 것이다."

중국 전통 핵심가치관이, 바로 우리가 오늘날 사회주의 핵심가치관을 적극 양성하고 실천함에 있어서 "직접 맞닥뜨린, 기정된, 과거에서 이어져 내려온 조건이다."

오늘날에 이르러 우리는 이러한 '조건'을 어떻게 대하고 평가해야 할지, 그리고 어떻게 비판과 계승 · 혁신을 기반으로 삼아 중화민족의 전통 핵심가치관을 널리 알리고 발전시켜야 할지 하는 문제는 우리가 제일 먼저 부딪쳐 정확하게 직면해야 할 문제이다. 5.4 시기에 누군가가 '전면적인 서구화' 주장을 제기한 적이 있다. 새 중국이 창립된 후에도 모든 전통문화를 부정하는 경향이 나타난 적이 있으며, '청색문명(해양문명)'의 사조가 나타났던 적도 있다. 이들 주장은 모두 극단적인 자세로 이런 '조건'의 가치를 부정한 것으로서 민족 허무주의와 역사 허무주의의 반영이다.

혹자는 이런 태도도 있을 수 있다. 즉 조상에게서 물려받은 것은 모두 신성하고 불가침한 것이거나 완전무결한 '국수'여서 고스란히 그대로 '부흥'시켜야 한다고 주장하는 태도로서 이는 국수주의, 부흥주의의 반영이다.

민족 허무주의 · 역사 허무주의는 역사와 전통의 연결을 차단시켰으며, 한 민족의 전통 가치관념과 도덕정신 · 전통문화에 대해 전면 부정할 것을 주장한다. 그중에서 특히 전통 핵심가치관에 대한 전면 부정은 전통과 오늘을 철저히 대립시켜 역사의 계승성을 부정한다.

국수주의 · 부흥주의는 전면적인 복고를 주장하며 한 민족의 전통 가치관념과 도덕정신 · 전통문화를 전면 회복할 것을 주장한다. 이러한 주장에 따르면 현대사회의 가치관문제와 도덕문제 · 문화문제는 모두 민족의 전통 가치 관념과 도덕정신 및 전통문화의 결과를 부정하고 상실하는 것으로 간주한다.

민족 허무주의 · 역사 허무주의건, 국수주의 · 부흥주의건 모두 한 민족의 전통 가치 관념과 도덕정신 · 전통문화를 대하는 극단적인 태도의 일종으로서 중국 전통 핵심가치관을 정확하게 대하는 과학적이고 마땅한 태도가 아님은 분명하다.

그리고 사회주의는 인류사회가 현재까지 발전해온 가장 진보적인 사회제도이기 때문에, 사회주의 핵심가치관 또한 인류사회의 가장 진보적인 핵심가치관이며 인류사회의 미래 발전추세에 순응한 핵심가치관이다. 오늘날 우리는 마땅히 중화민족의 위대한 역사 발전과정에 서서 중화민족의 전통 핵심가치관을 대해야 하며 또 인류문명 발전의 역사과정과 격동의 과정에 서서 보아야 한다. 중화민족의 전통 핵심가치관은 반드시 세계적인 안목과 글로벌화한 시야를 갖추어야 하며, 적극적인 가치 혁신을 진행해 인류문명의 발전추세와 서로 맞물리도록 해야 한다.

따라서 중국 전통 핵심가치관을 대함에 있어서 우리는 반드시 이러한 점을 해결해야 한다. 즉 실제적으로 '개혁개방과 현대화 건설의 실천에 입각해 세계문화발전의 선도적 위치에 서서 민족문화의 우수한 전통을 발양케 하고 세계 여러 민족의 장점을 받아들여 내용과 형태상에서 적극적으로 혁신시켜야 한다.' 오직 그렇게 해야만 실제로 사회주의 핵심 가치관의 적극적인 양성과 실천에서 사회주의 가치 본질의 시대적 요구와 시대적 정신을 구현할 수 있을 뿐 아니라, 중화민족의 민족풍격과 인류문명의 발전을 구현할 수 있는 것이다.

이러한 점을 해결하는 과정에서 우리는 두 가지 내용을 포함시켜야 한다.

첫째, 사회주의 핵심가치관의 적극적인 양성과 실천이 실제로 중국 전통 핵심가치관의 풍부한 가치자원의 토대 위에 뿌리 내리도록 한다는 것이다.

둘째, 중국 전통 핵심가치관에 대한 비판과 계승·선양 과정이 자각적으로 봉건 찌꺼기를 극복하고 제거하며, 인류문명과 세계 문명 특히 여러 민족의 핵심가치관의 유익한 성과를 적극 받아들이는 과정이 되게 하는 것이다.

전자는 사회주의 핵심 가치관의 적극적인 양성과 실천이 진정으로 중국특색을 띨 수 있는 필요조건이고, 후자는 사회주의 핵심가치관의 적극적인 양성과 실천이 세계 선진 핵심가치관을 대표할 수 있도록 보장하는 기본 전제이다. 사회주의 핵심가치관을 두고 말하면, 봉건적인 핵심가치관과는 성질상에서 근본적으로 대립된다. 그렇지만 중국 전통 핵심가치관의 정수를 비판적으로 계승하고 선양해야 한다는 우리 관점을 배척하는 것은 아니며, 인류문명과 세계문화 특히 핵심가치관의 역사적 발전추세와 근본적으로 일치해 우리가 인류문명과 세계문화, 특히 핵심가치관의 발전에서 이룬 모든 유익한 성과를 적극 받아들여야 함을 요구하는 것이다.

다시 말하면, 사회주의 핵심가치관의 적극적인 양성과 실천 과정에서 중국 전통 핵심가치관에 대한 비판·계승·혁신·선양 및 발전을 고스란히 그대로 본받아 옮기는 것도 아니고, 분석을 거치지 않고 전면 부정하는 것도 아니라, 사회발전의 변화와 역사시대의 변화발전, 그리고 현실생활의 수요에 맞춰 그 정수를 취하고 찌꺼기를 버리며 창조적인 전환과 혁신적인 발전을 진행해 새로운 시대적 내용을 부여함으로써 옛날의 문화유산을 오늘의 현실에 맞게 받아들이도록 해야 한다는 것이다.

구체적으로 말하면 중화민족의 전통 핵심가치관을 대함에 있어서 다음과 같은 세 가지 방면을 중시해야 한다.

첫째, 중국 전통 핵심가치관의 본질을 정확하게 분석해야 한다. 우리는 중국 전통 핵심가치관이 본질상에서는 농업을 근본으로 하고 자급자족하는 자연경제를 토대로 하는 산물로서 자연경제사회에 적응하고 전제정치와 조화를 이루며 천지자연의 법칙과 신의 뜻을 핵심으로 하는 일원화적 가치 관념체계이며, 세계 현대화 발전과정에서 생겨난 현대 가치 관념체계와는 본질적으로 구별된다는 사실을 인식해야 한다.

현대의 가치 관념은 공업을 근본으로 하고 상품교환을 진행하는 시장경제의 산물로서 시장경제사회에 적응하고 민주정치와 조화를 이루며 이성 숭상과 개성 존중을 핵심으로 하는 다원화·다차원의 가치 관념체계이다.

'인의예지신'은 봉건사회의 가장 기본적인 가치 관념으로서 '삼강'과 밀접히 연결되어 있고 '삼강'의 제약을 받으며 또 '삼강'에 종속되어 있다. 따라서 본질상에서는 봉건전제통치와 등급사회질서를 유지하기 위해 봉사하는 것이며, 그 정신적 실질은 시대에 뒤떨어지고 낙후하며 부패한 봉건 찌꺼기를 포함하고 있다고 할 수 있다.

예를 들어 전통 핵심가치관에서 강조하는 '인'은 봉건종법등급의 제한을 받는 친밀한 정이고, '의'는 봉건국가 이익을 핵심으로 하는 가치의 준칙이며, '예'는 봉건종법등급제도와 위계질서를 직접 반영하는 행위규범이고, '지'는 봉건도덕관념의 확립이며, '신'은 등급사회의 사회 직책과 도덕의무에 대한 충성과 실천이다.

이 모든 것은 우리가 '인의예지신' 전통 핵심가치관에 대해 분석할 때 반드시 명석하게 인식해야 할 것이다. 그러나 또 '인의예지신'은 중국 전통 핵심가치관의 기본 내용으로서 그중에 인류문명 가치 관념의 많은 일반성·공동성·보편성을 띤 유익한 성분이 들어있는 것이 확실하며, 인류 가치 인식 중의 많은 가치 공동 인식을 반영하고 있음도 볼 수 있어야 한다.

이러한 내용들이 '인의예지신'의 정수를 이루어 그중의 합리한 요소들에 대해 오늘날 우리가 비판적으로 계승하고 선양할 수 있게 해야 하며, 시대적 정신에 따라 개조를 거침으로써 사회주의 핵심가치관의 적극적인 양성과 실천에서 풍부한 가치 자원이 되도록 해야 한다.

둘째, 인류문명과 세계문화 특히 핵심가치관 발전에서 공통하는 유익한 성과에 대해 과학적으로 대해야 한다. 인류문명과 세계문화의 다양성은 인류사회발전의 기본 특징이며, 또 인류문명과 세계문화가 진보할 수 있는 동력이기도 하다. 다양한 인류문명과 세계문명이 장기적으로 공존하면서 격동하는 과정에 서로 장점을 취하고 단점을 보완하며 교류와 겨룸 속에서 서로 융합하며 서로 공통점을 찾아내고 다른 점은 보류하면서 공동 발전하고 있다.

예를 들어 가치 관념과 도덕정신의 발전사에서 서양문화와 중국문화 사이에는 아주 큰 구별이 존재한다. 인간의 덕성에 대한 가치 인식을 서양문화에서는 인간의 덕성을 양성하는 것은 인간으로 하여금 육체와 심령이 조화롭게 통일된 도덕적으로 완벽한 인간이 되게 하는 것이라고 여긴다. 고대 그리스의 플라톤은 지혜 · 용맹 · 절제 · 정의의 '4대 덕'을 제기했다. 『유럽 윤리 생활사』라는 책에서 영국학자 렉키는 인간의 덕성을 다음과 같은 몇 가지 종류로 분류했다. 엄숙한 덕성이란 예를 들면, 정중함과 공손함 · 경건함 · 정결함 · 강직함 등을 들 수 있다. 장렬한 덕성이란 예를 들면, 용맹 · 희생 · 충렬 · 의협 · 강인함 등을 들 수 있다. 온화한 덕성이란 예를 들면, 인자함 · 겸손함 · 예의바름 · 너그러움 등을 들 수 있다. 실용적인 덕성이란 예를 들면, 부지런함 · 검소함 · 신용 · 인 내함 · 겸손함과 온화함 등을 들 수 있다. 그러한 덕성 인식의 가치적 전제는 인간과 인간 사이의 평등함이고 공민 품덕의 전통이며 개체를 근본으로 해 개체의 내재적 품성을 강조하는 것으로서 이는 민주와 법치 사회에 걸맞는 것이다.

중국 전통 가치관과 도덕규범에서는 '삼강오상' · '삼종사덕(三從四德)'을 강조했으며, '인의예지신' · '지인용' · '충효염치' · '공관신민혜' ·

'온양공검양' 등 덕성규범을 제기했다. 그 덕성 인식의 가치 전제는 인간과 인간 사이의 등급이고 관리와 백성 품덕의 전통이며 사회를 근본으로 해서 개체의 외재적 규범을 강조하여 전제와 덕치사회에 어울리게 하는 것이다.

그밖에 서양 가치 관념 중의 일부 개념은 그 의미가 비교적 명확해 사람들이 이해하고 받아들이기도 쉽다. 예를 들어 자유·평등·민주·법치·박애 등이 그렇다. 중국 전통 가치 관념 중의 일부 개념은 그 의미가 비교적 모호하고 의미가 다양해 사람들은 그 의미에 대해 일시적으로 이해하기가 어렵다. 이러한 구별이 존재하고 또 현대사회와의 적응성 및 사회발전과 인류문명의 진보에 대한 작용이 아주 많이 다르기 때문에 서로 참고하면서 장점을 취하고 단점을 보완해야 한다.

셋째, 중국 전통 핵심가치관의 본의(原義)와 타의(他義) 그리고 현재의 의미를 과학적으로 구별해야 한다. 중국 전통 핵심 가치관의 생성과 형성 및 발전은 이미 2천여 년이나 이어져오면서 그 내용과 구조 및 기능이 변화를 거듭했는데 각기 다른 시기마다 일부 변화가 있었다고 말할 수 있다. 비록 '인의예지신'에 대한 이해에서 대체로 일치하는 이론구조에 따르고 비슷한 사고방법과 똑같은 문제의식이 존재하며 근본적인 이론 근원에서 서로 공감하지만 기나긴 발전 과정에서 변이가 발생하는 것은 불가피한 일이다.

그래서 오늘날 우리가 중화민족의 전통 핵심가치관에 대해 연구하고 평가하며 개조하고 계승하며 선양하려면 새로운 시대적 내용을 부여해야 하고 신중하고 세심한 진위 판별과정을 거쳐야 한다. 본래 의미에서 '인의예지신'의 의미가 무엇인지, 기나긴 역사 발전과정에서 또 어떤 변화가 발생했는지, 어떻게 당대의 시각으로 '인의예지신'의 시대적 의미를 자세히 살필 수 있는지를 명확히 해야 한다. 다시 말하면 중국 전통 핵심 가치관의 본의와 타의 그리고 현재 의미를 판별하고 분석해야 한다는 것이다.

소위 본의란 공자와 맹자가 확립하고 동중서가 보완한, 원시 유가 경전에서 반영된 '인의예지신'의 기본이론형태와 사상내용을 가리킨다.

이에 대해 소위 타의란 '인의예지신'이 역사발전 과정에서 본의에 대한 수정과 편승으로 인해 사상·정치·사회 등 여러 방면에서 본의와 다른 변화된 이론 형태와 사상 내용을 가리키는 것이다.

이른바 현재의 의미란 오늘날 사회주의 핵심 가치관을 적극 양성하고 실천하는 시대적 시각으로 '인의예지신'의 '본의'와 '타의'를 자세히 살피고, 시대적 수요와 실천에서 출발해 역사와 시대, 민족과 세계를 연결시켜 새로운 시대적 내용을 부여한 것을 가리킨다.

핵심 가치관 건설의 법칙에서 보면 사회주의 핵심 가치관을 적극 양성하고 실천하려면, 여러 방면에서 자양분을 섭취해야 한다. 그 기본 경로에는 주로 다음과 같은 것이 포함된다.

첫째, 중국 전통 핵심가치관의 정수를 비판적으로 계승하고 선양해 예전의 문화유산을 오늘의 현실에 맞게 받아들여야 한다.

둘째, 인류문명과 세계문화 특히 핵심가치관 발전과정에서 이룬 모든 유익한 성과를 대담하게 섭취해 외국의 문화를 중국의 현실에 맞게 받아들여야 한다.

셋째, 사회주의 가치 본질과 가치 이상을 구현하고 선진문화의 발전방향을 대표하는 핵심가치관을 적극 모색해 사회주의 핵심가치관을 적극 혁신해야 한다.

제2장
중국 전통 핵심가치관의 미덕 기초

제2장
중국 전통 핵심가치관의 미덕 기초

　중국문명은 5천여 년의 발전 역사가 있다. 중국 전통 핵심가치관은 중국 전통도덕의 생성과 형성·변화발전에 따라 형성되고 발전했다. 한편으로 중국 전통 핵심가치관은 중국 전통도덕을 바탕으로 하며 일반적으로 중국 전통도덕 속에 포함되어 있다. 다른 한편으로 중국 전통 핵심가치관은 또 중국 전통도덕의 총칙으로서 중국 전통도덕의 논리적 전개와 도덕 체계를 결정한다. 중국 전통도덕의 발전 변화와 연결되어 중국 전통 핵심가치관도 형성과 발전 변화의 과정을 거쳤다.

1. 중화 전통도덕은 중국 전통 핵심가치관의 기초

　중국은 세계에서 문명의 발전이 가장 이른 국가 중의 하나로서 유구한 역사와 찬란한 문화를 보유했으며 사상적으로는 큰 지혜를, 윤리적으로는 큰 어짊을, 예술적으로는 큰 아름다움을, 과학적으로는 큰 진리를 갖게 되었다. 우리는 이러한 네 마디로 중국의 우수한 전통문화에 대해 개괄하고 긍정함으로써 우리의 문화적 자신감과 도덕적 자신감 및 민족적 자신감을 키울 수 있다. 중화민족은 한결같이 '자강불식, 후덕재물(自强不息, 厚德載物 스스로 힘써 몸과 마음을 가다듬어 쉬지 아니하고, 덕을 두텁게 쌓아 만물을 포용한다는 뜻)'이라는 진취적이고 어짊을 숭상하는 정신적 추구를 통해 일관되게 세계 다른 민족에 비해 더욱 풍부하고 더욱 민족의 특색을 띤 전통미덕을 형성해 옴으로서 원래부터 '도덕 숭상', '문명고국', '예의지국'으로 세계에 이름났다.

중국은 요순(堯舜)시대에 이미 부의(父義, 아버지는 의로워야 함)·모자(母慈, 어머니는 자식에게 자애로워야 함)·형우(兄友, 형은 아우에게 우애를 베풀어야 함)·제공(弟恭, 아우는 형에게 공손해야 함)·자효(子孝, 자식은 부모에게 효도해야 함) 등 도덕적 색채를 띤 개념이 나타났다.

서주(西周) 초기에 주공(周公)은 '이덕배천(以德配天, 덕을 갖춘 자만이 천명을 받을 수 있음)'·'경덕보민(敬德保民, 덕을 숭상함으로써 백성을 보듬어 않아 그 마음을 잃지 않음)'·'명덕신벌(明德愼罰, 덕을 숭상하고 형벌을 신중하게 적용함)'의 도덕의식을 제기해 도덕의 사회역할을 강조했다. 춘추(春秋)시기에는 이미 군의(君義, 임금은 의로워야 함)·신행(臣行, 신하는 임금의 뜻에 따라 실행해야 함)·부자(父慈, 아버지는 자식에게 자애로워야 함)·자효(子孝, 자식은 부모에게 효도해야 함)·형애(兄愛, 형은 동생을 아끼고 사랑해야 함)·제경(弟敬, 아우는 형을 존중해야 함) 등 사람으로서 마땅히 좇아야 할 여섯 가지 도리 즉 '육순(六順)'을 제기했다.

전국(戰國)시기에는 사회가 격렬하게 변화1하면서 혼란과 불안을 겪었다. 여러 계급과 계층의 정치세력을 대표하는 사상가들은 모두 본 계급과 본 계층 이익의 수요에 따라 우주와 사회 심지어 만사만물에 대해 해석하기 위해 너도나도 각자의 주장을 제기하고자 시도했다. 이에 따라 사상 영역에서 제자(諸子, 공자·노자·장자·묵자·한비자 등 중국 선진 시대 각 학파의 대표 인물들)가 벌떼처럼 흥기해 백가쟁명(百家爭鳴, 수많은 학자나 학파가 자신들의 사상을 자유로이 논쟁함)하는 국면이 나타났다. 그때 당시 유(儒)·도(道)·묵(墨)·법(法) 등 학파들이 도덕의 본원·도덕준칙·도덕평가·도덕의 역할·도덕수양 등 문제에 대해 비교적 깊이 있게 탐구했으며 각기 다른 도덕사상을 형성시켰다. 유가의 도덕사상은 춘추전국시기 가장 대표성을 띤 도덕사상이다. 공자와 맹자는 그 시기 가장 중요한 인물들이다. 그들은 하나의 완벽한 윤리도덕규범체계를 수립했다. 예를 들어 '중용(中庸)'·'지인용(智仁勇)'·'충효인애(忠孝仁愛)'·'예의염치(禮義廉恥)'·'지용신경(智勇信敬, 지혜, 용기, 믿음, 공경심)'·'서제우선(恕悌友善, 포용·공경·우애·선량함을 아울러 이름)'·'화손정장(和遜正莊, 온화함·겸손함·정직함·장중함을 아울러 이름)'·'온양공검양(溫良恭儉讓)'·'공관신민혜(恭寬信敏惠, 공손·너그러움·믿음·민첩함·은혜로움을 아울러 이름)' 등 일련의 덕목을 제기했다.

공자와 맹자를 대표로 하는 유가의 도덕사상은 후세 중화 전통미덕의 발전에 깊은 영향을 미쳤다.

첫째, 그 이전의 역사에서 흩어져 있고 번잡하던 중화의 도덕을 체계화시켰다. 유가 도덕사상은 '인'을 핵심으로 하는 도덕규범체계를 확립해 중화 전통도덕을 매우 풍부하게 했다. 공자는 '지인용'을 돋보이게 하고, 맹자는 '인의예지'를 강조함으로써 기타 덕목을 통괄해 전통도덕의 핵심을 두드러지게 했을 뿐만 아니라 사람들이 이해하기 쉽게 했다.

둘째, 도덕 건설을 나라 통치·사회 관리와 밀접히 연결시켰다. 그들은 '덕으로 천하를 다스려야 한다(以德治天下)'는 도리와 '도덕으로 백성을 다스리고 예제로 그들을 교화해야 한다(道之以德, 齊之以禮)'는 이치를 거듭 피력했으며, 윤리의 정치화와 정치의 윤리화를 널리 시행했다.

셋째, 도덕에 의한 교화를 크게 중시하고 자신의 사상을 널리 전파하는데 중점을 두었다. 유가 도덕사상에서는 도덕을 나라의 안정을 보장하고 사회의 조화로움을 유지하며 완벽한 인격을 추구하고 사회발전을 추진하는 중요한 힘으로 간주했다. 후에 중국 봉건사회 통치계급과 선비계층은 이를 크게 중시했으며, 중국 역사상 '현학'이 되었다.

그 시기에는 유가 이외의 기타 학파도 중화 전통도덕의 발전에 중요한 기여를 했다.

예를 들면: 도가(道家)는 사람이 자연과 조화롭게 지낼 것을 강조했으며 '도법자연(道法自然)'·'자연무위(自然無爲)'를 제창했고, 묵가(墨家)는 '겸애(兼愛)'를 주장했으며 "천하에 이익이 되는 것을 일으키고, 천하에 해가 되는 것을 제거함(興天下之利, 除天下之害)"을 도덕의 원칙으로 보고 절약하며 검소한 생활을 할 것을 제창했으며 "검소하고 절약하면 국가가 번창하고 방탕하고 방종하면 국가가 패망한다(儉節則昌, 淫佚則亡)"는 견해를 제기했으며, 법가는 "공적인 것을 위하고 사적인 것을 제거할 것(爲公去私)"·"공과 사를 명확히 구분할 것(明于公私之分)'을 선도했다.

이러한 사상은 모두 후세에 큰 영향을 주었다.

2. 중화 전통미덕의 주요 내용

오늘날 우리가 '전통미덕'에 대해 얘기할 때 우선 '전통미덕'과 '전통도덕'의 두 개념을 구분해야 한다. 조상이 우리에게 물려준 것이 다 좋은 것만은 아니라고 했다. '전통도덕' 중에는 정수도 있고 찌꺼기도 있다. 정수가 바로 우리가 말하는 전통미덕으로 마땅히 계승하고 선양해야 한다. 찌꺼기는 낙후하고 시대에 뒤떨어진 도덕 유산으로 마땅히 비판하고 포기해야 한다.

예를 들어 '충효절의' 이 네 가지 전통도덕의 경우, '충효' 중의 정수와 찌꺼기는 매우 두드러진다. 사람은 '충성심(忠誠)'이 있어야 한다고 말한다. 이는 좋은 것이다. 그러나 고대에 강조했던 '시비를 따지지 않는 맹목적인 충성(愚忠)'은 과유불급(過猶不及)이라 할 수 있다. 자식 된 도리는 '효순(孝順, 효성이 있고 유순함)'이라고 했다. 이는 맞는 말이다.

그러나 고대에는 '아버지가 자식에게 망하라고 하면 자식은 망하지 않으면 안 된다(父叫子亡, 子不得不亡)'라고 강조했는데 이는 효순의 본뜻이 아닌 것이다.

또 '절(節)'이라는 전통도덕을 보면, 중국 송(宋)대 이전에 '절'이라는 도덕은 주로 한 사람의 지조·절개를 가리키고 절약과 검소의 뜻을 나타냈었다. 그런데 송대부터 '절'이라는 도덕은 여성의 정절·수절 문제를 지나치게 강조했으며, 심지어 아주 젊은 과부일지라도 재가하지 못하도록 요구했다. 그 속에는 분명 봉건적이고 비인도적인 요구가 포함되어 있다는 것이다. 또 '의(義)'라는 전통도덕을 보면, '의'는 도의 · 공정 · 정의 · 적절 등 미덕을 포함하고 있는가 하면 또 부자의 재물을 빼앗아 가난한 사람을 구제하고(劫富濟貧), 떼를 지어 남의 집을 덮쳐 재물을 약탈하며(打家劫舍), 원한은 반드시 갚아야 하고(有仇必報), 친구 간에 의리를 지키며 의형제를 맺는 등의 내용도 포함되었다. 그렇기 때문에 오늘날 우리는 마땅히 변증법적 분석을 거쳐 발양할 것은 발양케 하고 버릴 것은 버리는 식으로 비판적인 계승을 해야 하는 것이다.

중화의 전통미덕에는 중화민족의 가장 풍부한 정신적 추구와 가장 근본적인 정신적 유전자가 누적되어 있고, 인류사회 도덕발전의 정수가 포함되어 있으며 인류사회 발전방향과 일치하고 사회주의 현대화 건설의 기본 요구에 부합되며, 시공간을 뛰어넘고 국경을 뛰어넘는 영원한 가치를 갖추고 있다. 따라서 중화의 전통미덕은 중화의 우수한 전통문화의 '뿌리'이고 '영혼'이며 중화민족의 상징적인 특징과 대물림해야 하는 보배인 것이다. 중화의 전통도덕은 유가의 도덕을 주체로 해서 유가(儒) · 도가(道) · 묵가(墨) · 법가(法) · 석가(釋) 등 여러 학파의 사상을 포함하고 있어 내용이 매우 풍부하고 심오하다. 그리고 또 중화 전통미덕은 최대 특징이 하나 있는데 바로 전체성을 중시한다는 것이다. 전체이익에 대해서도 개체 · 개인에게 제기하는 도덕적 가치와 도덕적 요구를 중시한다는 것이다. 이러한 특징에서 출발해 우리는 가정 · 사회 · 국가 · 세계 · 자연 등 방면에서 중화 전통미덕의 내용을 개괄하고 다듬을 수 있는 것이다.

예를 들어 가정 방면에서 '어른을 공경하고 어린이를 사랑해야 하며(尊老愛幼)', '아버지는 자애로워야 하고 자식은 효도해야 하며(父慈子孝)', '어른과 어린이 사이에 엄격한 차례와 질서를 지켜야 하며(長幼有序)', '부부 사이에는 서로 사랑해야 하고(夫妻恩愛)', '형은 동생을 의좋게 대해야 하고 동생은 형에게 공손해야 한다(兄友弟恭)'고 강조했으며 '모든 선행 중에서 효를 우선시해야 한다(百善孝爲先)', '집안이 화목하면 모든 일이 흥한다(家和萬事興)'라는 도리를 숭상하는 것 등등이다. 사회 방면에서는 '성실하고 신용을 지킬 것(誠實守信)', '서로 돕고 우애롭게 지낼 것(互助友愛)', '다른 사람을 선량하게 대할 것(與人爲善)', '남의 일이 잘 되도록 도와줄 것(成人之美)', '사회의 조화로움(社會和諧)'을 강조했으며 '자기가 싫은 것은 남에게도 강요하지 말라(己所不欲, 勿施于人)', '자신이 세상에서 떳떳한 자리를 차지하고 지위를 확고하게 세울 수 있기를 바란다면 타인을 먼저 일으켜 세우고, 자신의 뜻을 이루고자 한다면 타인의 성공을 먼저 도와라(己欲立而立人, 己欲達而達人)', '자기 집 어른을 봉양하고 효도할 때 자신과 친연관계가 없는 노인도 잊지 말고, 자기 집 아이를 양육할 때 자신과 혈연관계가 없는 아이도 잊지 말라(老吾老以及人之老, 幼吾幼以及人之幼)'는 도리를 숭상하는 것 등등이다.

국가 방면에서 나라와 민족의 대의를 강조했으며 정치를 함에 있어서 청렴하고 공정해야 하며, 백성과 가까이 지내고 백성을 아껴야 한다고 강조했다. '천하위공(天下爲公, 천하는 모든 이의 것)', '위정이덕(爲政以德, 덕으로 정치를 하는 것)', '정충보국(精忠報國, 정성과 충정을 다 바쳐 국가에 보답함)', '천하흥망, 필부유책(天下興亡, 匹夫有責, 천하의 흥망은 필부에게도 책임이 있다)'의 도리를 숭상하는 것 등등이다.

세계적 방면에서 민족 간에 화목하고 우호적으로 지내며 덕행으로써 다른 사람이 복종해 따르게 하며, 평화를 사랑하고 민족의 절개를 중시할 것을 강조했다. '천하일가(天下一家, 천하는 모두 한 집안)', '협화만방(協和萬邦, 만방이 조화롭게 어울리게 함)', '강신수목(講信修睦, 신용을 지키고 화목하게 지냄)', '화위귀(和爲貴, 조화로움을 가장 중요하게 여김)'를 숭상하는 것 등등이다. 자연 방면에서 자연을 경외하고(敬畏自然), 자연에서 배우며, 인간과 자연이 조화롭게 어울려 지낼 것을 강조했으며 '천인합일(天人合一, 하늘과 사람은 하나이다)', '세상만물을 사랑할 것(民胞物與)', '도법자연(道法自然, 도는 자연을 따른다)'을 숭상하는 것 등등이다.

중국의 전통미덕은 또 하나의 중요한 특징이 있다. 즉 유가 도덕은 '내성외왕(內聖外王, 안으로는 성인이며 밖으로는 임금의 덕을 갖춘 사람이라는 뜻으로 학술과 덕행을 아울러 갖춘 사람을 이름)'을 강조해 상기의 도덕규범과 도덕적 요구를 최종적으로 개인의 품성과 이상적인 인격으로 구체화해 수양하는 것을 근본으로 삼고 몸소 실천함으로써 내적으로는 수양을 마음으로 전환하고 외적으로는 수양을 행동으로 변화시킬 것을 요구했다.

예를 들어, 개인 품성 방면에서 군자 인격, 성현 인격에 대한 추구를 강조했으며 '어진 이는 타인을 사랑함(仁者愛人)', '이익 앞에서도 의리를 잊지 않음(見利思義)', '재능과 덕을 겸비한 사람을 보면 본받으려고 노력함(見賢思齊)', '호연지기(浩然之氣)', '아침에 도를 깨달으면 저녁에 죽어도 여한이 없다(朝聞道, 夕死可矣)'는 도리를 숭상하는 것 등등이다. 이상 인격 방면에서 최고의 선량함과 지덕을 갖추고 강인함과 유능함을 추구하는 것을 강조했으며 '품성과 지혜를 다 갖춤(旣仁且智)', '종선여류(從善如流, 물이 높은 곳에서 낮은 곳으로 흐르듯 바른 의견과

다른 사람의 선의의 권고를 빠르고 자연스럽게 흔쾌히 받아들임)',
'지행합일(知行合一, 지성과 행위가 일치함)', '뜻을 이루지 못했을 때는
자신의 도덕 수양을 잘 닦고 뜻을 이룬 뒤에는 천하 백성에게 이로울 수
있도록 노력해야 한다(窮則獨善其身, 達則兼濟天下)'라는 도리를 숭상하는
등등이다.

상기의 도덕규범과 요구 중에서 우리는 중화 전통미덕의 내용이 매우
풍부하다는 것을 알 수 있었다. 그렇다면 도대체 중화 전통미덕의 주요
내용은 무엇이고, 중국 전통 핵심 가치관이란 무엇일까?

이 문제에 대해 중국에는 줄곧 각기 다른 견해가 존재해왔다. 예를
들어 어떤 이들은 '인의예지(仁義禮智)'라고 주장하고, 어떤 이들은
'예의염치(禮義廉恥)'라고 여기며, 어떤 이들은 '효제충신(孝悌忠信)'이라고
주장하고, 또 어떤 이들은 '충효절의(忠孝節義)'라고 여기며, 그리고 또
어떤 이들은 '자강불식, 후덕재물(自强不息, 厚德載物)'이라고 주장하는 것
등이다.

우리는 가장 근본적이고 가장 간결하며 영향이 가장 큰 중화 전통미덕,
혹은 중국 전통 핵심가치관은 마땅히 '인의예지신(仁義禮智信)'이어야
한다고 주장한다. 그 주요 근거는 다음과 같은 두 가지가 있다.

첫째, '삼강오상'은 중국 고대 통치자들이 확립한 봉건사회의 윤리
강령이다.

둘째, '인의예지신'은 중국사회에서 장기적이고 폭넓게 큰 영향을 미쳤다.
몇 년 전에 우리는 '인의예지신'과 같은 전통미덕에 대한 인민대중의

인지상황에 대해 조사한 적이 있다. 조사 결과, '인의예지신'에 대해 들어본 적이 있다고 대답한 응답자가 71.9%에 달했고, 그 기본 내용에 대해 알고 있거나 혹은 일부 알고 있다고 대답한 응답자가 69.1%에 달했으며, 그 도덕기준으로 다른 사람의 도덕수준을 평가한다고 대답한 응답자가 68.7%에 달했고, 그 기준으로 자신을 요구할 것이라고 대답한 응답자가 71.3%에 달했으며 현실적 의미가 있다고 주장하는 응답자가 80.7%에 달했다. 여러 가지 조사 결과가 모두 70%에 접근했거나 혹은 초과한 것으로 나타났다. 이는 '인의예지신'이 중국에서 영향력이 크며 폭넓은 대중적 기반이 존재하고 있음을 설명해준다.

'인의예지신'은 중화 전통미덕의 핵심이며 완벽한 가치체계로서 기타 전통미덕에 대해 규범화·할·방향적 역할을 한다. 예를 들어 효제(孝悌)·충서(忠恕)는 '인(仁)' 속에 포함되어 있고, 공의(公義)· 염치(廉恥)는 '의(義)' 속에 포함되어 있으며, 겸양(謙讓)·공경(恭敬)은 '예(禮)' 속에 포함되어 있는 것 등이다.

'인의예지신'을 벗어나 중화 전통미덕의 내용을 정확하게 이해하는 것은 매우 어려우며 전통미덕에 대한 가치판단을 내리기도 매우 어렵다. 그렇기 때문에 '인의예지신'은 중화 전통미덕의 주요 내용으로 인정받고 있다.

물론, 역사적으로 '인의예지신'은 봉건전제통치와 사회위계질서를 수호하는 계급적인 일면이 있고 그중에 봉건적인 찌꺼기도 포함되어 있기 때문에 오늘날 우리는 절대 그대로 본받아 맹목적으로 따라서는 안 된다는 사실을 명확하게 인식해야 한다.

또한 '인의예지신'은 중국 고대 사회 기본적인 공공생활법칙을 수호하는 공공적인 일면도 가지고 있어 그중에 민주적인 정수가 포함되어 있기 때문에 오늘날 우리는 완전히 비판적으로 계승할 수 있다는 사실도 명확하게 인식해야 한다.

레닌은 계급적으로 대립하는 사회일지라도 "수많은 세기를 거치며 사람들이 알게 되고 오랜 세월을 거치는 동안 모든 행위수칙 면에서 거듭 거론된 기본적인 공공생활규칙"이 역시 존재한다고 말한 바 있다. 중국의 전통미덕에 대해서 우리는 그 계급적인 일면을 볼 수 있어야 할 뿐만 아니라 공공적인 일면도 볼 수 있어야 하며, 사회 발전의 변화와 시대적 정신의 발전에 적응해 찌꺼기를 제거하고 정수를 취해 창조적인 전환과 혁신적인 발전을 거쳐 새로운 시대적 내용을 부여함으로써 예전의 문화유산을 오늘의 현실에 맞게 받아들여야 할 것이다.

3. 인의예지신과 기타 미덕

중화 전통미덕의 수많은 덕목 중에서 '인의예지신'의 다섯 가지 덕목이 가장 중요하므로 가장 크게 드높여야 함은 의심할 나위가 없다. 그런데 '인의예지신'은 중화 전통미덕의 모든 덕목을 빠짐없이 모두 포함하는 것은 아니다. '인의예지신'과 내적 연계가 있는 중화 전통미덕의 덕목에 대해서 우리는 가급적 인의예지신의 내용에 융합시킬 수 있다. 예를 들어 충(忠)·용(勇)·공(公)·정(正) 등 덕목은 의덕(義德)에 포함시키고 효(孝)·경(敬)·양(讓) 등 덕목은 예덕(禮德)에 포함시킬 수 있다.

'인의예지신' 전통미덕의 덕목에 융합시킬 수 없는 것, 예를 들어 염(廉)·검(儉)·치(恥) 등에 대해서도 경시하거나 포기해서는 안 되며 창조적인 전환과 혁신적인 발전을 거쳐 계승하고 확대 발전시켜야 한다. 따라서 '인의예지신'을 더욱 확대 발전시키는 과정에서 기타 전통미덕의 덕목과의 관계를 잘 처리하도록 주의해야 한다.

중국은 역사가 유구하고 풍부한 전통도덕유산을 보유하고 있으며, 세계 어느 국가든 중국의 도덕유산에 견줄 수 있는 국가는 없다.

요순(堯舜) 시대에 도덕 '오교(五敎)'가 이미 존재했다고 전해지고 있다. 『상서·순전(尙書·舜典)』의 기록에 따르면 순임금이 계(契)를 사도(司徒)에 임명하면서 그때 당시 '백성들 사이가 서로 친근하지 않고 다섯 가지 품성이 잘 지켜지지 않고 있어(百姓不親, 五品不遜)' 계에게 '오교(五敎, 다섯 가지 윤리도덕)에 대한 교육을 공경하게 전파 실행할 것(敬敷五敎)'을 요구했다. 그 '오교(五敎)'에 대해 후세 사람들은 부의(父義, 아버지는 의로워야 함)·모자(母慈, 어머니는 자애로워야 함)·형우(兄友, 형은 아우에게 우애로워야 함)·제공(弟恭, 아우는 형을 공경해야 함)·자효(子孝, 자식은 부모에게 효도해야 함)로 해석했다.

도덕의 작용은 사람이 좇아야 할 도리에 대해 가르치는 것, 즉 사람의 언행을 속박하거나 부각시켜 완벽한 사람으로 만드는 것이다. 옛날 중국사람들은 농경종법사회에서 생활했기 때문에 사람들이 제일 많이 생각하는 것은 바로 사람이 좇아야 할 도리는 무엇이며 개인과 사회관계를 어떻게 처리할 것이냐 하는 것이었다.

『좌전(左傳)』을 보면 춘추 시기에 이미 사람이 좇아야 할 도리와 좇지 말아야 할 도리 즉 '육순육역'의 도리를 제기했다. '육순(六順)'은 군의(君義, 임금은 의로워야 함)·신행(臣行, 신하는 임금의 뜻에 따라 실행해야 함)·부자(父慈, 아버지는 자애로워야 함)·자효(子孝, 자식은

51

효성이 있어야 함) · 형애(兄愛, 형은 아우에게 우애로워야 함) · 제경(弟敬, 아우는 형을 공경해야 함)을 가리킨다. '육역(六逆)'은 비천한 사람이 고귀한 사람에게 해가 되는 것(賤妨貴) · 연소한 사람이 연장자를 능멸하는 것(少陵長) · 소원한 사람이 친밀한 사람 사이를 이간질하는 것(遠間親) · 새로운 사람이 옛사람 사이를 이간질하는 것(新間舊) · 소국이 대국을 침략하는 것(小加大) · 사악하고 음란한 것이 의로운 것을 허물어뜨리는 것(淫破義)의 여섯 가지 배역 행위를 가리킨다.[3] 그때 당시 또 사회 윤리관계를 규범화하는 일부 도덕 범주도 제기되었다.

『좌전 · 소공이십육년(佐傳 · 昭公二十六年)』에서는 다음과 같이 기록하고 있다.

"나라의 임금은 명을 내림에 예의를 벗어나지 말아야 하고, 신하는 임금을 공경하고 다른 마음을 품지 말아야 하며, 아버지는 자애로우면서 아들을 교육할 줄 알아야 하고, 아들은 효성이 있고 아버지에게 정중하게 권할 줄 알아야 하며, 형은 어진 마음을 갖고 아우에게 친절해야 하며, 아우는 형을 공경하고 형에게 순종해야 하며, 지아비는 상냥하고 의로워야 하고, 아내는 부드럽고 정직해야 하며, 시어머니는 자애롭고 권유를 받아들일 줄 알아야 하며, 며느리는 순종하면서 완곡하게 말할 줄 알아야 한다(君令而不違, 臣共而不貳;

---

3) 『좌전 · 은공삼년(佐傳 · 隱公三年)』

父慈而教, 子孝而箴; 兄愛而友, 弟敬而順; 夫和而義, 妻柔而正;
姑慈而從, 婦聽而婉.)"

이는 군신·부자·형제·부부·고부 관계를 정확하게 처리하는
행위규범을 제기한 것으로서 "임금은 신하에게 명령을 내리고 신하는
임금을 공경해야 하며, 아버지는 자애로워야 하고 아들은 효성이 있어야
하며, 형은 어질고 우애로워야 하고 아우는 형을 공경해야 하며, 지아비는
상냥해야 하고, 아내는 부드러워야 하며, 시어머니는 자애로워야 하고
며느리는 순종해야 한다(君令臣共, 父慈子孝, 兄愛弟敬, 夫和妻柔,
姑慈婦聽)"라고 요구했으며 각기 다른 신분을 가진 사람은 각기 다른
도덕원칙에 따를 것을 요구했다.

관자(管子)는 '예의염치(禮義廉恥)'를 '사유(四維)'라고 했다. 『관자
·목민(管子·牧民)』에서는 "예(禮)가 있으면 사람들은 지켜야 할
규범을 벗어나지 않을 것이고, 의(義)가 있으면 사람들은 혼자 멋대로
앞으로 나아가지 않을 것이며, 염(廉)이 있으면 사람들은 잘못을
감추지 않을 것이며, 치(恥)가 있으면 사람들은 그릇된 것을 따르지
않을 것이다.(禮不逾節, 義不自進, 廉不蔽惡, 恥不從枉.)"라고
했다. 『관자·오보(管子·五輔)』에서는 효제자혜(孝悌慈惠,
효도·형제간의 우애·자애로움·은혜로움을 이름)·공경충신(恭敬忠信,
공손·공경·충성·신의)·중정비의(中正比宜, 공정함과
우애로움)·정제준굴(整齊撙詘, 단정과 절제)·섬색성용(纖嗇省用,
절약하고 아껴 씀)·돈몽순고(敦懞純固, 돈후함과 소박함)·화협집
목(和協輯睦, 화목함과 조화로움)의 칠체(七體)에 대해 제기했다.

이 일곱 방면에는 매우 폭넓은 내용이 관련되어 있다. 만약 모든 사람이 이처럼 행할 수 있다면 가정은 반드시 화목할 것이고 사회는 반드시 안정될 것이다.

유가는 도덕에 대한 기여가 가장 크다. 『논어(論語)』는 사람이 지켜야 할 도리를 적은 백과전서로서 중용(中庸)·예(禮, 예의)·의(義, 의리)·지(智, 지혜)·용(勇, 용기)·신(信, 신의)·충(忠, 충성)·서(恕, 포용)·효(孝, 효도)·제(悌, 공손)·관(寬, 너그러움)·민(敏, 민첩)·혜(惠, 은혜)·온(溫, 온화)·양(良, 어짊)·검(儉, 검소)·양(讓, 양보)·경(敬, 공경)·화(和, 화목)·애(愛, 사랑)·우(友, 우애)·선(善, 선량)·손(遜, 겸손)·용(勇, 용기)·염(廉, 청렴)·정(正, 정직)·총(聰, 총명)·장(莊, 장중) 등 수많은 도덕범주에 대해 제기했다.

『묵자·겸애하(墨子·兼愛下)』에서는 "임금은 반드시 은혜를 베풀어야 하고 신하는 반드시 충성심이 있어야 하며, 아버지는 반드시 자애로워야 하고 자식은 반드시 부모에게 효도해야 하며, 형은 반드시 우애로워야 하고 아우는 반드시 형을 공경해야 한다(爲人君必惠, 爲人臣必忠, 爲人父必慈, 爲人子必孝, 爲人兄必友, 爲人弟必悌.)"라고 제기했다. 이는 군신·부자· 형제 등 관계를 잘 처리할 수 있는 상응한 도덕규범을 제기한 것이다.

한(漢)의 학자 가의(賈誼)는 중국 고대의 도덕범주에 대해 비교적 전면적으로 귀납했다. 그는 『신서·도술(新書·道術)』에서 56쌍의 도덕범주를 제기했다.

"자은(慈囂, 자애로움과 모짊)·효얼(孝孽, 효도와 불효)· 충배(忠倍, 충성과 배반)·혜곤(惠困, 은혜와 괴롭힘)·

우학(友虐, 우애와 학대)·제오(悌敖, 공손과 거만)·공설(恭媟,
공손과 깔봄)·경만(敬嫚, 공경과 욕보임)·정위(貞僞,
충정과 거짓)·신만(信慢, 신임과 거만)·단방(端𧮪, 바름과
굽음)·평험(平險, 편안함과 위태로움)·청탁(淸濁, 깨끗함과
더러움)·염탐(廉貪, 청렴과 탐욕)·공사(公私, 공과
사)·정사(正邪, 바른 것과 사악한 것)·도망(度妄, 법도와
망령됨)·서황(恕荒, 어짊과 어리석음)·자인(慈忍, 자애로움과
잔인함)·결태(潔汰, 청렴함과 사치함)·덕원(德怨, 은덕과
원한)·행오(行汚)·퇴벌(退伐, 물러남과 정벌함)·양모(讓冒,
양보와 침범)·인려(仁戾, 어짊과 포악함)·의몽(義懜, 의로움과
어리석음)·화괴(和乖, 화함과 어그러짐)·조려(調盭, 고름과
어그러짐)·관액(寬阨, 너그러움과 협애함)·유편(裕褊,
느긋함과 성급함)·온지(媼騺, 유순함과 사나움)·양교(良噭,
어진 것과 이악스러운 것)·궤역(軌易, 규범을 따르는
것과 거스르는 것)·도벽(道辟, 도리에 맞는 것과 벗어나는
것)·검치(儉侈, 검소함과 사치함)·절미(節靡, 절약과
낭비)·신태(愼怠, 삼가는 것과 거만한 것)·계오(戒傲,
삼가는 것과 교만한 것)·지우(知愚, 지혜로운 것과 아둔한
것)·혜동(慧童, 총명한 것과 어리석은 것)·예람(禮濫,
예의바른 것과 외람된 것)·의궤(儀詭, 법도에 따르는
것과 거스르는 것)·순역(順逆, 순종과 거역)·비착(比錯,
나란히 하는 것과 어지럽히는 것)·한야(僩野, 우아함과
거침)·아루(雅陋, 아름다운 것과 추한 것)·변눌(辯訥,

변명과 침묵) · 찰모(察旄) · 위환(威圜) · 엄연(嚴軟, 엄한 것과 부드러운 것) · 任欺(任欺, 믿음과 기만) · 節罷(節罷, 절개를 지키는 것과 품행이 단정하지 않은 것) · 勇怯(勇怯, 용감한 것과 비겁한 것) · 敢揜(敢揜, 대담하게 행하는 것과 감추는 것) · 誠殆(誠殆, 진실한 것과 의심스러운 것) · 필달(必怛,)"

이들 56쌍의 도덕범주는 그때 당시 사람들이 인식하고 있는 미덕과 악덕에 대해 기본적으로는 포함하고 있다. 그중, 미덕 덕목들은 사람들이 도덕 인식 · 도덕행위 · 도덕 품성 면에서 갖추어야 할 규범에 대해 구체적으로 규정지었다.

한(漢)대의 『예기(禮記)』에서는 '삼종사덕(三從四德)' 관념에 대해 제기했다.

이른바 '삼종'이란 바로 여자는 "출가 전에는 아버지를 따르고 출가해서는 남편을 따르며 남편이 죽으면 자식을 따라야 한다(在家從父, 適人從夫, 夫死從子)"[4]라는 것이다.

이른바 사덕이란 여자는 출가 전에 부덕(婦德) · 부언(婦言) · 부용(婦容) · 부공(婦功)을 익혀야 한다는 것이다.[5] 부덕은 굳은 지조와 순종을 가리키고, 부언은 적절한 언사를 가리키며 부용은 옷차림과 몸가짐을 가리키고 부공은 (바느질 · 자수 · 방직 등) 여자가 해야 할 일을 가리킨다.

현시대의 시선으로 보면 삼종관념은 시대적 국한성을 띠지만 사덕관념은

---

4) 『대대예기 · 본명(大戴禮記 · 本命)』
5) 『예기 · 혼의(禮記 · 昏義)』

합리적인 부분이 많다.

청(淸)조 말기 대신 증국번(曾國藩)은 성(誠, 성실)·충(忠, 충성)·근(勤, 부지런함)·서(恕, 관용)·경(敬, 공경)·염(廉, 청렴)·검(儉, 검소)·신(信, 신의)·겸(謙, 겸손)·신(愼, 신중) 등 도덕규범에 대해 논했으며, 전통도덕으로 사회의 질서를 유지해야 한다고 주장했다.

이로부터 비록 중국 전통미덕의 내용이 매우 광범위하지만 기본상 '인의예지신' 다섯 가지 덕목에 대한 연장과 확장이라는 것을 알 수 있다.

따라서 '인의예지신' 다섯 가지 덕목은 역사가 유구하고 내용이 풍부하며 자체의 체계를 이루었고 고도로 개괄적이고 간단명료한, 중화 전통미덕의 핵심가치이념이라고 할 수 있는 것이다. 내용상에서 '인의예지신' 다섯 자로 사람들이 보편적으로 공감하는 도덕원칙·도덕규범·도덕적 요구를 집약시켜 넓은 범위에서 인정받을 수 있도록 했다. '인의예지신' 다섯 가지 덕목은 일반성을 갖춰 모든 사람이 갖춰야 할 기본적인 도덕적 요구에 적용될 뿐 아니라 비교적 높은 차원의 도덕적 추구도 포함하고 있어 사람들이 몸소 체험하고 애써 실천하기에 편리하다.

형식상에서 '인의예지신' 다섯 자는 기억하기 쉽고 알기 쉬우며 전파하기 쉬워 보편적으로 널리 보급하는데 편리하다. '인의예지신'은 중화 전통미덕의 핵심 내용으로 다시 말하면 중국 전통 핵심 가치관으로서 심각하고도 큰 영향을 끼쳤다. 역사적으로 국민 성격의 부각·중화 문화의 양성·사회 발전의 추진 면에서 매우 중요한 역할을 발휘했다. 오늘날 우리는 시대 발전과 인류문명 진보의 높이에 서서 '인의예지신'을 주요 내용으로 하는 중화 전통미덕을 과학적으로 자세히 살펴 새로운 시대적 내용을 부여해 대대적으로 확대 발전시켜야 한다.

4. 중국 고대 도덕 건설의 중요한 특징

중화 전통미덕과 중국 전통 핵심가치관의 발전과정에서 우리는 중국 고대 도덕건설과 핵심가치관의 발전변화에 일정한 규칙성이 있음을 알 수 있으며 그 속에서 일부 가치가 있는 시사점을 얻을 수 있다.

첫째, 사회발전과 정치변혁의 수요에 순응하고 역사발전의 흐름에 순응하는 것이다. 유가 도덕이 중국 봉건사회의 주류 도덕이 될 수 있고, '인의예지신'이 중국 전통 핵심가치관이 될 수 있었던 것은 중국 고대 자연경제와 봉건군주제도 발전의 수요에 순응하고 중국 봉건사회 통치계급이 추구하는 국가 안정 · 사회질서와 조화로운 사회에 대한 수요에 적응했기 때문이다. 유가 도덕이 근대에 이르러 도전을 받게 된 것은 주로 근현대 시장경제의 흥기에 적응하지 못했고 근현대에 추구하는 국가의 부강 · 사회의 변혁 · 빠른 발전의 시대적 요구에 적응하지 못했기 때문이다. 경제적 토대가 상층구조를 결정하며 의식형태와 사상도덕관념을 결정했다.

둘째, 정치적 수단을 통해 도덕건설과 핵심가치관의 양성을 대대적으로 추진하는 것이다. 중국은 역사적으로 사회생활 속에서 도덕이 일으키는 역할에 대해 특히 중시해왔으며 심지어 도덕을 나라를 다스리는 근본 방략의 차원으로 끌어올려 고려했다. '도덕으로 백성을 인도하고, 예제로 그들을 동화시키는 것(道之以德, 齊之以禮)'을 근본적인 치국의 수단으로 간주했으며 "도덕수양이야말로 사람이 지켜야 할 본분이다(德者, 本也)",

"덕은 나라의 기반이다(德, 國家之基也)"라고 강조했다. 또한 도덕을 널리 시행하는 강도가 매우 컸으며 도덕이 강대한 사회규범의 힘이 되어 법률제도와 매우 효과적인 상호 보완관계를 이룰 수 있게 하기 위해 극구 노력했다. 중국은 영토가 넓고 인구가 많은데다가 고대에는 교통·통신 조건의 제한으로 법률제도에만 의지해서는 사회의 지속적인 안정을 유지하기 어려웠을 뿐 아니라 비용도 엄청났다. 이때 중국 전통미덕의 법률제도에 대한 보충작용이 충분히 반영되었다.

중국 역사에서는 정치적 수단을 통해 도덕건설을 대대적으로 추진했다. 그중 영향력이 비교적 큰 정치 결책에는 다음과 같은 것이 있다.

(1) 서주(西周)시기 도덕교화를 담당한 관원을 두었으며 '주례(周禮)'를 제정했다.

(2) 춘추전국시기에 진시황(秦始皇)이 '분서갱유(焚書坑儒)'정책을 실행했다.

(3) 서한(西漢)시기(기원전 134년)에 동중서가 '백가를 배척하고 유가만을 중시할 것(罷黜百家,獨尊儒術)'과 '삼강오상'을 제기했는데 한무제가 이를 받아들였다. 동한(東漢)시기(79년) 한장제(漢章帝)가 '삼강오상'을 중국 봉건사회의 의식형태로 확정했다.

(4) 동한 초년에 불교가 중국에 전파되어 중국 유교·도교와 논전을 벌였다. 서기 573년, 북주(北周)의 무제(武帝)가 직접 백관과 승려·도사 등을 불러 모아 '삼교의 순위를 구별 해석해' 최종 "유교를 우선시하고 도교를 그 다음 순으로, 불교를 제일 마지막 순으로 한다"라는 결론을

내렸다. 이로써 중국에서 말하는 삼교란 곧 유교· 도교·불교를
가리킨다.

(5) 청(淸)조 초기 강희(康熙)9년(1670년)에 황제의 명의로 조령 '16조'를
반포해 '백성을 교화시키고 풍속을 이루는(化民成俗)' 것을 기본
규범으로 삼았다. '16조'의 내용은 다음과 같다.

1. 효도를 추진함으로써 사람들이 윤리도덕을 지키게
한다.(敦孝弟以重人倫)
2. 종족관계를 공고히 함으로써 사람들이 화목하고 사이좋게
지내게 한다.(篤宗族以昭雍穆)
3. 한 마을 사람과 이웃 간의 관계를 조화롭게 해 소송분쟁을
평정시킨다.(和鄕黨以息爭訟)
4. 농업발전을 중시함으로써 의식을 충족하게 한다.(重農
桑以足衣食)
5. 절약과 검소한 정신을 숭상해 재물을 아껴 쓰도록 한다.(尙
節儉以惜財用)
6. 학교의 정규적인 교육을 흥기시킴으로써 선비들의 습관을
단정히 한다.(隆學校以端士習)
7. 이단사설을 폐지하고 올바른 학문을 숭상해야 한다.(黜異
端以崇正學)
8. 법률을 강조해 아둔하고 악질적인 자들을 경계해야 한다(講
法律以儆愚頑)

9. 예의를 갖추고 사양하는 것을 명확히 함으로써 돈후한
   풍속을 형성해야 한다.(明禮讓以厚風俗)

10. 본업에 전념함으로써 민심을 안정시켜야 한다.(務本業
    以定民志)

11. 항상 자제를 교육해 도리에 어긋나는 일을 하지 않도록
    금지시켜야 한다.(訓子弟以禁非爲)

12. 남을 무고하게 모함하거나 뒤에서 헛소문을 퍼뜨려
    시비를 일으키는 것을 잠재워 선량한 인간관계를 유지해야
    한다.(息誣告以全善良)

13. 도주범을 은닉해 연루되는 것을 피해야 한다.(誡匿逃
    以免株連)

14. 제때에 세금을 바쳐 액외로 벌금을 당하는 일이 없도록
    해야 한다.(完錢糧以省催科)

15. 보갑(保匣, 현대의 경찰에 해당함)과 밀접한 연계를
    유지해 도둑을 제거해야 한다.(聯保甲以弭盜賊)

16. 목숨을 귀히 여겨 다른 사람에 대한 원한과 분노를 빨리
    해소해버려야 한다.(解仇忿以重身命)

강희 20년(1681년)에 또 이 '16조'에 상세한 설명을 붙이고 이야기와
그림을 곁들여 '그림으로 설명한 임금의 조령(聖諭像解)'으로 만들어 널리
선전함으로써 '사람마다 다 알게 했다.'

(6) 손중산(孫中山)이 '충효인애신의화평(忠孝仁愛信義和平)'의

'신팔덕(新八德)'을 제기해 '삼민주의(三民主義)'의 주요 내용으로
삼도록 했다.

(7) 민국 23년(1934년)에 국민정부가 '신생활운동(新生活運動)'을
일으켜 예·의·염·치 '사유(四維)'와 손중산의 '신팔덕'을 통틀어
'사유팔덕(四維八德)'으로 칭하고 '신생활운동'이 창도하는 국민도덕의
2대 주제로 삼았다.

(8) 중국공산당은 창당되어서부터 사상도덕 건설을 줄곧 당과 국가의
의식형태 건설의 가장 중요한 과제로 삼았다.

셋째, 도덕의 발전은 역사의 뿌리와 도덕의 유전자와 떼어놓을 수 없다.
유가 도덕은 옛날부터의 중국 도덕사상을 계승했기 때문에 가장 체계적이고
규범화되었으며 성숙되었다. 중화 전통미덕은 비록 도가·법가·석(釋)가
등 여러 학파의 도덕사상을 융합하는 것도 중시했지만 줄곧 유가
도덕사상을 주체로 하고 기타 도덕사상은 줄곧 사회의 지류에 불과했다.

넷째, 주요 도덕 혹은 핵심 가치관을 주도로 하는 것이다. 중국은
역사적으로 핵심 덕목에 대한 총화와 개괄을 크게 중시해왔다. 사회의 가장
중요한 도덕 수요에 따라 핵심 가치관을 개괄하고 다듬어냈으며 또 꾸준히
보충하고 발전시키고 보완하면서 중점을 포착하여 간결하지만 뜻은 모두
포함시킴으로써 기억하기 편리하도록 하여 모든 사람이 알 수 있게 했다.
예를 들어 공자는 '지인용(智仁勇)'으로, 맹자는 '인의예지(仁義禮智)'로,
동중서는 '오상(五常)'으로, 한유(韓愈)는 '인의(仁義)'로, 주돈이(周敦頤)은
'성(誠)'으로, 주희(朱熹)는 '인(仁)'으로 기타 덕목을 통괄했다. 기타

학파도 핵심도덕의 역할을 특출히 하는 것을 중시했다. 예를 들어 묵자는 '겸애(兼愛)'로, 노자는 '자(慈)'와 '검(儉)'[노자는 "나에게는 세 가지 보물이 있는데 오래도록 소중히 간직할 것이다.

첫 번째는 자비(慈)이고 두 번째는 '검소함(儉)'이며 세 번째는 명리 앞에서 다른 사람보다 앞서 누리지 않는 것이다. 자비로움이 있기 때문에 다른 사람을 도울 용기가 있는 것이고, 검소하기 때문에 욕망과 잡념이 적어 대다수 사람들의 이익을 돌볼 수 있다. 그래서 명리와 지위 앞에서 다른 사람보다 앞서 누리지 않는 사람은 큰 사업을 이루어 오래 유지할 수 있는 것이다(我有三寶, 持而保之. 一曰慈, 二曰儉, 三曰不敢爲天下先. 慈故能勇 ; 儉故能廣 ; 不敢爲天下先, 故能器長.)"라고 말했다. 관중은 '예의염치(禮義廉恥)'로 기타 덕목을 통괄했다.

다섯째, 도덕에 의한 교화와 도덕에 의한 관리를 크게 중시하는 것이다. 중국 역사에서 구체적인 도덕 덕목을 제정한 뒤에는 항상 대대적인 선전교육을 진행해 짙은 사회적 분위기를 조성하고 강대한 여론세력을 형성했으며 사람의 도덕수양과 자율정신을 제고하고 인간관계 조정·사회의 안정과 국가의 장기적 안정을 수호하는 면에서 도덕의 독특한 역할을 충분히 발휘해야 한다고 강조했다. 도덕에 의한 관리·법률에 의한 관리·민간에 의한 관리의 '삼위일체'를 통해 종합적으로 다스렸다. 예를 들어 삼로오경[三老五更, 삼로이정(三老里正)]·가족종족(家族宗族)·향규민약(鄕規民約)·회관행회(會館行會)·선당선회(善堂善會) 등 민간관리조직을 통해 도덕 교화를 진행하고 도덕건설을 전개한 것이다.

여섯째, 가정의 미덕을 중화 전통미덕의 중점으로 삼는 것이다. 자연경제사회에서 가정은 생산·출산·교육·생활·정감 등 기능을

일체화한 가장 기본적이고 가장 중요한 사회세포이다. 중국 고대
통치계급은 가정이라는 이 사회의 기본세포를 확실하게 장악하고
가정의 미덕 건설을 통해 가정의 건설을 추진하고 나아가서 가정을
통해 국가의 안정을 수호하고 사회의 조화로움을 추진했으며 사회의
발전을 추진했다. 이것이 바로 중화 전통미덕에서 가정의 미덕을 특별히
돌출히 하는 원인이다. 예를 들어 '삼강(三綱)'·'삼종사덕(三從四德)'·
'부자자효(父慈子孝)'·'부창부수(夫唱婦隨)'·'장유유서(長幼有序)'·
'형우제공(兄友弟恭)' 등은 모두 가정과 관련된다.

　이러한 역사적 경험은 모두 참고할 의미가 있다.

제3장
'인의예지신' 덕목의 발전 궤적

제3장
'인의예지신' 덕목의 발전 궤적

'인의예지신'은 중국 고대 유가에서 귀납한 다섯 가지 가장 기본적인 도덕 범주로서 그 유래와 발전은 꾸준한 보완 과정을 거쳤다.

1. '인의예지신' 덕목의 제기와 확립

문자기록이 존재한 시기부터 춘추시기에 이르기까지는 인의예지신 다섯 가지 덕목이 각각 제기되고 확립된 단계였다.

'인'덕의 제기는 최초에 씨족 종족 혈연관계와 연결되며 주로 동정심과 관심·보살핌을 가리키며 그 완전한 사상에 대해서는 공자가 제일 처음 상세하게 설명하고 전파했다.

'의'덕의 최초 의미는 용모와 풍채도 가리키고 적절함과 정당함을 가리키는 것이었다. 후에 모든 도의(道義)를 두루 일컫는 말이 되었으며 사회질서를 유지하는 역할을 했다.

'예'덕은 최초에 원시사회에서 신에 제를 지내 복을 기원하는 일종의 종족의식이었다. 후에 유가의 개조를 거쳐 그 내용이 단순 습속의식에서 혼인·혈통·장유·존비 등 관계에 대해 규범화한 행위준칙으로 발전했으며 또 점차 제도화 법률화되었다.

'지'덕은 최초에 사물에 대한 사람들의 판단이 신속하고도 정확함을 가리켰다. 후에 춘추시기 유가에 의해 시비와 선악을 분명히 가리고 자신과 남에 대해 알 수 있는 등 도덕적 내용을 부여해 창도되기 시작했다.

'신'덕은 최초에 하늘과 조상에게 제를 지낼 때 성실하고 속임이 없으며 함부로 말하지 않음을 가리켰다. 후에 종교적인 색채를 점차 벗어버렸으며 특히 춘추시기 유가학자의 창도과정을 거쳐 하나의 중요한 사회도덕규범이 되었다.

2. '인의예지'가 사덕일체로 제기됨

제일 먼저 '인의예지' 사덕을 하나의 일체로 삼아 제기한 사람은 전국시기 사상가인 맹자였다. 『맹자』에서는 '인의예지' 사덕을 하나의 일체로 제기했으며 총 두 차례 나타난다.

첫 번째는 『맹자·고자상(孟子·告子上)』에 나타나며 다음과 같이 말했다.

> 공도자(公都子)가 이르기를: "고자(告子)는 '사람의 본성은 원래 착한 것도 아니고 착하지 않은 것도 아니다'라고 하였고, 어떤 사람은 '사람의 본성은 착하게 될 수도 있고 착하지 않게 될 수도 있다. 그래서 문왕(文王)과 무왕(武王)이 세상에 나타났을

때 백성들은 착한 것을 좋아했고, 유왕(幽王)과 려왕(厲王)이 세상에 나타났을 때 백성들은 포악한 것을 좋아했다'라고 했습니다. 또 어떤 사람은 '본성이 착한 사람도 있고, 착하지 않은 사람도 있다. 그래서 요(堯)를 임금으로 모시면서 상(象)과 같은 나쁜 사람이 나왔는가 하면, 고수(瞽瞍)와 같은 아버지에게서 순(舜)과 같은 좋은 아들이 나왔으며, 주왕(紂王)과 같은 형님의 아들이 있어 또 임금으로 모시는데도 미자계(微子啓)·왕자 비간(比干)과 같은 좋은 사람이 나왔다'라고 말합니다." 이제 선생님께서는 '본성은 착하다'라고 하시니 그렇다면 그들이 말한 것은 다 옳지 않단 말입니까?(公都子曰 : "告子曰 : '性無善無不善也.'或曰 : '性可以爲善, 可以爲不善 ; 是故文武興, 則民好善 ; 幽厲興, 則民好暴.'或曰 : '有性善, 有性不善 ; 是故以堯爲君而有象, 以瞽瞍爲父而有舜 ; 以紂爲兄之子且以爲君, 而有微子啓,王子比干.'今曰'性善', 然則彼皆非與 ?)"

이에 맹자는 이렇게 말했다. 사람의 본성 그대로를 발휘한다면 착하게 될 수가 있으니 그것이 바로 내가 말하는 본성이 착하다는 것이다. 누군가 착하지 않은 행위를 한다고 해도 그것은 그 사람의 본바탕이 선하지 않은 탓이 아니다. 측은지심은 모든 사람이 다 가지고 있고, 수치심은 모든 사람이 다 가지고 있으며, 공경심은 모든 사람이 다 가지고 있고, 시비를 가리는 마음도 모든 사람이 다 가지고 있다. 측은지심은 인(仁, 어짊)이요, 수치심은 의(義, 의로움)요, 공경심은 예(禮, 예의)요,

시비를 가리는 마음은 지(智, 지혜)이다. 인의예지는 밖으로부터 나의 내심으로 침투되어 들어온 것이 아니라 내가 본래 가지고 있는 것이며 다만 생각해보지 않았을 뿐이다. 그래서 '탐색해 찾으면 얻을 수 있고 포기하면 잃는다'라는 말이 있다. 어떤 사람은 다른 사람에 비해 두 배, 다섯 배 심지어 계산할 수 없을 정도로 많은 차이가 나는데 이는 그들이 타고난 착한 본성을 들어내지 않았기 때문이다. 『시경(詩經)』에서는 '하늘이 뭇 백성을 낳았으니 만물이 있으면 법칙이 따르는 법이다. 백성이 상도(常道)와 법도를 장악했기에 아름다운 법칙을 숭상한다.'라고 했다. 공자는 '이 시를 지은 이는 아마도 사물의 이치에 대해 알고 있구나. 그래서 그가 만물에는 반드시 법칙이 따르고 백성이 상도와 법도를 장악했기에 그 아름다운 법칙을 숭상한다고 한 것이다'라고 말했다(孟子曰 : "乃若其情, 則可以 爲善矣, 乃所謂善也.若夫爲不善, 非才之罪也.惻隱之心, 人皆 有之 ; 羞惡之心, 人皆有之 ; 恭敬之心, 人皆有之 ; 是非之心, 人皆有之.惻隱之心, 仁也 ; 羞惡之心, 義也 ; 恭敬之心, 禮也 ; 是非之心, 智也.仁義禮智, 非由外鑠我也, 我固有之也, 弗 思耳矣.故曰 :'求則得之, 舍則失之.'或相倍蓰而無算者, 不能盡 其才者也.詩曰 :'天生蒸民, 有物有則.民之秉夷, 好是懿德.'孔 子曰 :'爲此詩者, 其知道乎 ! 故有物必有則, 民之秉夷也, 故好 是懿德'")

맹자가 제기한 "인의예지가 밖으로부터 나의 내심으로 침투되어 들어온 것이 아니다(仁義禮智, 非由外鑠我也)"라는 명제는 '인의예지'는 외부세계가 나에게 준 것이 아니라는 의미이다. 이는 맹자의 '인간의 본성은 원래 착하다(人性善)'는 관점을 반영한 것이다. "맹자는 인간의 본성은 착하다고 이야기하면서 말할 때마다 요순(堯舜) 두 임금을 칭하였다."(『맹자·등문공상[孟子·滕文公上]』) 그는 사람은 모두 태어날 때부터 '측은지심'·'수치심'·'공경심'·'시비를 가릴 수 있는 마음(是非之心)'이 있다고 주장했다. 이 네 가지 마음이 곧 '인의예지'의 발단과 맹아이며 이를 확충하고 보완한 것이 곧 '인의예지' 4덕이다. 맹자는 '인의예지'가 인간에게 내재한 자각적 도덕의식이라는 것을 충분히 긍정했으며 맹자의 천부적인 도덕관을 반영했다.

두 번째는 『맹자·진심상(孟子·盡心上)』에 나타나며 글에서는 이렇게 썼다.

> 맹자가 이르기를 "넓은 땅과 많은 백성을 소유할 수 있는 것을 군자는 바라지만 즐거움은 그곳에 존재하지 않는다. 천하의 중앙에 서서 천하의 백성을 안무하는 것을 군자는 즐거워하지만 그들의 본성은 거기에 존재하지 않는다. 군자의 본성은 비록 그의 주장이 천하에 널리 행해져도 더 늘어나지 않고 비록 궁색하게 머물러 있어도 사라지지 않는다. 그것은 본분이 다 정해져 있기 때문이다. 군자의 본성인 인의예지가 마음속에 뿌리내려 온화한 기운이 생겨 겉으로 드러나게 된다. 그 기운이 얼굴빛으로 드러나고 등에도 가득하며 사지에도 가득 차서 몸의 동작이 말할 필요가 없이 사람을 깨우치게 된다"(孟子曰 : "廣土

衆民, 君子欲之, 所樂不存焉. 中天下而立, 定四海之民, 君子
樂之, 所性不存焉. 君子所性, 雖大行不加焉, 雖窮居不損焉,
分定故也. 君子所性, 仁義禮智根於心. 其生色也, 睟然見於面,
盎于背, 施於四體, 四體不言而喩.")

맹자가 '인의예지는 마음속에 뿌리내린다(仁義禮智根於心)'는 관점을
제기한 것은 그의 성선론(性善論)을 위한 이론적 기반을 마련하기
위한 것으로서, 이로써 '인의예지' 사덕일체가 인간에게 내재한 자각적
도덕의식에서 기원한 것임을 긍정했다. 그리고 맹자는 또 '인의
충신(仁義忠信)' 사덕 일체덕목을 제기해 '인의충신'을 천작(天爵, 하늘이
내려주는 벼슬)이라고 칭하고 '부귀이달(富貴利達)'을 '인작(人爵, 사람이
정해주는 벼슬)'이라고 칭했다. 그는 '인의충신'은 사람이 태어날 때부터
갖춘 미덕으로서 사람의 생명에서 가장 가치가 있는 것이라고 주장했다.
　그는 사람들이 '자아반성하며 돌이켜 자신에게서 원인을 찾을 것'을
요구했으며 '인의충신' 미덕을 수양하는 것을 게을리 하지 말 것을 요구했다.
그는 그때 당시 사람들이 도덕을 수양함에 있어서 '부귀이달'을 추구하고
'인의충신'을 포기하는 행위에 반대했다.
　'인의예지'와 '인의충신' 사덕 일체덕목을 각각 제기한 동시에 맹자는 또
'효제충신(孝悌忠信)' 사덕일체 덕목도 제기했다. 그는 사람들이 '한가할 때
효제충신 덕목을 수양할 것(以暇日修其孝悌忠信)' [맹자 · 양혜왕상(孟子 ·
梁惠王上)』]을 요구했다.

3. '예의염치' 사유 덕목의 제기

관자(管子), 즉 관중(管仲)은 춘추 전기의 유명한 정치가이며 사상가이다. 『관자(管子)』는 춘추시기 제(齊)나라의 관중이 쓴 것으로 전해지고 있지만 실제로는 후세 사람들이 관중의 언행과 직하(稷下) 학파의 언론을 발췌하고 또 제나라 법가의 저작을 대량으로 추가해 집대성해서 만든 것이다.

관자는 "창고가 가득 차야 예절을 알고 의식이 충족해야 영욕을 안다(倉廩實則知禮節, 衣食足則知榮辱)"라는 명론을 제기했다.

그리고 그는 제일 처음으로 '예의염치(禮義廉恥)' 사유(四維)덕목을 제기했으며 '예의염치'를 나라를 다스리는 4대 윤리강상으로 간주해야 한다고 확고하게 주장했고, '예의염치'에 대해 깨닫도록 백성을 교화하는 것은 사회의 조화로움을 추진하는 막강한 힘이라고 주장했다.

그는 이렇게 말했다.

> 사유를 발양하면 임금의 정령이 관철 이행될 수 있다……
> 사유를 발양하지 않으면 나라는 멸망하게 된다. 나라에는
> 사유가 있는데 그중 한 가지가 빠지면 나라가 기울게 되고
> 두 가지가 빠지면 나라가 위태로워지며 세 가지가 빠지면
> 나라가 무너지며 네 가지가 다 빠지면 나라는 멸망하게
> 된다. 기울어지면 바로 세우면 되고 위태로워지면 구제하면
> 되고 무너지면 다시 일으키면 되지만 멸망하면 수습할 수가
> 없게 된다. 사유란 무엇인가? 그 첫 번째는 예(禮)이고,

두 번째는 의(義)이며 세 번째는 염(廉)이고 네 번째는 치(恥)이다(四維張, 則君令行……四維不張, 國乃滅亡.國有四維, 一維絶則傾, 二維絶則危, 三維絶則覆, 四維絶則滅, 傾可正也, 危可安也, 覆可起也, 滅不可複錯.何謂四維？一曰禮, 二曰義, 三曰廉, 四曰恥.)[6]

4. '인의예지성' 오행 덕목의 제기

1973년 창사(長沙) 마왕퇴(馬王堆)에서 출토한 백서(帛書)에 써 있던 『오행(五行)』에 대해 학술계에서는 실전된 맹자의 오행학설, 즉 다섯 가지 덕행에 대한 맹자의 학설이라고 주장했다. 이 다섯 가지 덕행이 곧 '인의예지성(仁義禮智聖)'이다.

1993년 마왕퇴 한묘(漢墓) 백서 『오행』은 후베이(湖北) 성 징먼(荊門) 시 곽점(郭店) 마을 전국시기 초묘(楚墓)에서 출토한 죽서(竹書) 중에서도 발견되었다. 곽점 초간(楚簡) 『오행』은 이미 조화로운 인심 · 조화로운 인생 · 조화로운 사회 구축에 대한 사상 요소가 포함되어 있었다.

곽점 초간 『오행』의 주제는 덕과 선에 대한 탐색을 통해 다섯 가지 사회도덕규범('인의예지성')을 사람들의 품성신념 속에 내면화시 키고('오행은 내면의 덕성에서 형성되었다[五行型于內]') 또 사람들의 품성신념을

---

6) 『관자 · 목민(管子 · 牧民)』

구체적인 품성행위로 외면화시킨 도덕체험패턴을 구축하려고 시도한 것이다. 『오행』에서는 성인(聖人)은 군자의 도리를 깨우치고 꿰뚫어 군자의 도리를 품성신념으로 내면화시킬 수 있을 뿐 아니라 군자의 도리를 품성행위로 외면화할 수도 있다고 주장했다. 또 성인은 천도(天道)·인도(人道)·군자의 도리를 모두 갖추고 미덕을 탐색하고 미덕을 추구하며 미덕을 양성할 수 있어야 한다고 주장했다.

군자는 '화목하여 함께 할 수 있고 함께 할 수 있어 선해질 수 있는(和則同, 同則善)', 인간의 도리를 집대성한 '선(善)'을 탐색하고 추구하는 자이며, 오행의 조화로운 '선'의 경지를 추구하는 지혜로운 자이다.

곽점 초간 『오행』은 첫머리에서 요지를 분명히 밝혔는데 다음과 같이 썼다.

> 오행: 어짊이 내면의 덕성에서 형성되었다면 덕행이라고 부르고
> 내면적으로 형성된 것이 아니라면 행위(行)라고밖에 할 수 없으며,
> 의로움이 내면의 덕성에서 형성되었다면 덕행이라고 부르고
> 내면적으로 형성된 것이 아니라면 행위(行)라고밖에 할 수 없으며,
> 예절이 내면의 덕성에서 형성되었다면 덕행이라고 부르고
> 내면적으로 형성된 것이 아니라면 행위(行)라고밖에 할 수 없으며,
> 지혜로움이 내면의 덕성에서 형성되었다면 덕행이라고 부르고
> 내면적으로 형성된 것이 아니라면 행위(行)라고밖에 할 수

없으며, 성스러움이 내면의 덕성에서 형성되었다면 덕행이라고
부르고 내면적으로 형성된 것이 아니라면 행위(行)라고밖에 할
수 없다.

(仁型於內謂之德之行, 不型於內謂之行 ；

義型於內謂之德之行, 不型於內謂之行 ；

禮型於內謂之德之行, 不型於內謂之行 ；

智型於內謂之德之行, 不型於內謂之行 ；

聖型於內謂之德之行, 不型於內謂之行.)

이 초간은 대략 기원전 330년에 쓰여졌다. 그 '인의예지성' 오행윤리
체계를 학술계에서는 사맹학파(思孟學派)의 저작이라고 확정지었으며,
이는 창사의 마왕퇴 한묘에서 출토한 백서 『오행』 속에서 발전되었다.
그중 '성(聖)'덕은 세상에 전해져 내려오는 가운데서 최고의 도덕 경지로
간주되고 있다.

『맹자』 서적에서는 '성'자가 48곳에서 나타난다. 예를 들면
"상(商)나라의 탕(湯)임금에서 무정(武丁)임금에 이르기까지 현명한
군주가 6~7명 있었다.(由湯至於武丁, 賢聖之君六七作)"[7] "옛날
자공(子貢)이 공자에게 '선생은 성인이십니까?'라고 물었다. 그 말에
공자는 '나는 성인이 아니다. 나는 다만 배움에 게을리하지 않고 가르침에

7)『맹자 · 공손추상』

싫증을 느끼지 않을 뿐이다.'라고 대답했다. 그러자 자공은 '배움에 게을리하지 않는 것은 지혜로움이요, 가르침에 싫증을 느끼지 않는 것은 어진 마음입니다. 어진 마음도 갖추고 지혜도 갖추었으니 선생은 바로 성인입니다. 라고 말했다.'(昔者子貢問於孔子曰：'夫子聖矣乎？' 孔子曰：'聖則吾不能，我學不厭而教不倦也.' 子貢曰：'學不 厭，智也；教不倦，仁也. 仁且智，夫子旣聖矣.')"[8] 이로부터 성덕이 유가에 서 매우 숭고한 지위에 있음을 알 수 있다.

  곽점 초간 『오행』과 동시에 출토한 『육덕(六德)』도 있다.

  '육덕'설은 『주례 · 지관사도(周禮 · 地官司徒)』에서 유래했다. 『주 례 · 지관사도』의 '육덕'은 지(知) · 인(仁) · 성(聖) · 의(義) · 충(忠) · 화(和)를 가리키고 곽점 초간의 '육덕'은 성(聖) · 지(智) · 인(仁) · 의 (宜) · 충(忠) · 신(信)을 가리킨다. '의(宜)'는 곧 '의(義)'이 다. 『육덕』에서는 이렇게 주장했다.

  아버지는 고상해야 하고 자식은 어질어야 하며, 남편은 지혜로워야 하고, 아내는 참되어야 하며, 임금은 의로워야 하고 신하는 충성해야 한다. 고상함이 어짊을 낳고 지혜로운 것이 참된 것의 본보기가 되며 의로운 자가 충성스러운 자를 부릴 수 있다.
  고로 지아비는 지아비다워야 하고 아내는 아내다워야 하며,

---

8) 『맹자 · 공손추상』

아비는 아비다워야 하고 자식은 자식다워야 하며 임금은
임금다워야 하고 신하는 신하다워야 한다. 이 6자가 각자의
역할을 해야 한다.

(父聖, 子仁, 夫智, 婦信, 君宜, 臣忠.

聖生仁, 智率信, 宜使忠.

故夫夫, 婦婦, 父父, 子子, 君君, 臣臣. 此六者各行其職.)

다시 말하면 아버지는 아버지다워야 하고 마땅히 아버지로서의
성덕(聖德)을 충실히 지켜야 하며, 자식은 자식다워야 하고 마땅히
자식으로서의 인덕(仁德)을 철저히 지켜야 하며, 지아비는 지아비다워야
하고 지아비로서의 지덕(智德)을 충실히 지켜야 하며, 아내는 아내다워야
하고 아내로서의 신덕(信德)을 철저히 지켜야 하며, 군왕은 군왕다워야 하고
군왕으로서의 의덕(義德)을 충실히 지켜야 하며, 신하는 신하다워야 하고
신하로서의 충덕(忠德)을 철저히 지켜야 한다.

둔황(敦煌) 문서 중에는 『효경주(孝經注)』 잔편이 있는데 그중 '경대부장
제4(卿大夫章第四)' 중 '선대의 현명한 군왕이 실행한 도덕준칙과 행위가
아니면 감히 행하지 않는다(非先王之德行不敢行)'라는 구절 아래에 다음과
같은 주해가 적혀 있다.

옛날 사람들은 여섯 가지 덕행을 실행했다. 즉 인·의·
예·지·충·신 육덕이다. 삶을 사랑하고 죽기를 싫어하는
것을 어짊(인)이라고 하고, 재물 앞에서 탐내지 않고 어려운

사람을 도와주는 것을 의로움(의)이라고 하며, 존귀함과
비천의미질서를 신중히 하는 것을 예라고 하고, 지혜가 깊고
식견이 넓은 것을 지혜로움(지)이라고 하며, 정직하고 변함이
없는 것을 충성스러움(충)이라고 하고 믿음과 의리를 엄격히
지키는 것을 믿음(신)이라고 한다.

(古者六德之行 : 仁,義,禮,智,忠,信, 是爲六德. 好生惡死曰仁 ;
臨財不欲, 有難相濟曰義 ; 尊卑愼序曰禮 ; 智深識遠曰智 ; 平直
不移曰忠 ; 信義可複曰信.)

이렇게 하여 전국(戰國)시기의 죽서(竹書) 『육덕』의 구체적 도덕규범을
일반적인 도덕규범으로 상승시켰다.

5. '인의예지신 오상지도'의 확립

'인의예지신(仁誼禮知信)'을 통틀어 '오상지도(五常之道)'라고 일컬은 문헌
기록은 최초에 한(漢)조 동중서의 『거현량대책(擧賢良對策)』에 등장한다.
동중서는 먼저 교화를 확고히 해 만 백성을 바로세운다(立敎化, 正萬民)는
각도에서 '인의예지신' 덕목을 제기했다.
『한서(漢書)』 권56 『동중서전』에는 다음과 같은 기록이 있다.

현재 폐하께서 천자의 귀한 몸이 되셔서 온 천하를 얻고 상서로움을 불러 모을 수 있는 지위에 올라 상서로움을 불러 모을 수 있는 세력을 장악했으며 또 상서로움을 불러 모을 수 있는 자질을 갖추어 행위가 고상하고 은덕이 두터우며 총명한 재능과 지혜를 갖추고 아름다운 의향이 있으며 백성을 아끼고 문인을 좋아하고 있으니 도의를 갖춘 군주라고 할 수 있습니다. 그럼에도 천지가 반응하지 않고 아름다운 상서로움이 나타나지 않는 것은 무슨 원인입니까? 아마도 교화체계를 수립하지 않아 백성을 바른 길로 이끌지 못함이 아닐까요? 만백성이 이익을 좇고 있어 마치 물이 흐르는 것처럼 교화라는 제방을 쌓아두지 않으면 그들을 제지시킬 수가 없게 됩니다. 교화체계가 수립되어 간사함과 사악함이 멈추게 되면 이는 제방이 완전히 갖춰져 있음이요, 교화체계를 폐지해 간사함과 사악함이 나타나기 시작하면 형벌로도 제지시킬 수 없으니 이는 제방이 무너진 것과 같습니다. 고대의 군왕은 이러한 도리를 알고 있었기 때문에 제위에 올라 천하를 다스림에 있어서 교화를 주요 임무로 삼지 않은 이가 없었습니다. 수도에 태학(太學)을 설립해 교육하고 현읍(縣邑)에 현학(縣學)·향학(鄉學)을 설립해 교화를 실행해 인(仁)으로써 백성을 교육하고 의(義)로써 백성을 감화시켰으며 예로써 백성을 절제시켰습니다. 그래서 비록 형벌이 매우 가벼움에도 금령을 어기는 자가 없었습니다. 이것이 바로 교화를 실행해 아름다운 습속이 형성된 연고입니다(今陛下貴爲天子, 富

有四海，居得致之位，操可致之勢，又有能致之資，行高
而恩厚，知明而意美，愛民而好士，可謂誼主矣．然而天地
未應而美祥莫至者，何也？凡以教化不立而萬民不正也．
夫萬民之從利也，如水之走下，不以教化堤防之，不能止也．
是故教化立而奸邪皆止者，其堤防完也；教化
廢而奸邪並出，刑罰不能勝者，其堤防壞也．
古之王者明於此，是故南面而治天下，莫不以教化爲大務．
立太學以教于國，設庠序以化於邑，漸民以仁，摩民以誼，節民以禮，故
其刑罰甚輕而禁不犯者，教化行而習俗美也．)

현명한 군왕은 난세에 제위를 이어 난세에 남아있는 모든
흔적을 모조리 제거하고 교화를 회복했으며 특별히 받들었
습니다. 이제는 교화가 분명해지고 습속이 형성되어 자손들이
지켜나가고 있으므로 5,6백년이 지나도 쇠퇴되지 않을
것입니다… 『시경(詩經)』에서는 "백성에게 적합하고 인간에게
적합하면 하늘이 내리는 복을 받을 수 있다"라고 했습니다.
정치를 할 때 백성에게 적합하게 하면 자연히 하늘이 내리는
복을 받게 됩니다. 인·의·예·지·신 다섯 가지 영원불변한
도리는 군왕이 마땅히 수양하고 단정히 해야 할 바입니다.
이 다섯 가지 도를 잘 수양하고 단정히 할 수 있다면 하늘이
보우해줄 것이요, 귀신도 와서 그를 도와 제사를 받아줄 것입
니다.

그리 되면 은덕이 나라 밖에까지 퍼져 모든 생명에까지 확대될

것입니다(聖王之繼亂世也, 埽除其跡而悉去之, 複修敎化而崇
起之. 敎化已明, 習俗已成, 子孫循之, 行五六百歲尙未敗也…
…《詩》雲: "宜民宜人, 受祿於人."爲政而宜於民者, 固當受祿
於天.夫仁誼禮知信五常之道, 王者所當修飭也; 五者修飭, 故
受天之祐, 而享鬼神之靈, 德施于方外, 延及群生也.)

이는 중국 윤리사상사에서 처음으로 '인의예지신 오상지도'에 대해 제기한
문헌 기록이다. 동중서는 『상서·태서(尙書·泰誓)』 중 '오상' [9] 이라는
단어를 맹자의 '인의예지'·'효제충신'·'인의충신'과 종합해 혁신을
거쳐 '인의예지신 오상지도'라는 일체 덕목을 제기했다. 그는 '인의예지신
오상지도'를 다듬고 정리함으로써 교화를 추진하고 아름답고 선한 습속을
형성하고 순수한 민풍을 조성할 것을 강조했다.[10]
'인의예지신 오상지도'는 개인이 대인관계를 처리하는 다섯 가지 가장
기본적인 최소한도의 도덕적 요구와 도덕의식이다.
인의예지신 다섯 가지 구체적인 덕목은 비록 제기된 지 오래지만 그
덕목을 일체화한 도덕적 요구로 삼아 '오상지도'로 개괄하기는 동중서가
제일 처음으로 여러 가지 도덕규범 중에서 종합하여 끌어올린 것이다. 그는
'인의예지신(仁誼禮知信)'을 영원불변한 도덕규범으로 추상화했다.

---

9)　　당(唐)나라 공영달(孔穎達)은 "오상(五常)은 즉 오전(五典)이다. 이른바 부의(父義,
아버지는 의로워야 함)·모자(母慈, 어머니는 자애로워야 함)·형우(兄友, 형은
우애로워야 함)·제공(弟恭, 아우는 형을 공경해야 함)·자효(子孝, 자식은 부모에게
효도해야 함)를 가리키는데 이 다섯 가지는 인간이 좇아야 할 상행(常行)이다."라고
말했다.
10) 『전한서·거현량대책(全漢書·擧賢良對策)』을 참고

6. '인의예지신' 덕목의 확정

'인의예지신(仁義禮智信)'을 '오상'이라는 일체화한 덕목으로 공식 확정한 것은 동중서가 세상을 떠난 183년 뒤(서기 79년)의 백호관에서 오경의 같은 점과 다른 점을 놓고 토론한 회의에서다. 그 회의 요록은 『백호의주(白虎議奏)』이다.[『후한서 · 장제기(後漢書 · 章帝紀)』]『백호의주』는 이미 산실되었다.

회의 후 반고(班固)가 명을 받고 회의 기록을 정리해 『백호통의 (白虎通義)』로 편집했다. 그 글에는 다음과 같이 기록되어 있다.

> 오성(五性)은 무엇인가? 이른바 곧 인(仁) · 의(義) · 예(禮) · 지(智) · 신(信)을 가리킨다. 인이란 잔인하지 않음이요, 남에게 사랑을 주는 것이며, 의란 적절함이요, 적절하게 결단을 내리는 것이며, 예란 행함이요, 도의를 실천해 조문(條文)이 되게 하는 것이며, 지란 아는 것이요, 눈앞에 보이는 사물에 대해 알고 자신의 견해를 갖고 사물의 표면 현상에 미혹되지 않으며 아주 미세한 조짐을 보고도 발생하게 될 큰 변화에 대해 알 수 있는 것이며, 신이란 성실함이요, 한결같은 마음을 가지고 멋대로 바뀌지 않는 것이다. 그래서 사람은 태어날 때부터 팔괘의 몸을 가졌으며 다섯 가지 원기를 받아 윤상을 형성했다. 그것이 바로 인 · 의 · 예 · 지 · 신이다
>
> (五性者何 ? 謂仁,義,禮,智,信也. 仁者, 不忍也, 施生愛人也 ; 義者, 宜也, 斷決得中也 ; 禮者, 履也, 履道成文也 ; 智者, 知

也, 獨見前聞, 不惑於事, 見微者也 ; 信者, 誠也, 專一不移也.
故人生而應八卦之體, 得五氣以爲常, 仁,義,禮,智,信是也.) [11]

여기서는 '오상'을 '인의예지신(仁義禮智信)'으로 정식 확정했을 뿐 아니라
매개 구체적인 덕목에 대해 명확하게 규정지었다.

동한(東漢)의 정현(鄭玄, 서기 127−200)이 『모시(毛詩)』에 전(箋)을
달아 이르기를,

> "하늘이 뭇 인간을 낳았으니 만물이 있으면 법칙이 있다.
> 인간은 항상 지켜야 할 도리를 지키고 선한 것과 아름다운
> 것을 추구하는 것이 그들의 덕목이다." "하늘이 많은 백성들을
> 낳았으니 그들은 만물의 일반적인 성질을 띠며 이른바 인 ·
> 의 · 예 · 지 · 신 오행이라고 한다. 그들의 성정에는 법칙이 있다.
> 이른바 희(喜, 기쁨) · 노(怒, 노여움) · 애(哀, 슬픔) · 낙(樂,
> 즐거움) · 호(好, 좋아함) · 오(惡, 싫어함)이다. 그런데 사람은
> 상도(항상 지켜야 할 도리)를 고집하며 미덕을 갖춘 사람을
> 좋아하지 않는 이가 없다."

---

11) 『백호통의 · 정성(白虎通義 · 情性)』

("天生蒸民, 有物有則, 民之秉彝, 好是懿德."雲:"天之生衆民, 其性有

物象, 謂五行. 仁,義,禮,智,信也；其情有所法, 謂喜,怒,哀,樂,

好, 惡也. 然而民所執持有常道, 莫不好有美德之人.")

[『모시주소 · 증민(毛詩注疏 · 蒸民)』]

정씨는 '인의예지신'을 '오상'이라고 하지 않고 '오행'이라고 불렀는데 이는
곽점 초간의 『오행』에서 유래한 까닭이다.

중국 위 · 진(魏晉)시대에서 청(淸)대 중엽에 이르기까지는 '인의예
지신'이 꾸준히 영향력이 확대되고 발전한 단계이다. 위 · 진 · 수 ·
당(魏晉隋唐)시기에 '인의예지신'이 공식적인 의식형태로 대대적으로
선도됨에 따라 점차 사람들이 보편적으로 인정하는 도덕준칙과
행위규범이 되었다. 송 · 명 · 청(宋明淸)시기에 유가학자들은 이론적으로
'인의예지신'에 대해 진일보로 밝힘으로써 인의예지신을 일체화한 덕목이
꾸준한 발전을 이룰 수 있었다.

7. 주돈이의 '성, 오상지본' 설

송 · 명시기 성리학의 창시자 주돈이(周敦頤, 1017—1073)는 "성실함을
바탕으로 한다는 이성위본(以誠爲本)" 도덕 본체론(존재론)을 수립한
동시에 '인의예지신'이라는 전일체 도덕체계를 발전시켰다.

그는 다음과 같이 말했다.

성(誠, 성실함)은 오상의 근본이요, 백행(모든 행위)의 근원이다. 오상은 인·의·예·지·신 오행의 본성이다. 백행은 효·제·충·신 등이며 만물의 형태이다. 진실한 도리를 다하면 오상이 부족하지 않으므로 백행을 수양할 수 있다. 마음이 안정을 유지하면 천지만물이 무의 상태에 처하게 되고 생각을 하게 되면 세간 만물이 생겨나게 된다. 생각이 바르면 지혜로운 깨달음을 얻어 막힘이 없게 된다.……오상과 백행이 성실함을 떠나거나 성인의 성실한 교화를 벗어난다면 사람들은 그릇된 일을 하게 되고 사악한 기운이 그 틈을 타 우리 마음을 점령하게 된다. 성실함이 없으면 오상과 백행 모두 실제 의미를 잃게 된다. 이른바 성실함이 없으면 실제 내용이 없다는 뜻이다. 마음의 안정을 유지하나 마음이 바르지 못하면 사악함이 생기게 되고, 생각을 하나 바르지 않고 밝지 않으면 사악한 기운이 마음에 가득 차게 된다. 고로 성실해야만 무사한 것이다

(誠, 五常之本, 百行之源也. 五常, 仁,義,禮,智,信,

五行之性也.百行, 孝,弟,忠,信之屬, 萬物之象也.

實理全, 則五常不虧, 而百行修矣. 靜無而動有, 至正而明達也.

……五常百行, 非誠, 非也, 邪暗, 塞也.

非誠, 則五常百行皆無其實, 所謂不誠無物者也.

靜而不正, 故邪；動而不明,不達, 故暗且塞.故誠則無事矣.)[12]

---

12) 『통서 · 성하(通書　誠下)』

다시 말하면 '성(誠)'은 '인의예지신' 오상의 근본이고 모든 윤리 행위의 근원이다.

여기서 주돈이는 이미 '성'을 인간으로서의 최소한도의, 가장 기초적이고 가장 근본적인 도덕준칙과 요구로 발전시킴으로써 '인의예지신' 오상과 그 실천(백행)존재의 실질을 탐색했다. 이는 일종의 도덕 본체론(존재론)의 관점이라고도 할 수 있다.

실제로 '오상의 근본'과 '백행의 근원'인 '성'은 바로 사람이 좇아야 할 기본 신념과 최소한도의 요구의 대상화와 구체화이다.

주돈이는 과거의 '오상'을 성이라는 하나의 근원에 귀결시켜 사람들에게 확실히 어질고(誠仁), 확실히 의로우며(誠義), 확실히 예의롭고(誠禮), 확실히 지혜로우며(誠智), 확실히 신의를 지킬 것(誠信)을 요구했다. 이로써 '인의예지신'을 실제로 하나의 도덕체계로 종합했다. 어찌해야 '성실함(誠)'을 행할 수 있을까? 주돈이는 "허망함이 없이 진실하면 성실에 이를 수 있다(無妄, 則誠矣)"라고 명확히 밝혔다.[13]

8. 이정의 '오상전체사지' 설

인의예지신 일체덕목은 송·명 성리학 윤리사상의 창시자인 정호(程顥, 1032—1085)·정이(程頤, 1033—1107) 즉 이정(二程)에 의해

---

13) 『통서 · 가인규복무망(通書　家人睽復无妄)』

'오상전체사지(五常全體四支)'설로 발전했다. 그들은 하늘과 인간은 '일리(一理, 같은 이치)'라는 도덕 본체론에서 인성론을 추론 연역해 "이(理)·성(性)·명(命)은 하나다(理·性·命, 一而已)"라고 제기했다.[14] 다시 말하면 "성즉리(性卽理, 본성이 곧 이치이다)"였던 것이다.[15]

'본성이 곧 이치'이고 또 '천리'가 '모든 이치를 갖추어' 보편적인 도덕의 여러 덕목을 포함하고 있기 때문에 '본성은 선하지 않은 것이 없다'라고 말한다. 그래서 그들은 '인의예지신'을 '오상전체사지'설로 발전시켰다.

> 인·의·예·지·신 다섯 가지는 본성이다.
> 인을 옹근 몸통으로 본다면 그 외 네 가지는 사지와 마찬가지이다.
> 인은 본성 본체이고, 의는 본성의 적절함이며, 예는 본성의 구별이고, 지는 본성에 대해 아는 것이며, 신은 본성의 본질이다(仁,義,禮,智,信五者, 性也. 仁者, 全體 ; 四者, 四支. 仁, 體也 ; 義, 宜也 ; 禮, 別也 ; 智, 知也 ; 信, 實也.)[16]

이정은 '인·의·예·지·신'을 '성(性)'에 귀결시켜 '성'은 본연의 '선(善)', '이(理)'한 내재적 덕성 구조를 갖추었음을 밝혔다. '인성(仁性)'은 '전체'

---

14) 『이정외서(二程外書)』 권11]
15) 『이정유서(二程遺書)』 권18
16) 『이정유서(二程遺書)』 권2상

몸통이고, '의성(義性)'·'예성(禮性)'·'지성(智性)'·'신성(信性)'은 '사지(四支, 지통지[支通肢])이다. 또 이 다섯 덕목의 범위를 각각 확정해 인은 본성의 본체이고, 의는 본성의 적절함이며, 예는 본성의 구별이고, 지는 본성에 대해 아는 것이며, 신은 본성의 바탕이라고 정했다. 이로써 다섯 덕목 간의 내재적 도덕관계와 논리적 구조를 명백하게 밝혔다.

9. 주희의 '오상지성' ('오행지리')설

주희(朱熹)는 이정의 '오상전체사지'설을 계승한 뒤 이를 바탕으로 '오상지성(五常之性)' 즉 '오행지리(五行之理)'설을 제기했다. 그는 이렇게 말했다.

> 무릇 인간의 본성은 모두 하늘이 내리는 것이고 하늘 기운의 운행변화는 반드시 오행을 통해야 한다. 고로 인·의·예·지·신의 본성은 즉 수·화·금·목·토의 이치이 다. 목과 인, 금과 의, 화와 예, 수와 지 이렇게 각각 주재하 며 오직 토만 대응되는 자리가 없이 기타 사행의 바탕이 되고 고로 신 역시 자리가 없이 사덕의 바탕이 된다
> (蓋人之性皆出於天, 而天之氣化必以五行爲用. 故仁,義,禮,智,信之性, 卽水,火,金,木,土之理也. 木仁,金義,火 禮,水智各有所主, 獨土無位而爲四行之實, 故信亦無位而爲

四德之實也.)[17]

천지만물의 통솔자는 천지만물의 주인이며 그 속에는 이치가 있다. 오행은 금·목·수·화·토를 가리킨다. 이는 각각 하나의 본성과 대응되는데 즉 인·의·예·지·신의 이치이다. 오행은 오직 한 가지 본성과만 각각 대응된다. 사람이 그 본성을 고루 겸비하게 되면 선하지 않은 이가 없다. 치우치지 않고 바른 도리를 지키는 자를 선하다고 하고 바른 도리를 지키지 않는 자를 선하지 않다고 한다.(天地之帥則天地之心, 而理在其間也. 五行, 謂金,木,水,火,土耳.各一其性, 則爲仁,義,禮,智,信之理. 而五行各專其一, 人則兼備此性而無不善, 及其感動, 則中節者 爲善, 不中節者爲不善也.)[18]

인간의 본성에서 근본이 되는 것은 인·의·예·지·신 다섯 가지로서 천하 도리는 …… 이 다섯 가지에서 벗어나지 않는다. 본성은 본분을 지키는, 허망함이 없이 진실한 도리이다. 예를 들어 인·의·예·지·신이 바로 진실하고도 본분에서 벗어나지 않는 도리이다. 고로 '신'자는 더 말할 것도 없고 인·의·예·지 4자는 각자 서로 다르며 구분하지

17) 『회암집(晦庵集)』 권56
18) 『회암집(晦庵集)』 권58

않을 수 없다. 인은 온화하고 자애로움의 도리이고, 의는 결단과 절제·분별·판단의 도리이며, 예는 공경과 절제의 도리이고, 지는 시비 분별의 도리이다. 이 네 가지를 갖춘 사람의 마음은 본성의 본체이다…… '인'자는 생겨남을 뜻하며 기타 네 가지와 연결되어 있고 그 네 가지를 아우르고 있다. 인은 당연히 인의 본체이고 의는 인의 결단과 절제이며, 예는 인의 절제와 규정이고, 지는 인의 분별이다.(性之所以 爲體, 只是仁,義,禮,智,信五字, 天下道理不出於此……五者 之中, 所謂性者是個眞實無妄底道理, 如仁,義,禮,智, 皆 眞實而無妄者也. 故信字更不須說, 只仁,義,禮,智四字於中 各有分別, 不可不辨.蓋仁則是個溫和慈愛底道理, 義則是 個斷制裁割底道理, 禮則是個恭敬撙節底道理, 智則是個 分別是非底道理. 凡此四者具于人心, 乃是性之本體…… 仁字是個生底意思, 通貫周流於四者之中. 仁固仁之本體也, 義 則仁之斷制也, 禮則仁之節文也, 智則仁之分別也.)[19]

주희는 오상과 오행의 관계, 오상의 본성과 오행 도리의 관계를 밝혀낸 뒤 천하의 도리를 '인간 본성의 본체는 오로지 인·의·예·지·신 다섯 자일 뿐'이라고 귀결시켜 사람들에게 인애를 근본으로 삼고 사람이 좇아야 하는 이 근본 도리를 엄격히 지켜야 한다며 '인·의·예·지·신' 오상 윤리를

---

19) 『회암집(晦庵集)』 권 74

애써 실천해 진정한 성현군자가 될 것을 요구했다.

　주희는 이정의 '오상전체사지'설을 계승했을 뿐 아니라 또 '인포사덕
(仁包四德, 인이 기타 네 가지 덕목을 포함한다)', "백행(百行, 모든
행위)과 만선(萬善, 모든 선한 것)이 오상에 귀결되고 오상은 또 인에
귀결된다"라는 주장을 제기했다. 그는 또 '효 · 제 · 충 · 신 · 예 ·
의 · 염 · 치(孝悌忠信禮義廉恥)'를 제기해 이를 사람이 좇아야 하는 기본
품성이라고 주장했는데 후세 사람들에 의해 '주자팔덕(朱子八德)'으로
불린다. 그 후 왕수인(王守仁) · 왕부지(王夫之) 등 이들도 인의예지신 관련
덕목에 대해 새롭게 해석했다.

10. 중국 전통 핵심가치관의 근대 변천

　1840년 후부터 중국은 반식민지 반봉건사회로 점차 전락했다. 중화민
족은 국가의 독립과 민족의 해방을 실현하고 국가의 강성과 국민의 부유를
실현해야 하는 2대 역사적 임무에 직면했다.

　외국 침략자들의 대포소리와 청(淸)정부의 몰락 부패 · 빈약함 · 거듭
되는 실패가 중화민족의 덕이 있고 뜻이 있는 지식인들을 불러 일으켰다.

　일부 진보적인 사상가들은 경제와 기술적 차원에서 중화민족이 가난하고
낙후해 침략을 당하는 원인을 찾는 한편 가치 관념과 도덕정신 · 사상문화
등 차원에서도 그 원인을 찾았다.

　그들은 선진적인 이론을 모색해 중화민족의 사상가치 관념과의 다른 점을
비교했으며 중화민족의 전통 핵심가치관에 새로운 시대적 요구를 주입시켜

새로운 시대적 내용을 명백히 밝혔다. 민족자산계급의 사상가치 관념이 점차 준비·형성·발전하기 시작했다.

한편에서는 청조 말기 봉건통치계급이 사상문화영역에서 봉건적인 삼강오륜과 명교의 통치지위를 극구 수호하고, 다른 한편에서는 농민계급과 자산계급 내 진보 인사들이 이미 국내에 전파되어 들어온 서양의 근현대 사상의 가치관을 이용해 봉건적인 삼강오륜과 명교에 맹비난을 가했다. 그들은 근대 서양 자산계급의 사상의 가치관을 받아들여 새로운 핵심가치관과 핵심가치체계를 수립했으며, 사람마다 하늘이 부여한 자연권리를 가지며 모두가 평등하다면서 봉건적인 종법등급제도를 뒤엎을 것을 주장했으며, 이른바 대인·소인의 차별이 없어야 한다고 주장했다.

모든 사람은 태어날 때부터 자유로운 몸이며 이는 사람들이 서로 사랑하고 서로 도울 수 있는 인성의 토대라고 주장했다. 또 인권·평등·독립을 확보해야 한다고 주장했으며 불평등현상이 없고, 최고의 국가 관리와 최고의 어짊을 실현한, 자유 평등 박애의 대동세계를 수립할 것을 주장했다. 그들은 '개민지(開民智, 국민의 지혜를 깨우침)'·'신민덕(新民德, 국민의 덕목을 새롭게 수립함)'을 주장했으며 과학문화와 자산계급의 사상도덕으로 국민성을 개조할 것을 주장했다.

유신(維新)지사 담사동(譚嗣同)은 비록 여전히 전통적인 '인도(仁道)'를 근본적인 가치관과 도덕규범으로 삼았지만 전혀 다른 새로운 내용도 부여했다. 그는 '인'은 천지만물의 근원이고 우주의 보편적인 법칙이라고 인정했다.

그러나 그가 말하는 '인'에는 이미 신흥자산계급 사상가치 관념의 내용이 첨가되었으며 자산계급의 상업활동을 가장 '인도'적인 행위라고 간주했다. 이는 '오상'의 한 덕목인 '인'과는 아주 크게 구별되며 이미 평등과 박애의 내용을 갖추었다. 그는 '인'을 '통(通, 통하다)'으로 간주했으며 '위와 아래가 서로 통하고, 중국과 외국이 서로 통하며, 남과 자신이 서로 통하고 남자와 여자, 안과 밖이 서로 통하는 것'이라며 바로 '서로 통하는 이치(相仁之道)'라고 주장했다.

자산계급 계몽사상의 선구자 엄복(嚴復)은 자산계급의 민주·민권사상을 대대적으로 선전했으며 현재를 존중하고 옛것을 떨쳐버리며, 백성을 존중하고 임금을 버릴 것을 제창했다. 그는 편파적으로 '인의(仁義)'만을 강조하고 '공리(功利)'를 부정하는 가치관을 사회발전을 저해하고 천하의 '인의'에 해가 되는 천박한 도리로 간주하면서 오직 '의(義)와 이(利)를 결합시킨(義利合一)' 가치관만이 인류의 장기적이고 진실한 이익에 맞는 가장 '인의'적이고 가장 도덕적인 행위라고 주장했다.

양계초(梁啓超)는 중국의 구(舊)도덕과 서양의 신(新)도덕을 비교한 뒤 이를 바탕으로 낡은 봉건도덕 특히 자중해 잘못을 적게 저지르는 것과 순수한 마음을 유지하며 수양을 닦는 도덕수양방법에 대해 맹렬히 비난했다. 그는 중국 전통적인 도덕수양방법이 사덕(私德)에 편중해 공덕(公德)이 결여하며 한 개인이 한 개인을 위한 일에만 중점을 둔 반면에 서양의 사상도덕관념은 사회윤리와 국가윤리를 더욱 중시한다고 주장했다.

그는 사덕과 공덕을 유기적으로 결합시켜 이에 근거해 새로운 국민을 부각하고 새로운 국가를 수립해야 한다고 주장했다.

중국 근대에 전통핵심가치관에 대한 새로운 해석 붐이 일고 있는 가운데서 중국 민족자산계급혁명의 지도자 손중산(孫中山)·장태염(章太炎)은 가장 앞장선 전형적인 대표 인물이었다.

손중산·장태염은 공자와 맹자의 '인학(仁學)'사상을 새롭게 해석해 '세상을 구하는 인덕(救世之仁)'과 '나라를 구하는 인덕(救國之仁)'을 발양할 것을 강조했다. 그들은 자산계급의 인도주의를 중국 전통 '인덕'사상에 첨가해 전통적인 '인덕'관념을 계승했다.

그들은 서방 자산계급의 핵심가치관인 '자유·평등·박애'를 기치로 삼아 봉건적인 구도덕을 맹렬히 비난했으며 '도덕혁명' '삼강혁명' '가정혁명'을 제기했다. 그들은 봉건도덕에 대한 혁명을 진행하려면 제일 먼저 공성인(孔聖人, 공자를 가리킴)의 권위를 무너뜨려야 한다고 주장했다.

그들은 '민권주의'를 제창해 국민들이 평등하고 자유로운 행복을 누릴 수 있게 해야 하고, '민족주의'를 제창해 이민족과 제국주의의 압박에 저항하고 국가를 위해 자유를 쟁취해야 하며, '민생주의'를 제창해 경제의 평등   자본 통제, 토지 소유의 균등화   국가자본의 발전, 박애의 실행을 실현함으로써 민중의 행복을 도모할 것을 요구했다.

손중산은 '대체로 한 나라가 강성해질 수 있는 원인이 최초에는 모두 무력으로 발전하기 시작했다가 그 다음 여러 가지 문화의 발양으로 이어지면 성공할 수 있다'는 것을 깊이 인식하게 되었으며, 그래서 중화 민족의 '고유한 도덕과 지능'을 아주 크게 강조했다.

그는 중화민족은 고상한 도덕을 가졌기 때문에 나라가 멸망했어도 민족은 여전히 존재할 수 있는 것이며 또 외래 민족을 동화시킬 수 있는 힘이 있는 것이라고 주장했다.

중화민족의 지위를 부흥시키고 근원을 탐구하며 "모두들 연합해 한 나라의 민족단체를 이루는 것 외에도 고유한 구도덕을 먼저 회복시켜야 한다. 고유한 도덕이 있어야만 비로소 고유한 민족 지위의 회복을 꾀할 수 있는 것이다." 그는 중화민족의 전통 핵심가치관은 봉건제도의 전유물이 아니라며 그에 대해 개진하고 새롭게 해석하며 새로운 시대적 내용을 부여해야 한다고 주장했다. 그는 나라에 충성하고 국민에 충성해야 한다는 신(新)도덕을 확립할 것을 제창하면서 '도덕이 없는 혁명은 있을 수 없으며 모든 사람이 훌륭한 인격을 갖추지 못한다면 훌륭한 국가를 만들 수 없다'고 주장했다.

그는 또 혁명당원은 부끄러움을 알고, 진중하고 돈후해야 하며, 강직하고, 반드시 신의를 지켜야 하며, 벼슬을 탐내지 않고 오로지 큰일만을 도모하고자 하는 등 훌륭한 품성을 갖춰야 한다고 주장했다.

더욱 소중한 것은 손중산이 또 중화민족의 전통 핵심가치관에 대해 고도로 개괄하고 개조를 진행했으며 자산계급 민주주의의 새로운 내용을 부여함으로써 '삼민주의' 사상체계의 중요한 구성부분으로 만든 것이다. 그는 '충·효·인·애·신·의·화·평(忠孝仁愛信義和平)'이라는 '팔덕(八德)'을 제기해 중화민국의 핵심가치관으로 삼고 중화민족의 '고유한 정신'을 회복시킬 수 있기를 기대했다.

동시에 그는 또 중화민족의 '고유한 지능', 즉 국가에 대한 인생의 관념―격물치지(格物致知) 성의정심(誠意正心, 성실한 마음을 갖추어 생각을 단정하게 함) 수신제가치국평천하(修身齊家治國平天下, 자신의 수양을 닦아 가정을 안정시키고 나아가 나라를 안정하게 다스리고 세상을 태평하게 함)―에 대해서도 '마땅히 회복시켜야 한다'고 제기했다.

그는 중국 정치가 낙후해진 것은 외국의 정치경제적 압박을 받았기 때문이기도 하지만, 근본적인 원인을 따져보면 역시 중국인이 자체 수양을 중시하지 않았기 때문이라면서 국민들에게 자신의 사상도덕수양에

주의하라고 강조했다.

민국 23년(1934년) 그때 당시 국민정부 군사위원회 위원장이었던 장개석(蔣介石)이 '신생활운동'을 발동해 '예의염치(禮義廉恥)'가 '나라의 사유(國之四維)'로서의 지위를 확립했으며 "예는 규칙에 어긋나지 않고 단정하고 예의 바른 태도이고, 의는 정정당당한 행위이며, 염은 청렴결백을 가리키는 것이고 치는 철저한 각오이다"라고 해석했다. 항일전쟁 시기에는 또 '예의염치'에 대한 해석을 "예는 엄정한 기율이고, 의는 아낌없는 희생이며, 염은 실속 있는 절약이고, 치는 기세 드높은 분투이다"라고 고쳤다. '사유'와 '팔덕', 즉 '예의염치'와 '충효인애신의화평'은 '신생활운동'이 창도하는 국민도덕의 2대 주제로 되었다.

손중산이 제기한 '충효인애신의화평'은 중화민국 시기의 핵심가치관으로서 중화민족의 전통 핵심 가치관을 계승했으며 중화민족 '고유한 도덕'의 적극적인 의미를 충분히 발휘해 중국 전통 핵심가치관 중의 우수한 가치원소를 깊이 발굴하는 데 유익한 참고가치를 제공했으며 중요한 계발적 의미가 있다.

물론 손중산이 제기한 '충효인애신의화평'의 핵심가치관은 변증유물주의와 역사유물주의의 과학적인 세계관과 방법론의 결핍으로 인해 봉건 종법등급제도와 봉건주의 전제통치를 수호하는 중국 전통 핵심가치관의 실질에 대해 과학적인 분석과 철저한 비판을 진행할 수 없었기 때문에 어느 정도 단순화되었으며, 심지어는 봉건사회 핵심가치관에 대한 답습과 타협상황까지 나타났다는 사실을 볼 수 있어야 한다.

한편 비록 손중산이 중국의 전통 핵심가치관을 세계문명 발전의 시대적 흐름 속에 융합시키려고 애썼지만 민족 자산계급 사상의 국한성과 자본주의 핵심가치관에 대한 기계적인 이해로 인해 특히 그때 당시 가장 선진적인 사회주의사상 및 그 시대 흐름과 결합시키지 못했기 때문에 인류사회 문명 발전의 고지에 올라설 수 없었으며 결국 실패로 돌아가고 말았던 것이다.

제4장
'인의예지신'에 새로운 내용 부여

제4장
'인의예지신'에 새로운 내용 부여

중국의 2천여 년에 걸친 봉건사회에서 '인의예지신'은 줄곧 중국 전통 핵심가치관의 근본이 되어 중국 전통사회의 가치 관념체계와 도덕규범체계에 영향을 주고 중국 전통사회 사상도덕의 교화와 진보를 추진했으며 중국 전통사회의 사상도덕 수준과 정신문명 수준을 새로운 단계로 끌어올렸다. 이 다섯 가지 핵심가치 이념은 중화민족의 문화발전 방향을 확정짓고 민족의 성격을 연마하며 민족정신을 양성하는 면에서 중요한 역사적 역할을 했다.

'인의예지신'은 중국 봉건사회의 가장 기본적인 가치 관념으로서 비록 본질적으로 봉건전제 통치와 등급사회 질서를 수호하기 위해 복무하고, 그 정신적 실질에는 시대에 뒤처져 낙후됐으며 부패한 봉건 찌꺼기가 포함되어 있지만 그중에는 또 인류문명 가치 관념 중 일반성과 공동성·보편성을 띤 수많은 유익한 성분이 포함되어 있는 것도 확실하며 인류 가치 인식 중 수많은 가치에 대한 공동인식을 반영했다. 그러한 내용들이 '인의예지신'의 정수를 구성하며 그중 합리적인 요소는 오늘날 우리가 비판적으로 계승하고 선양하며 시대적 정신으로 개조를 거쳐 사회주의 핵심가치관을 양성하는 풍부한 가치 자원으로 삼을 수 있다.

우리는 인류문명 진보와 시대정신의 선두에 서서 사회주의 실천의 수요와 인류문명의 발전추세에서 출발해 역사와 시대, 중국과 세계를 연결시켜 시대적 요구에 부합되는 새로운 내용과 새로운 해석을 부여하고 중국 전통 핵심가치관을 계승해 중화의 아들딸들이 보편적으로 공감하고 따르며, 중국 특색·중국 풍격·중국 기백을 충분히 반영할 수 있을 뿐 아니라 사회주의 가치 본질과 일치하고 인류문명의 발전추세와도 연결된 사회주의 가치관을 충분히 수립할 수 있는 것이다.

1. 인: 인간 본위

중화의 전통미덕과 전통 핵심가치관 중에서 '인'은 핵심적 지위를 차지한다. 중국 송(宋)대의 유명한 성리학자 주희(朱熹)는 "모든 행위와 모든 착한 일은 오상(五常)에 귀결되고 오상은 또 인에 귀결된다 (百行萬善 總于五常, 五常又總于仁)"[20]고 말했다.

차이위안페이(蔡元培)는 『중국윤리학사』에서 인은 "여러 가지 덕목을 통괄하고 인격을 완성하는 명분이다"라고 했다. 그 뜻은 '인'이 여러 가지 미덕을 통괄하는 총체적인 범주라는 것이었다.

'인'을 핵심으로 하는 중화 전통미덕과 핵심가치관은 중국인의 도덕 인격과 기질, 중화민족의 의식·심리·성격 모두에 심대한 영향을 미쳤다.

---

20) 『주자어류(朱子語類) 권6』

1) 인덕의 근원

'인'이라는 덕목은 공자와 맹자 등이 당(唐)의 요(堯)임금 · 우(虞)의 순(舜)임금 · 하(夏)의 우(禹)임금 · 상(商)의 탕(湯)임금 · 문왕(文王) · 무왕(武王) · 주공(周公) 등 이들의 친친(親親, 마땅히 친해야 할 사람과 친함) · 애친(愛親, 부모를 사랑함) · 애인(愛人, 남을 사랑함) · 인민(仁民, 백성을 사랑하고 인정을 베풂) · 경덕보민(敬德保民, 덕을 숭상함으로써 백성을 보듬어 않아 그 마음을 잃지 않음) · 충후(忠厚) 등의 인애사상을 계승하고 발전시켜 이를 토대로 사람과 사람 사이의 관계를 잘 처리하기 위해 개괄하고 다듬어낸, 보편적 의미를 띠는 도덕범주와 가치 기준으로서, 선진(先秦) 유교학자 특히 공자 · 맹자 등 사상가들의 최고 도덕준칙이었다.

'인'이라는 말은 『상서(尙書)』에 제일 처음 등장한다. 『상서 · 중회지고(尙書 · 仲虺之誥)』에는 "관용과 어짊으로 만백성에게 확연한 신의를 보여주었다.(克寬克仁, 彰信兆民)"라고 했다. 그 뜻인 즉 상(商)나라의 탕 임금이 관용과 인애의 덕성으로 천하 백성들의 충분한 믿음을 얻었다는 것이다. '육경(六經)'에 이르는 '인'도 이로부터 시작되었다.

『상서 · 금등(尙書 · 金滕)』에서는 "나는 어질고 재능이 있다(予仁若考)"라고 했다. 여기서 '인'은 아름다운 품성을 가리킨다.

요(堯)임금은 "큰 공덕을 널리 펼쳐 가족이 친밀하고 화목하게 지내게 하는 것(克明俊德, 以親九族)"을 실천할 수 있었다고 전해지고 있다.

요 임금이 선위한 뒤 순(舜) 임금은 "백성이 서로 화목하지 못하고 다섯 가지 품성이 불손한 사회 상황"을 변화시키기 위해 신하 설(契)에게 "오교(五敎, 다섯 가지 윤리도덕에 대한 교육)를 널리 전파하고 시행할 것"을 명했다. 그중 '오교'의 첫 번째가 바로 부자관계로서 부자간에 화목하게 지낼 것을 요구한 것이다. 이로부터 요와 순 두 임금은 모두 부모를 사랑하는 것을 '인'의 근본으로 삼았으며 '친(親, 사이 좋음)'을 인덕의 근원이라고 했다. 그래서 『설문해자(說文解字)』에서는 '친'·'인' 두 자를 호훈(互訓, 뜻이 서로 같은 글자로 해석함)해서 "친은 곧 인이고(親, 仁也.)", "인은 곧 친이다(仁, 親也.)"라고 했다. 상(商)나라 탕 임금은 설(契)의 후손이다. 탕 임금도 옛날 성군 선현들을 본받아 덕행에서 '인'을 본체로 삼고 '관(寬, 관용, 너그러움)'을 수단으로 삼았다.

춘추시기에 공자가 '인'에 대해 진일보적으로 구체적으로 서술했으며 '인'을 인생이 추구하는 최고의 도덕 경지로 삼았다. 공자는 "뜻이 있고 어진 사람 중에는 목숨이 아깝고 죽는 것이 두려워 '인'을 손상시킨 이가 없고, 오로지 자신의 목숨을 희생시켜 '인'을 이룬 이만 있을 뿐이다(志士仁人, 無求生以害仁, 有殺身以成仁)"[21] 라며 그리 할 것을 요구했다. 그의 제자는 "효제(孝悌)가 인의 근본이다.

(孝弟也者, 其爲仁之本與)"라고 말해 '인'의 근본은 효(孝, 효도)와 제(悌, 윗사람을 공경함)에 있다고 지적했다. 공자의 다른 한 제자인 증자(曾子)는 공자가 한결 같이 주장해온 충서(忠恕, 충성과 용서)의 도리를 자신의 저작인 『효경(孝經)』에 일관시켜 인덕은 『효경』 도덕사상의 핵심이 되게 하기도 했다. 『대학(大學)』에 주해를 달 때 증자는 "나라 임금의 집안에서 인애를 실행하게 되면 한 나라 안에서도 인애가 성행하게

---

21) 『논어 · 위령공(論語 · 衛靈公)』

된다(一家仁, 一國興仁)"라고 썼다. 그는 또 '인'은 곧 충·서(恕)·효·제·자·애를 가리키며 '효친(孝親, 부모에게 효도함)'의 내용을 포함하고 있다고 주장했다.

공자 이전에 중국 윤리사상사에서 '인' 혹은 '인애' 사상의 제기는 씨족 종족 혈연관계와 떼어놓 수 없는 것이었다. 『국어·진어(國語·晉語)』에는 "부모를 사랑하는 것을 가리켜 어질다고 한다(愛親之謂仁)"라는 설이 있다. 주(周)나라의 단양공(單襄公)은 "인을 강조함에 있어서 반드시 다른 사람이 느낄 수 있어야 한다(言仁必及人)", "다른 사람을 사랑하면 어짊에 이를 수 있다(愛人能仁)"[22]라고 했는데, 이는 "부모를 사랑하는 것을 가리켜 어질다고 한다(愛親之謂仁)"는 사상의 연장과 확장이다. 공자의 '인' 사상은 이왕의 인덕에 대한 총괄과 발전이다.

먼저 공자는 '애친(愛親, 부모를 사랑함)'을 '인'의 본초로 규정짓고 "군자가 자신의 친족을 후하게 대하면 백성들 사이에서 어진 기풍이 성행할 것이다(君子篤于親, 則民興於仁)"[23]라고 주장했다. 맹자는 "가까운 사람과 사이좋게 지내는 것이 어진 것이다(親親, 仁也)"[24], "인의 실질은 부모를 모시는 것이다(仁之實, 事親是也)"[25] 라고 말했다. 이는 혈연적인 부모자식 간의 사랑은 '인'의 심리적 기반이며 도덕의식으로서의 '인'은 먼저 '애친(愛親, 부모를 사랑함)'의 마음을 가리킨다.

그 다음 공자는 또 '인'을 '애인(愛人, 다른 사람을 사랑하는 것)'이라고

---

22) 『국어 · 주어하(國語 周語下)』
23) 『논어 · 태백(論語 泰伯)』
24) 『맹자 · 진심상(孟子 盡心上)』
25) 『맹자 · 이루상(孟子 離婁上)』

규정지었다. "번지(樊遲)가 '인'에 대해 물으니 공자가 이르기를 '다른 사람을 사랑하는 것이다(樊遲問仁, 子曰 : '愛人.')'"[26] 어진 자가 '애인'하는 대상은 '애친(부모를 사랑함)'의 범위를 벗어나 '범애(汎愛, 차별 없이 널리 사랑함)'의 성질을 띤다. '인'을 '애친'에서 '애인'으로 범위를 넓힌 것에서부터 '사랑'을 서로 가까운 사람 사이에서 먼 사이까지, 친밀한데서 소원한데로의 양적 변화를 반영했을 뿐 아니라 질적인 도약도 반영했다. 이러한 변화는 제일 먼저 '범애중(汎愛衆, 모든 사람을 널리 사랑함)'[27]에서 발현된다. 가정의 인애에서 가정의 조화로움이 형성되고 사회의 인애로 확대되면 사회의 조화로움이 형성된다.

그래서 공자는 온 천하에서 인덕을 행할 것을 요구했으며 또 '인'의 덕목을 '공(恭, 공손)' · '관(寬, 관용)' · '신(信, 신의)' · '민(敏, 총명)' · '혜(惠, 은혜)'로 세분화했다. 어진 사람이 '애인'을 백성을 다스리는데 적용하면 '백성에게 은혜를 베푸는 것(養民也惠)'이다. '혜'는 '인'의 다섯 가지 덕목 중의 하나이다. 고로 『설문해자(說文解字)』에서는 "혜는 곧 인이다."라고 훈고(訓詁)했다. 인혜(仁惠)는 '그들(백성)을 부유해지게 하는 것(富之)'과 '그들(백성)을 교화하는 것'[28], '백성이 농사철을 놓치지 않도록 관리하는 것(使民以時)'[29], '농지세를 최대한 적게 징수하는 것(斂從其薄)'[30], '백성들로 하여금 그들 자신에게 이익이 되는 일을 하게 하는 것(因民之所利而利之)'[31]

---

26) 『논어 · 안연(論語 顏淵)』
27) 『논어 · 학이(論語 學而)』
28) 『논어 · 자로(論語 子路)』
29) 『논어 · 학이(論語 學而)』
30) 『좌전 · 애공십일년(左傳 哀公十一年)』
31) 『논어 · 요왈(論語 堯曰)』

등이 포함된다.

공자의 인민(仁民, 백성을 사랑하고 인정을 베풂) · 혜민(惠民, 백성에게 은혜를 베풂) 윤리는 그의 '덕으로 정치를 하는(爲政以德)' 사상의 주요 내용이며 주공(周公)의 '경덕보민(敬德保民, 덕을 숭상함으로써 백성을 보듬어 않아 그 마음을 잃지 않음)' 인덕에 대한 중대한 발전이며 또 맹자의 '정령을 발표하고 인정을 펼치는 것(發政施仁)' · '백성을 아끼는 것이 왕도를 행하는 것(保民而王)' 등의 인덕을 위해 윤리적 기반을 마련했다.

공자는 '애인'으로 '인'에 대한 정의를 내렸다. '인'은 보편적인 윤리원칙으로서 여러 차원의 '사랑'에 대한 도덕적 요구를 포함하고 있음을 반영한다. 한 걸음 더 나아가서 공자는 또 '충서'를 '애인'의 원칙을 실행하는 근본적인 수단으로 삼아 자신의 마음으로 남의 마음을 비교해 '인애를 실천하는 가장 훌륭한 방법(仁之方)'을 실행할 것을 주장했다. 이처럼 '애인'과 '충서'의 통일은 공자 인덕사상의 기본 내용이 되었던 것이다.

공자는 '애인'하는 인덕을 실행하려면 마땅히 '자신을 단속해 언행이 예에 부합되도록 해야 한다(克己復禮)'고 주장했다.

> 안연이 인에 대해 물었다. 이에 공자가 이르기를 "자신을 단속해 언행이 예에 부합되도록 하는 것이 곧 인이다. 일단 자신을 단속해 언행이 예의 요구에 부합되도록 하면 천하의 모든 것이 인에 속할 수 있다. 인덕을 실행하는 것은 전적으로 자신에게 달렸음이요, 설마 다른 사람에게 달린 것은 아니지 않을까?"
> 안연이 "인을 실행하는 덕목은 어떤 것입니까?"라고 물었다.
> 이에 공자는 "예에 어긋나는 것은 보지 않고 예에 어긋나는 것은

듣지 않으며, 예에 어긋나는 것은 말하지 않고 예에 어긋나는 것은 행하지 않는 것이다."라고 말했다

(顔淵問仁. 子曰: "克己復禮爲仁. 一日克己復禮, 天下歸仁焉. 爲仁由己, 而由人乎哉?" 顔淵曰: "請問其目?" 子曰: "非禮勿視, 非禮勿聽, 非禮勿言, 非禮勿動.")[32]

공자가 '인' 및 '인'과 '예'를 통일시킨 도덕적 요구를 제기한 목적은 역사적 사명을 짊어질 수 있는, 인덕을 갖춘 군자를 양성하기 위함에 있었다. 이러한 인덕을 갖춘 군자는 인덕을 갖추었을 뿐 아니라 지혜와 용기도 갖추었다. 공자는 "지혜를 갖춘 자는 시비를 가리지 못해 현혹되지 않을 것이고, 인덕을 갖춘 자는 걱정을 하지 않을 것이며, 용기를 갖춘 자는 두려움을 모를 것이다.(知者不惑, 仁者不憂, 勇者不懼)"[33]라고 말했다. 그래서 『중용(中庸)』에서는 "지·인·용 세 가지는 천하의 달덕이다(知, 仁, 勇三者, 天下之達德也)"라고 했다. 그러나 공자는 '지'가 '용'보다 더 중요해 '인'과 '지'를 같이 중요시하는 경우가 많았다. 후세의 유교학자들은 대다수가 어질고 또한 지혜롭다는 뜻의 '인차지(仁且智)'라는 말로 공자를 찬미했다. 맹자는 자공(子貢)의 말을 인용해 "배움에 싫증을 모르는 것은 지혜로운 것이고, 가르침에 싫증을 느끼지 않는 것은 어짊이다. 어질고 또한 지혜로운 사람은 공부자 즉

---

32) 『논어 · 안연(論語 · 顔淵)』
33) 『논어 · 자한(論語 · 子罕)』

성현이다.(學不厭, 智也 ; 敎不倦, 仁也. 仁且智, 夫子旣聖矣.)"(『맹자
공손추상[孟子公孫醜上]』)라고 했다. 순자(荀子)는 "공자는 어질고
지혜로운데다 속임을 당하지 않아 …… 고로 그의 덕행은 주공에 견줄
만하고 그의 명성은 하·상·주 세 왕조의 개국황제와 어깨를 나란히 할
수 있다.(孔子仁知且不蔽……故德與周公齊, 名與三王並.)"[34]고 말했던
것이다.

2) 인덕의 발전

한(漢)대의 동중서는 '인'을 '천심(天心, 하늘의 뜻)'이라고 정의했다. 그는
다음과 같이 말했다.

> 패왕의 길은 모두 '인'에 근원을 두고 있다. 인은 곧 천심이다.
> 고로 천심을 『춘추(春秋)』와 나란히 배열했다. '애인'의 덕성
> 중에서 미리 재앙이 닥칠 것을 생각해 사전에 예방하는 것이
> 제일 중요하다(霸王之道, 皆本於仁. 仁, 天心, 故次以天心.
> 愛人之大者, 莫大於思患而豫防之.)[35]

당(唐)대의 한유(韓愈)는 '인'을 '박애'라고 정의했다. 그는 다음과 같이

---

34) 『순자·해폐(荀子·解蔽)』
35) 『춘추번로·유서(春秋繁露·兪序)』

말했다.

> 이른바 선왕의 가르침이란 어떤 것인가? 박애를 '인'이라고 하고,
> '인'을 적절하게 실현하는 것을 '의(義)'라고 하며 '인의'의 길을
> 따라 앞으로 나아가는 것을 '도(道)'라고 하며 스스로 완벽한
> 수양을 갖추고 외부의 힘에 의지하지 않는 것을 '덕(德)'이라고
> 한다(夫所謂先王之教者, 何也? 博愛之謂仁, 行而宜之之
> 謂義, 由是而之焉之謂道, 足乎己無待於外之謂德.)[36]

한유가 말한 인의도덕은 맹자의 주장과 일맥상통한다. 그는 '박애'로
'인'의 범위를 확정지었는데 이는 곧 맹자의 "가족을 사랑하고 나아가
백성들 간에 서로 사랑하는 관계를 맺으며, 다른 사람들과 서로
사랑하는 관계를 맺음으로써 나아가 만물을 아낄 수 있기에 이를 수
있다(親親而仁民, 仁民而愛物)[37]라는 주장을 더 한층 발휘한 것이다.
'박애'의 원칙은 '모든 사람을 차별 없이 대하는 것'이다. 사랑을 중원(中原)의
여러 나라에 고루 베풀 뿐 아니라 이적(夷狄)·금수(禽獸)[38]에게도
베풀어야 한다. 그러나 묵가가 주장하는 것처럼 "사랑에 차별이 없어야
된다(愛無等差)"는 것은 아니다. 한유는 "성인군자는 모든 사람을 차별 없이

---

36) 『창려선생문집 · 원도(昌黎先生文集 · 原道)』
37) 『맹자 · 진심상(孟子 · 盡心上)』
38) 『창려선생문집 · 원인(昌黎先生文集 · 原人)』을 참고

대하며 사이가 가까운 사람은 후하게 대하고 사이가 먼 사람은 떠받들어야
한다(聖人一視而同仁,   篤近而舉遠)"(『창려선생문집원인[昌黎先生文集
原人]』)라고 명확하게 지적했다.

다시 말하면 '박애'는 마땅히 "친하게 지내야 할 사람은 친하게 지내고
존중해야 할 사람은 존중해야 한다(親親而尊尊)"[39]는 것을 기본 전제로
삼아야 한다는 뜻이다. 한유는 '박애'로 '인'의 범위를 확정지었으며,
장재(張載)의 "백성은 나의 동포요, 천지만물은 모두 하늘이 우리에게
선사한 것이다(民吾同胞,   物吾與也)"라는 주장, 정호(程顥)의 "어진 자는
천지만물과 혼일체를 이룬다(仁者,   以天地萬物爲一體)"는 사상, 주희의
"천지만물을 전부 합쳐 이치는 오로지 하나뿐이고 또 사물을 갈라놓으면
매개 사물마다 모두 각자 하나의 이치를 갖는다(理一分殊)"라는 관점에
대해 모두 직접적인 영향을 주었다.

북송(北宋) 시기의 주돈이는 '생(生, 생겨남)'으로 '인'을 해석하고 '성(成,
이룸)'으로 '의'를 설명했다. 그는 이렇게 말했다.

　　하늘은 양(陽)의 기운으로 만물을 낳고, 음(陰)의 기운으로
　　만물을 이룬다. 생겨나는 것은 곧 어짊이요, 이루는 것은 곧
　　의로움이다. 음과 양은 그 기(氣)를 말하는 것이고 인의는
　　도의(道)를 말하는 것이다. 상세한 것은 도해를 보라. 고로
　　성인은 '인'으로 만물을 기르고 '의'로 백성을 교화한다. 천도의

---

39) 『송부도문창사서(送浮屠文暢師序)』

운행에 따라 만물의 법칙에 순응하고 품성을 수양해 만 백성을 교화하는 것을 성사시킬 수 있다. 법칙에 순응하고 백성을 교화하는 것이 소리 없이 흔적 없이 이루어져 볼 수도, 만질 수도, 찾을 수도 없으며 전혀 느끼지 못하는 사이에 진행되기에 신이라고 한다. 천지간의 성인은 모두 하나의 도의를 따른다. 고로 천하 백성을 교화하는 것은 한 사람에게 달렸다. 도의가 어찌 우리와 멀리 떨어져 있다고 할 수 있겠는가! 또 천하를 다스리는데 어찌 많은 방법이 필요하겠는가!

天以陽生萬物, 以陰成萬物.

生, 仁也 ; 成, 義也.陰陽, 以氣言 ; 仁義, 以道言.

詳已見圖解矣. 故聖人在上, 以仁育萬物, 以義正萬民.

所謂定之以仁義. 天道行而萬物順, 聖德修而萬民化.

大順大化, 不見其跡, 莫知其然之謂神.

天地聖人, 其道一也.故天下之衆, 本在一人.

道豈遠乎哉 ! 術豈多乎哉 !⁴⁰⁾

왕안석(王安石)은 공자의 "도의를 행하는데 뜻을 두고 덕행을 행하는데 입각하며 인덕에 의지해야 한다(志于道, 據於德, 依於仁)"는 주장에 대해 상세히 밝혔다.[41]

---

40) 『통서 · 순화(通書 順化)』
41) "語道之全, 則無不在也, 無不爲也, 學者所不能據也, 而不可以不心 存焉.
道之在我者爲德, 德可據也. 以德愛者爲仁, 仁譬則左也, 義譬則右也.
德以仁爲主, 故君子在仁義之間, 所當依者仁而已.

왕안석이 보기에는 도덕이 곧 인의이고 사회윤리 범위 내에서는 곧 인의예지신 오상의 전체 내용이며 그 핵심은 '사랑'이다. 사람들은 배움과 수양을 통해서야만 도덕을 파악할 수 있으며, 이를 사람의 내재적인 덕성으로 전환시킬 수 있다. 즉 배움을 거쳐 마음으로 얻는 것이 곧 '덕'이고 '사랑'이며 왕안석이 말하는 '인'이다. 인애가 적절하게 행해지면 곧 '의'가 된다. 왕안석은 인의를 도덕으로 삼아 인과 의를 유기적으로 통일시켜야 한다고 주장했으며, 그러나 '인'을 위주로 해야 한다며 군자는 "마땅히 의지해야 할 것은 '인'뿐이다"라고 주장했다. 그래서 그는 "인의가 도덕과 다를 바 없음을 모르는 것은 도덕에 대해 모르는 것이다(不知仁義之無異于道德, 此爲不知道德也)"라고 말했다.

왕안석의 '인의'와 그의 '오상'체계는 전반적으로 말해 유가 윤리의 기본 범주를 벗어나지 않았다. 그러나 왕안석이 인의의 내용에 대해 구체적으로 설명할 때 공리주의라는 새로운 뜻을 일으켜 인의도덕을 발전시킴으로써 그의 인의도덕이 독특한 개성과 진보적 의미를 가질 수 있게 했다. 구체적인 표현은 다음과 같다.

첫째, 도덕과 물질적 이익(의[義]와 이[利]) 간의 관계에서 왕안석은 "정무를 처리함에 있어서 재무를 관리하는 것은 재무 관리가 의로운 것이기 때문이다.(政事所以理財, 理財乃所謂義也)"라는 관점을 제기함으로써 '의'에 새로운 가치 방향을 부여한 것이다.

……禮, 體此者也 ; 智, 知此者也 ; 信, 信此者也." 『임천선생문집 답한구인서(臨川先生文集 答韓求仁書)』

둘째, 왕안석은 '자신을 위하는 것'과 '남을 위하는 것' 간의 관계에서 '인의'에 새로운 가치 방향을 부여했다. 그는 '자신을 위하는 것', '이기적인 것', 예를 들어 양주(楊朱)처럼 "자기 몸에서 솜털 하나를 뽑아 천하를 이롭게 하는 일은 하지 않는 것"은 '의롭지 않은 것(不義)'이며, '남을 위하는 것', '남을 이롭게 하는 것',인데, 예를 들면 묵자(墨子)처럼 "자기 머리끝에서 발끝까지 다 까지면서 천하를 이롭게 하는 것"은 '어질지 않은 것(不仁)'이라고 주장했다.

왕안석이 보기에 이는 두 가지 극단으로서 "성인이 되는 한 가지를 얻기 위해 백 가지를 버리는 것"이며 모두 성인의 '어질고 의로운 방법'이 아니다. 그래서 그는 "양주의 방법을 따르는 것은 의롭지 않은 것이고, 묵자의 방법을 따르는 것은 어질지 못함이다. 어짊에 이르는 방법과 의로움에 이르는 방법을 빠뜨리지 않고 사용할 수 있는 사람을 성인이라고 할 수 있는 가?(由楊子之道則不義, 由墨子之道則不仁, 于仁義之道無所遺而用之不失 其所者, 其唯聖人之徒歟？)" [42] 라고 말했다.

북송(北宋)시기 성리학오자(性理學五子) 중 두 형제인 정호(程顥)와 정이(程頤)는 공자와 맹자의 유학의 인덕을 계승한 뒤 이를 바탕으로 성리학 인덕의 기반을 마련하고 그 학설을 초보적으로 형성시켰다. 그들은 유가의 도덕을 우주의 객관적 본체 즉 '천리(天理)'라고 추상적으로 정의하고, 반대로 '천리'를 또 유가 도덕의 근원으로 삼았다. 그리고 한 걸음 나아가 '천명지성(天命之性, 하늘이 인간에게 부여한 기질)'과 '기품지성(氣稟之性,

---

42) 『임천선생문집 · 양묵(臨川先生文集 · 楊墨)』

타고난 기질과 성품, '본래부터 타고난 기질을 본성이라고 함(生之謂性)'의
인성 이중설로 사람의 선과 악의 근원을 논증했다. 그리고 또 사람들에게
"인간의 욕망을 버리고 천리를 고이 간직할 것(去人慾, 存天理)'"을
요구했으며, 애써 '격물치지(格物致知)'의 수양조예를 익혀 인덕의 실행을
보장할 수 있도록 할 것을 요구했다.

주희는 이정(二程)의 '인덕'을 계승한 기초위에서 한 걸음 더 나아가
'천리'와 '인의예지' 간의 관계에 대해 상세하게 밝혔다. 그는 이렇게
말했다. "천리란 무엇인지에 대해 어떻게 대답해야 할까? 인의예지가
어찌 천리가 아니겠는가? 군신·부자·형제·부부·친구가
어찌 천리가 아니겠는가?(且所謂天理, 複是何物? 仁義禮智豈
不是天理? 君臣, 父子, 兄弟, 夫婦, 朋友豈不是天理?)"[43] "천리는
곧 인의예지이다(理便是仁義禮智.)"[44] 1898년 담사동(譚嗣同)의
『인학(仁學)』이 출판되었다. 그는 그 당시 물리학의 '에테르'라는
개념으로 '인'에 대해 설명했으며, 또 불교사상을 융합시켜 '인'에 '통(通,
통합)'의 의미를 부여해 "'인'은 '통'을 첫 번째 의미로 하며 에테르이고
전기이며 심력으로서 모두 통할 수 있는 수단을 가리킨다(仁以通爲第一義.
以太也, 電也, 心力也, 皆指出所以通之具)"[45]고 했다.

그는 "어진가, 어지지 않는가의 구별은 통하냐 막히느냐의
구별이다(仁不仁之辨, 於其通與塞)"라고 지적했다. 그는 "통의 표현은

---

43) 『주자문집(朱子文集)』 권 59
44) 『주자어류·이기상(朱子語類·理氣上)』
45) 『인학(仁學)』

평등이다.(通之象爲平等)"라고 주장하면서 '평등'을 통해 일치함에 이를 것을 요구했다. 그는 '일치하면 통하고(一則通)', '통하면 어질어진다(通則仁)'라고 주장했다.

담사동은 '통'은 평등으로 표현된다고 주장했다. '인'은 에테르의 작용이며 천지만물은 '인'에서 생겨난다. '인'이 이루어지면 자연히 불편한 것이 없어진다. 오직 '통해야만' '인'의 에너지가 비로소 모조리 방출될 수 있다. 통할 '통'은 평등의 대명사이다. 평등은 곧 일치하다는 뜻이며 일치함은 곧 통할 '통'이다.

'통'에는 네 가지 내용이 포함된다. 상하통(上下通) · 중외통(中外通) · 남녀내외통(男女內外通) · 인아통(人我通)이 그것이다.

'상하통'은 군신 간의 평등과 부자간의 평등을 가리킨다.

'중외통'은 전국 여러 민족이 배움과 정치적, 상업적으로 평등함을 가리킨다.

'남녀내외통'은 남녀 간의 평등을 가리킨다.

'인아통'은 사람마다 서로 평등함을 가리킨다.

담사동은 자신의 '인 · 통 · 평등'을 이론적 무기로 삼아 '삼강오상'을 핵심으로 하는 봉건적인 강상명교를 맹비난했으며 관리의 재산과 녹봉의 올가미에서 벗어나고, 군주의 올가미에서 벗어나며 윤리강상의 올가미에서 벗어나야 한다고 귀가 번쩍 뜨일 급진적인 구호를 제기했다. 그는 자유 · 민주 · 평등 · 박애 등 자산계급 윤리사상을 제창했다. 인생을 살아가는 자세에서 그는 개혁을 숭상하고 보수적인 것을 배척했으며 묵자학파의 "머리끝에서 발끝까지 다 까져 상하는 한이 있더라도 자신을 희생시켜 남을 위하는 헌신정신"을 찬양하면서 "죽임을 당하고 멸족을 당하는 것"도 두려워하지 않는 정신으로 봉건 통치에 반대하라고 사람들을 격려했다.

3) 오상은 인에 귀결 된다

송(宋)대의 주희는 "모든 행위와 모든 착한 일은 오상에 귀결되며, 오상은 또 인에 귀결된다."(『주자어류[朱子語類]』)권6라고 말했다. 이는 '인의예지신'에 대한 주희의 총체적인 평가와 개괄이다. 중국 고대사회에서 오상이 일으킨 실제 영향과 사회적 역할로 보면 '인의예지신' 오상은 중화 전통미덕의 핵심가치관이다.

오상 중에서 '인'은 핵심이다. 또 어떤 사람은 '인의'를 핵심으로 삼았지만 결국에는 여전히 '인'에 귀결되었다. 당(唐)대의 한유는 '도통(道統)'설을 제기해 유가의 인의도덕을 창도했으며, 도덕을 '인의'라는 두 글자에 귀결시켰다. 그는 『원도(原道)』에서 "무릇 내가 말하는 도덕은 인과 의를 결합시켜 말하는 것으로서 천하의 공론이다(凡吾所謂道德雲者, 合仁與義 言之也, 天下之公言也)"라고 말했다. 북송의 사상가 장재는 '인'이 최고의 도덕원칙이라고 주장하면서 '인'의 내용은 범애, 사적인 이익을 챙기지 않는 것이며, 남을 자신처럼 대하는 것이야말로 진정으로 남을 사랑하는 것이라고 주장했다.

'인'과 기타 도덕규범과의 관계는 체용(體用, 사물의 본체와 그 응용)관계로서 '인'은 본체이고 기타는 응용이다. '인'이 없으면 이른바 '의 · 예 · 지 · 신'도 있을 수 없다. '의 · 예 · 지 · 신'이 없으면 '인'이라는 본체도 의미를 잃게 된다. 왕안석은 도덕을 강조하는 것은 곧 '인의'를 강조하는 것으로서, '인의'에 부합되면 곧 선한 것이고 '인의'에 어긋나면 곧 악한 것이며, '인'과 '의' 사이에서 '인'은 지배적 지위를 차지한다고 주장했다.

  "덕은 인을 위주로 한다(德以仁爲主)"가 그것이었다.

  '인'은 '의'의 토대이고 '의'는 인애의 적절함이다. '예'는 '인'의 반영이고, '지'는 '인'에 대한 인식이며, '신'은 '인'에 대해 깊이 믿어 의심치 않는 것이다. 사람의 도덕행위와 도덕품성은 모두 '인의'의 구체화로서 근본적으로는 '인'의 제약을 받는다. '인의'는 본체이고 '인의' 중에서는 또 '인'이 위주이며, '예' · '지' · '신'은 모두 '인'의 반영이다.

  종합적으로 말해서 '인'과 기타 네 가지 덕목간의 관계에서 '인'은 항상 통솔자의 작용을 하며 '인'이 모든 도덕규범에 일관되어 있고 도덕규범체계의 핵심인 것이다.

  전통문화 중에는 도덕 관련 범주가 아주 많다. 예를 들면 인(仁) · 자(慈) · 효 (孝) · 충(忠) · 제(悌) · 신(信) · 우(友) · 민(敏) · 혜(惠) · 경(敬) · 예 (禮) · 의(義) · 지(智) · 용(勇) · 관(寬) · 온(溫) · 양(良) · 공(恭) · 검(儉) · 양(讓) · 염(廉) · 치(恥) 등 등이다. 수많은 도덕범주 중에서 왜 유독 '인 · 의 · 예 · 지 · 신'만 오상으로 확정되어 핵심적 지위를 차지하게 된 것일까? 유가가 보기에 이 다섯 가지 도덕범주는 가장 보편적인 도덕적 요구였던 것이다. 기타의 도덕기준 역시 비록 아주 중요하지만, 일반적으로 어느 한 방면의 도덕에 대해 말하는 것인데 비해 오상은 모든 방면을 그

대상으로 하고 있다고 보는 것이다. 그중에서도 '인'은 완전무결한 덕으로서 아주 많은 도덕범주와 서로 맞물려 '인'의 역할을 더 보편적이면서 더 거대해지게 하였다.

'인' 자체의 의미는 상당히 풍부하다. '애인'이라는 기본 의미를 제외하고도 예·의·용·공·관·신·민·혜·온·양(良)·검(儉)·양(讓) 등의 의미도 겸하고 있다. 이러한 도덕은 비록 각자의 작용이 있지만 이들 모두 '인'이라는 이 최고 도덕의 구체적 요소일 뿐이다.

'인'의 목표에 이르려면 먼저 기타 도덕의 요구에 반드시 부합해야 한다. 예를 들어 '인'과 '예'의 관계에서 공자는 비록 사람들이 예에 대해 알고 예를 지켜야 한다고 주장하면서도, 그는 또 '인'을 떠나서는 '예'를 말할 수 없다고 주장했다. 그는 "인덕을 갖추지 못한 사람이 어찌 예를 행할 수 있겠는가?(人而不仁，如禮何？)"[46]라고 지적했다. '예'는 '인'의 외재적 규정성이다. 즉 인덕을 행함에 있어서 반드시 예에 어긋나는 것이면 보지도, 듣지도, 말하지도, 행하지도 말아야 한다. '인'에 이르려면 반드시 사회도덕규범으로 자신을 엄격하게 단속해야 한다는 것이다.

'의'는 실천 속에서 '인'을 실현하기 위한 것으로서 의와 이(利)는 상대적으로 대립되는 두 개의 범주이다. "군자는 대의를 위할 줄 알고 소인배는 자신의 작은 이익만을 위한다(君子喩于義，小人喩於利)"[47]다시 말하면 덕행을 갖춘 사람은 의를 우선시하고 덕행을 갖추지 못한 사람은 이익을 우선시한다는 뜻이다. 유가 도덕에서는 '의'와 '이'가 서로 모순될 때

---

46) 『논어 · 팔일(論語 · 八佾)』
47) 『논어 · 이인(論語 · 裡仁)』

마땅히 개인의 이익이 도의 원칙에 복종해야 한다고 주장한다. 즉 이익은 도의에 따라야 한다는 것이다. 이익 앞에서 도의를 먼저 생각하고 위험에 닥쳤을 때는 선뜻 나설 수 있어야 하며 의를 앞세워야 한다느 것이다.

유가는 온·양(良)·공·검·양(讓)을 인인군자(仁人君子, 덕행이 높은 사람)의 됨됨이와 처세의 도덕규정으로 보았다. 공·관·신·민·혜 다섯 가지 미덕은 인인군자의 기준이다. 장중하면 모욕을 당하지 않을 것이고, 너그러우면 대중의 지지를 받을 것이며, 성실하면 다른 사람의 신임과 중용을 받을 것이고, 부지런하고 총명하면 업무효율이 높고 공헌이 클 것이며, 자애롭고 은혜로우면 다른 사람을 움직일 수 있을 것이다.

공자는 또 강직하고 과단성이 있으며 공명정대한 풍격을 아주 좋아했다. 그는 "강직(剛)·과감(毅)·소박(木)·신중(訥) 이 네 가지 도덕품성은 인(仁)에 접근한다(剛毅木訥, 近仁)"[48]고 말했다. 그는 교언영색(巧言令色, 아첨하는 말과 알랑거리는 태도)하는 풍격을 비판했다. 그는 이러한 풍격에는 '어진' 품성이 포함되지 않았다고 주장했다.

한편 유가의 관점에 따라 '인'은 각기 다른 사람에 대한 요구 또한 각기 달랐다. 예를 들어 임금의 어짊(인, 仁)은 베풂(혜, 惠)이고, 신하의 어짊은 충성(忠)이며, 아버지의 어짊은 자애로움(자, 慈)이고, 자식의 어짊은 효(孝)이다. 그래서 『예기·예운(禮記·禮運)』에는 "아버지는 자애로워야 하고, 아들은 부모에게 효도하고 부모를 존중해야 하며, 형은 우애로워야 하고, 아우는 형을 공경하고 형에게 순종해야 하며, 지아비는 의리를 지켜야

---

48) 『논어·자로(論語·子路)』

하고, 아내는 지아비에게 순종해야 하며, 연장자는 손아래 사람에게 은혜를 베풀어야 하고, 손아래 사람은 웃어른에게 순종해야 하며, 군주는 인자해야 하고, 신하는 충성스러워야 한다(父慈,子孝,兄良,弟弟,夫義,婦聽,長惠,幼順,君仁,臣忠)"고 했다. 이처럼 각기 다른 사람의 몸에서 각기 다르게 나타나는 '인'은 '인'과 기타 여러 가지 도덕이 모두 연결되어 있는 것이고, 게다가 '인'은 여러 가지 도덕 중에서 주도적 지위를 차지하는 도덕임을 설명하고 있는 것이다.

4) 인의 시대적 내용

'인'을 핵심으로 형성된 중국 전통 핵심가치관은 사람을 신의 부속물로 삼는 종교 관념과 사람을 도구로 삼는 노예주 의식에 대한 부정으로서 사람과 사람은 서로 사랑하고 사람의 가치를 존중하며 사람을 동정하고 도울 것을 제창했다. 이는 '인간'에 대한 발견을 상징하며 중국 고대의 인본주의 정신과 인도주의 정신의 발현으로서 현대적 의미에서의 '인간 위주(以人爲本)' 이념과 의미상에서 어느 정도 연결된다. 따라서 중국 전통 핵심가치관은 현대적 개조를 거쳐 현대의 인문정신으로 전환되어 '인간 위주' 정신의 가치자원이 될 수 있는 것이다.

오늘날 의미상에서 '인'과 '인간 위주'의 현대적 의미가 비슷하기 때문에 우리는 '인간 위주'를 '인'의 현재적 의미로써 해석할 수가 있다. 즉 '인'에 다가 '인애(仁愛) · 인도(人道) · 조화(和諧) · 대동(大同)'이라는 새로운 시대적 내용을 부여해 민족적 특색을 반영할 수 있을 뿐만 아니라 시대적 정신을 띨 수 있게 했다.

(1) 인애(仁愛). '인애사상'은 중국 전통 핵심가치이념 중에서 아주 중요한 내용이며 '중국의 고유 정신'이다. '인'은 도덕의 최고 가치와 최고 원칙으로서 '전덕(全德, 완전무결한 덕)'으로 불리며, 풍부한 가치적 의미와 도덕적 의미를 띤다. '인'은 충서(忠恕)·극기(克己)·효제(孝悌)· 자애(自愛)를 망라하며, '공·관·신·민·혜'와 '온·양(良)·공·검· 양(讓)' 등 여러 가지 덕목을 포함하고 있으며, '지·용·충·경', '강직(剛) ·과감(毅)·소박(木)·신중(訥)' 등 덕성을 포함하고 있다.

주희는 "모든 행위와 모든 착한 것은 모두 오상에 집결되며 오상은 또 인에 집결된다."라고 말했다. 중화민족 전통 핵심가치관은 '인'을 총체적인 핵심가치이념으로 삼아 여러 가지 가치 이념과 여러 가지 도덕규범을 총괄하며, 인간관계를 조절하고 사람과 사람 사이는 서로 사이좋게 지내고 서로 사랑하며, 서로에게 관심을 두고, 서로를 아끼며, 서로 돕는 사이여야 한다고 주장하며, '인애'는 고유한 가치 추구와 도덕적 정감이라고 주장한다.

'남을 사랑하는(愛人)' 근본적인 경로는 바로 자기 마음에 비추어 다른 사람을 '인애(仁愛)'하는 것이며, 그러한 토대 위에 조화로운 인간관계를 수립하는 것이다. 자신의 마음에 비춰보려면 먼저 '자신부터 단정히(正己)' 해 자신의 가치 추구와 사상품성이 도덕적 요구에 부합해야 하고, '인애'의 기준에 부합하도록 해야 한다. '인을 이룬(성인, 成仁)' 다음에야 '인을 실행(行仁)'하고, '남을 사랑(애인, 愛人)'할 수 있기 때문이다.

'인애'의 의미는 '인'의 본뜻을 유지하고 있을 뿐만 아니라, '인'의 영원성과 공동성을 띠는 의미도 반영하고 있다. 이는 중화민족의 특색을 분명하게 반영할 수 있는 가치이념이며 오늘날 여전히 답습할 수 있는 전통 핵심가치관이다.

(2) 인도(人道). '인'은 곧 '애인'이다. 근본적으로 말하면 '인'이라는 핵심가치이념은 개인 내면의 수양을 중시하고 인륜관계와 사회관계를 조화롭게 하는 도덕원칙의 일종이다. 그 목적은 사람들이 '인'에서 출발해 자신이 하기 싫은 일은 남에게 강요하지 말고 자신이 하고 싶어 하는 일과 이루고 싶은 목적은 다른 사람도 이룰 수 있도록 애쓸 것을 요구하는 것이다. 이는 공자와 맹자, 그리고 역대 선현들의 가치 추구와 도덕관념을 포함했을 뿐 아니라, 대중들이 장기간의 생활실천 과정에서 창조하고 양성한 숭고한 가치 이상과 우수한 도덕 품성이기도 하다. 예를 들면 사람과 사람 사이에 서로 우애하는 것과 서로 보살펴주고, 서로 이해하며, 서로 돕는 것 등이다.

'인'의 가치관은 정치적으로 '인정(仁政, 어진 정치)'을 펴 백성에게 널리 베풀 것을 요구하며 '인도'를 강조한다. 중국의 전통적인 '인도'사상과 '백성을 소중히 여기는(重民)' 사상은 비록 '백성이 나라의 근본(民惟邦本)'이라는 사상 토대 위에 수립된 것이고, 통치자와 백성을 서로 대립되고 불평등한 지위에 올려놓고 본 것으로 현대적 의미에서의 인도 · 민주와 대등하게 논할 수는 없지만 이런 전통사상의 민의와 민생, 백성의 이익을 중시하는 사상 내용에는 인민대중의 역할을 중시한 일면이 있어 오늘날의 '인도정신'으로 계승시키고 선양해야 할 것이다.

예를 들어, 사람마다 사회를 위해 다른 사람을 위해 조금씩이라도 선행을 베풀 것을 제창하고, 먼저 부유해진 사람은 다른 사람을 도와 함께 부유해질 것을 제창하는 것이다. 또 새 시대의 '공·관·신·민·혜'의 덕목을 제창해 즉 올바른 사람이 되고 남을 대함에 너그러우며 신의를 지키고 성실하며 처사에 기민하고 남에게 자애롭고 베풀 줄 아는 것 등이 그것이다. 중국 공민도덕 건설에서 중화민족의 핵심가치관과 우수한 미덕을 계승하고 선양해야 할 뿐 아니라, 시대의 정신적 요구에 부합하는 숭고한 가치 추구와 고상한 도덕적 풍조를 수립해야 하는 것이다.

(3) 화해(和諧). 중화민족의 전통 핵심가치관은 '인'을 최고의 가치와 덕행으로 삼고 사람과 사람 사이에서 서로 사이좋게 지내고 서로 사랑하며, 대인관계에서 친화력으로 사회의 안정과 사회질서를 유지하고 사회발전을 추진할 것을 강조하는 것을 말한다. 그래서 '인'의 가치관은 사실상 사회의 조화로움을 최고 가치의 목표로 삼고 '화(和, 화목)'를 최고 가치로 삼는 것이다.

유가는 '명분사군(明分使群, 사회 여러 등급에 처한 사람들이 각자의 본분을 지키면서 이를 바탕으로 집단을 이루는 것)', '인능군(人能群, 사람들이 모여서 살며 힘을 합치는 것)'은 '구분하는 것(分)'을 전제로 하며 '화합하는 것(和)'을 본질로 해야 한다고 제기했으며, '모여 살면서 하나로 화합하는 길(群居和一之道)'을 수립할 것을 요구했다. "예의 쓰임은 바로 조화로움을 귀하게 여기는 것이다.(禮之用, 和爲貴)" '조화로움'은 '인의'의 내재적 추구이고, '예'는 '인의'의 외재적 보장이다. '인애'로 넘치는 조화로운 사회는 곧 사회의 여러 등급에 처한 사람들이 각자가 맡은 본분을 엄격히 지키면서 규칙을 어기지 않는 것이다. '예'는 곧 이런 차별적인 사회질서를 유지함으로써 사람들의 행위가 자기 신분에 부합하도록 하는 행위규범체계인 것이다.

'인의'와 '예'가 일치하는 것이 곧 '조화로움(和)'이다. 이로부터 유가에서 '조화(和)'와 '예'를 강조함에 있어서 여전히 '인의'를 근본으로 함을 알 수 있다. '예'를 지키는 실질적인 것은 '인'으로 돌아가는 것이다.

사람들이 '조화로움'의 원칙에 따라 인간관계를 처리한다면 사람과 사람 사이에 '인애'하며 서로 사이좋게 지내는 조화로운 사회를 이룰 수 있다. 『중용(中庸)』에서는 이를 가리켜 "천하에 인도를 실현하는 길이다.(天下之達道也)"라고 했다. '조화로움'의 최고 가치는 오늘날의 의미에서 사람과 사람 사이의 조화로움, 사람과 사회의 조화로움, 사람과 자연의 조화로움, 사람의 몸과 마음의 조화로움 등 새로운 시대적 내용을 부여할 수 있으며 나라와 나라 간의 조화로움, 조화로운 세계와 세계 '평화'라는 새로운 시대적 내용을 부여할 수 있어야 하는 것이다.

(4) 대동(大同). 중국의 전통적 '인' 핵심가치관 중에는 또 한 가지 중요한 내용이 포함되어 있는데 바로 대동을 추구하는 것이다. 이른바 대동이란 천하의 대동, 대동세계를 추구하는 것이다. 대동을 추구하는 것은 인류의 최종 이상사회에 대한 중화민족의 이해와 갈망을 반영한다.

'대동'이라는 표현법은 유가경전 『예기·예운(禮記·禮運)』에 최초로 등장한다. 이와 관련해 아주 유명한 글귀가 있으며 게다가 이해하기도 비교적 쉽다.

대도가 실행되고 있는 시대에는 천하가 공동의 것이다.
사람들은 어질고 재능이 있는 사람을 선발하고 서로 간에
신용을 지키며 화목하고 사이좋게 지낼 수 있다. 그래서

사람들은 자기 친족만 친족으로 여기는 것이 아니고, 자기 자녀만 자녀로 여기는 것이 아니며, 노인이 편안하게 만년을 보낼 수 있고, 장년은 또 할 일이 있으며, 어린이는 건강하게 성장할 수 있고, 불쌍하고 외로운 사람과 장애인, 병환에 시달리는 사람은 모두 사회의 보살핌을 받을 수 있다. 남자에게는 직업이 있고 여인네는 때에 맞춰 시집을 갈 수 있다. 재물에 대해서 사람들은 다만 땅바닥에 그냥 버려두는 것을 원치 않아 건사하는 것일 뿐 절대로 반드시 자기 집에 감춰두기 위함이 아니다. 힘에 대해서 사람들은 다만 자기 몸에 힘이 없을까봐 걱정을 할 뿐 꼭 자신을 위해 힘을 쓰고자 하는 것이 아니다. 그래서 아귀다툼과 같은 일은 일어날 수 없고 남의 것을 빼앗거나 훔치거나 소란을 피우거나 사람을 해치는 현상이 자취를 감추게 된다. 그래서 집집마다 출입문을 닫아만 놓고 잠글 필요가 없게 된다. 이를 대동이라고 한다(大道之行也, 天下爲公, 選賢與能, 講信修睦. 故人不獨親 其親, 不獨子其子, 使老有所終, 壯有所用, 幼有所長, 矜寡孤 獨廢疾者皆有所養. 男有分, 女有歸. 貨惡其棄於地也, 不必藏於 己；力惡其不出於身也, 不必爲己.是故謀閉而不興, 盜竊亂賊 而不作, 故外戶而不閉. 是謂大同.)

이상의 서술에 따르면 대동사회의 주요 특징은 사회통치의 권력이 천하 사람에게 장악되어 있고, 사람들이 서로 돕고 서로 사랑하며, 생산과 생활상에서 각자 능력을 발휘하고, 각자 있어야 할 자리에 있으며,

사회질서가 양호하고 분위기가 상서롭고 평온하며, 법과 기율을 어기고 도리에 어긋나는 짓을 하는 사람이 없는 것이다.

대동사상은 중국 유가에만 특별히 존재하는 것이 아니라 기타 학파에도 이와 비슷한 내용이 존재한다. 예를 들어 노자(老子) 마음속의 이상사회는 모든 사람이 안정된 생활을 누리며 즐겁게 일하고 민심이 순박하고 선량하며 사회가 조화롭고 전쟁이 없는 것이며, 묵가 마음속의 이상사회는 상현(尙賢, 어진 사람을 존경함)·상동(尙同, 상하가 마음이 일치함)·겸애(兼愛, 차별 않고 모든 사람을 똑같이 두루 사랑함)·비공(非攻, 침략전쟁을 반대함)의 사회인 것 등이다. 그래서 대동에 대한 추구는 고대 중국인의 보편적인 가치 관념이었다.

최종 의미의 사회 이상으로서 대동은 두 가지 방면의 내용을 포함하고 있다. 한 방면으로 대동은 일반적 의미에서의 도덕관념과 사회관계를 가리킨다. 예를 들어 『예기·예운(禮記·禮運)』에서 서술한 것처럼 대동사회에서는 정치적 압박과 경제적 착취가 존재하지 않고 사람들은 사리사욕하는 마음이 없으며, 공동의 이익을 위해 노동을 하고 모든 사회 구성원이 모두 아주 양호한 보살핌을 받을 수 있다. 그렇기 때문에 대동사회의 사람들은 사심이 없고 우애로우며, 대동사회의 사회관계는 평등하고 조화롭다. 대동이상의 이러한 일면은 중국 전통문화에서 조화로운 사회 가치관과 아주 많이 겹쳐진다.

우리가 본 대동사회의 기본 특징 중의 하나가 바로 안정과 조화로움이기 때문이다. 다만 옛날 사람들(특히 유가)은 조화로움에 대해 강조할 때 늘 차별과 차이의 중요성을 강조한 반면에 대동사상은 그런 뜻이 없는 것이다.

다른 한 방면으로 대동은 또 특히 민족과 국가 간의 관계에 대해 언급했다. '대(大)'라는 한정사는 '동(同, 화합함)'의 정도를 가리킬 뿐 아니라 '동'의 범위도 가리킨다. 중국 옛날 사람의 이해에 따르면 오로지 범위를 '천하'로 확대해야만 비로소 '대'라고 할 수 있다. 그래서 '대동'은 항상 '천하대동'으로 이해되곤 한다.

지리 지식의 국한성으로 인해 고대 중국인이 말하는 '천하'는 기본상 중국과 주변 국가, 혹은 중화민족과 주변 민족에 제한되었다. 그러나 그 단어의 실질적인 정신으로 말하면 오늘날 우리가 말하는 세계, 전 인류와 별로 구별이 없다. 따라서 대동은 세계대동, 인류대동을 가리킨다. 이런 의미에서 대동사상에서 언급한 것은 일반적인 도덕관념과 사회관계뿐이 아니라 또 서로 다른 민족·국가 간의 관계문제도 강조했으며 여러 민족·국가의 평화 공존과 공동 발전을 추구할 것을 강조해 최종 민족·국가 간의 장벽을 허물고 '천하는 한 집안'이라는 꿈을 실현할 수 있도록 해야 한다는 것이다. 옛날 사람들이 강조한 '협화만방(協和萬邦, 인민들이 화목하게 지내고 나라 간에 우호적으로 왕래함)'·'세상 모든 사람이 형제같이 서로 도우며 화목하게 지냄(四海之內皆兄弟)'과 같은 이념은 모두 이러한 의미를 반영했다.

대동이상은 중화민족의 선량하고 아름다운 정감의 결정체이며 또 시종일관 중화민족의 심금을 울리고 있다. 도연명(陶淵明)의 『도화원기(桃花源記)』는 문학의 형태로 선진(先秦) 경전 속의 대동사회를 재현했으며 중화민족 마음속 깊은 곳에서 우러나는 이상 세계에 대한 갈망을 표현했다. 근대 들어서도 전통문화 속 대동을 추구하는 깊이 있는 가치관은 여전히 왕성한 생명력을 유지하고 있다. 유신파 사상가 강유위(康有爲)가 쓴 『대동서(大同書)』는 책 제목에서부터 그 근원이 바로 중국의 전통 대동사상이라는 것을 보아낼 수 있다. 중국 민주혁명의 위대한 선구자 손중산 선생은 그의 저작과 연설·제사(題詞)에서 '천하는 공중의 것(天下爲公)'·'세계대동'에 대해 여러 차례 제기했다. 중국공산당은 공산주의를 최종 분투 목표로 삼고 있는데 공산주의 이상과 중국 전통문화속의 대동사회는 공통되는 곳이 아주 많다……

2. 의: 공평정의

중화 전통미덕과 핵심가치관 중에서 '의'는 '인'과 마찬가지로 중요한 버팀목 역할을 한다. 주도적인 가치관과 도덕관으로서의 '의'의 관념은 중화민족의 도덕체계 속에 깊이 융합되었다. 인민대중은 생활 실천 과정에서 '의'의 내용을 꾸준히 풍부히 하고 심화시키고 있으며 무수히 많은 어질고도 뜻이 있는 사람들은 더욱이 '의'를 실현하는 것을 인생의 최고 경지로 간주하고 있다. 따라서 '의'는 중국 전통사회에서 보편적이고도 숭고한 의미를 띠는 가치 추구로 되었으며 인간 사회의 바른 길을 선택하는 기준이 되었다.

1) 의덕의 유래와 발전

'의'는 전통미덕 덕목과 중국 전통 핵심가치관인데 춘추시대의 공자와 맹자 등 이들이 상(商)나라와·주(周)나라 시기 존현(尊賢, 현명한 사람을 존경함)·정의·공평·무사(無私, 사심 없음)·민중이 나쁜 짓을 저지르는 것을 금하는 등 사상을 계승하고 발전시킨 토대 위에 개괄하고 높은 단계로 끌어올린 군신관계를 처리하는데 중점을 둔 도덕규범과 가치기준으로서. 그 최고 도덕 기준인 '인'을 실천하는데 목적을 두고 있다. 그래서 유가는 늘 '인 · 의'를 연결시켰다.

의덕은 사람의 용모 · 대인관계에서 우의와 아름다움 · 선량함에 대한 추구 등을 기원했다. 『설문해자(說文解字)』에서 "의는 사람의 외적 현상과 내적 수양이다. 우리가 양의 형상과 수양을 숭상하는 것은 양의 온화함과 선량함 아름다움을 추구하기 때문이다(義. 己之威儀也.從我羊)"라고 했다. 단옥재(段玉裁)는 다음과 같이 주해를 달았다.

> 옛날 사람들은 거동 '의(儀)'를 의(義)라고 했으나 현재는 착하다(仁)는 의미의 '의(義)'로 쓰이고 있다. 거동 '의(儀)'는 법도이며 현재는 거동 '의(儀)'로 쓰이고 있다. 옳을 '의(誼)'는 사람이 마땅히 좇아야 할 도리이며 현재는 정(情) '의(誼)'로 쓰인다. 정사농(鄭司農)이 주해를 단 『주례 · 사사(周禮 肆師)』에서는 "옛날에는 '의(儀)'자를 써 옳을 '의(義)'를 뜻했으나 현재는 의(義)를 옳을 '의(誼)'로 쓴다."라고 했다. ……의(義)의 본 뜻은 예법과 의용이 각각 적절한 것을 이른다. 예법과 의용이 적절하면 선(善)하다고 할 수 있다. 고로 『문왕(文王)』 · 『아장(我將)』 · 『모전(毛傳)』에서는 모두 "의(義)는 곧 선(善)이다."라고 했다(古者威儀字作義, 今仁義字用之. 儀者, 度也, 今威儀字用之. 誼者, 人所宜也, 今情誼字用之. 鄭司農注 《周禮 肆師》 : "古者書儀但爲義,

今 時 所 謂 義 爲 誼 . ” ······ 義 之 本 訓 謂 禮 容 各 得 其 宜 ,

禮 容 得 宜 則 善 矣 . 故 《文王》, 《我將》, 《毛傳》 皆曰 : "義.

善也.")[49]

'의(義)' 자에는 '양(羊)'의 부수가 들어 있다. 양은 육축(六畜) 중의
하나이며 주로 음식으로 제공된다. 양의 고기는 미식으로 쓰이고, 모피는
아름다운 의복으로 사용된다. 양은 성정이 온순하고 선량해 아름다울
'미(美)' · 착할 '선(善)' 등 한자에는 모두 '양'자가 들어간다. 그래서 의로울
'의(義)'는 아름다울 '미' · 착할 '선'과 뜻이 같은 것이다.

공자는 "인을 소중히 여기고(貴仁)" "자기 자신을 절제하고 예의 규범에
따르는 것이 어진 것(克己復禮爲仁)"이라고 강조하면서 '극기복례'를 '인'의
기준으로 삼고 '인'과 '예'를 유기적으로 통일시킬 것을 강조했으며, "목숨을
희생시켜서라도 정의를 지킬 것(殺身以成仁)"을 제창했다. 맹자는 공자의
"인을 소중히 여기는(貴仁) 사상"을 이어받았으나 '예'를 뚜렷하게 강조하지
않고 '의'를 특별히 부각시켰다. 그는 "목숨을 바쳐 의를 취하는 것"을
찬미했으며, '인' · '의'를 병행했다. 맹자의 '인' · '의'에 대한 정의는 먼저
'친친(親親)' · '경장(敬長, 웃어른을 공경함)'을 가리킨다. 그는 "마땅히
친해야 할 사람과 친하는 것이 곧 어진 것이요, 웃어른을 공경하는 것이 곧
의로운 것이다(親親, 仁也; 敬長, 義也.)"[50]라고 말했다. 이로써 '인' · '의'를
밀접히 결합시켰다.

---

49) 『설문해자주(說文解字注)』
50) 『맹자 · 진심상(孟子 · 盡心上)』

어짊은 사람 본성의 양심이요, 의는 사람이 가야 할 길이다.
사람이 가야 할 길을 포기하고 가지 않고 사람의 양심을 버리고
추구하려 하지 않으니 슬프도다!
(仁, 人心也 ; 義, 人路也. 舍其路而弗由, 放其心而不知求,
哀哉!)[51]

어짊은 사람이 따라야 할 도리요, 의로움은 사람이 마땅히
걸어야 할 바른 길이다. 따라야 할 도리를 분별하지 않고 소홀히
하고 바른 길을 내버려두고 걷지 않으니 슬프도다!
(仁, 人之安宅也 ; 義, 人之正路也. 曠安宅而弗居, 舍正路而不由,
哀哉!) (『맹자 · 이루상[孟子 · 離婁上]』)

맹자는 사람들에게 '마음을 항상 어짊에 두고 행할 때는 항상 의로움을
따를 것(居仁由義)'(『맹자 · 진심상[孟子 · 盡心上]』)과 '내버렸던 양심을
되찾아올 것(求其放心)'(『맹자 · 고자상』)을 요구했다. 맹자는 '인' ·
'의'를 병행해 '인의'를 주체로 하는 '인의예지' 네 가지 덕목을 통일시킨
도덕규범체계를 제기했으며 최초로 '인륜'의 범주를 창립해 부자 · 군신 ·
부부 · 장유 · 친구 다섯 가지 도덕관계를 개괄했다. 즉 우리가 일반적으로
말하는 '오륜'이 그것이다. 그리고 '오륜'을 '인의' 도덕의 윤리적 전제로
삼았다. 그는 다음과 같이 말했다.

---

51)『맹자 · 고자 상(孟子 · 告子 上)』

사람은 도의를 지킬 줄 알아야 한다. 배불리 먹고 따뜻하게
입고 편안하게 살면서 교양이 없다면 짐승과 다를 바 없다.
성인은 이를 걱정해 설을 사도(司徒)로 파견해 사람과 사람
사이에 마땅히 지켜야 할 윤상관계와 도리 즉 인륜으로써
백성들을 교육하도록 했다. 즉 부자유친, 군신유의,
부부유별, 장유유서, 붕우유신의 오륜이다. (人之有道也.
飽食,暖衣,逸居而無敎, 則近於禽獸. 聖人有憂之, 使契爲司徒,
敎以人倫: 父子有親, 君臣有義, 夫婦有別, 長幼有序, 朋友有信.)
(『맹자・등문공상[孟子・滕文公上]』)

측은지심은 모든 사람이 다 가지고 있고, 수오지심은 모든
사람이 다 가지고 있으며, 공경지심은 모든 사람이 다 가지고
있고, 시비곡직을 가릴 줄 아는 마음은 사람마다 다 가지고 있다.
측은지심은 곧 어짊이고 수오지심은 곧 의로움이며, 공경지심은
곧 예절스러움이고, 시비곡직을 가릴 줄 아는 마음은 곧
지혜로움이다(惻隱之心, 人皆有之; 羞惡之心, 人皆有之;
恭敬之心, 人皆有之; 是非之心, 人皆有之. 惻隱之心, 仁也;
羞惡之心, 義也; 恭敬之心, 禮也; 是非之心, 智也.)[52]

---

52) 『맹자・고자 상』

맹자는 '인'·'의'·'예'·'지'는 모든 사람이 다 갖추고 있는 도덕심리와 도덕적 요구라고 주장했다. '인'은 곧 '동정심(不忍人之心)' 혹은 '측은지심'이다. 그래서 맹자는 '인'에 가장 폭넓은 정의를 내렸다. 즉 "어진 사람은 남을 사랑한다(仁者愛人)"[53]는 것이다. '의'는 곧 "모든 사람이 하기 싫어하는 일이 있는데 만약 하지 않을 수 있는 정도에 이르면 그것이 바로 의로운 것(人皆有所不爲, 達之於其所爲)"[54] 혹은 '수오지심'이다.

묵자는 '의'를 최고 도덕준칙으로 삼았다. 묵자는 '의'에 '겸상애, 교상리(兼相愛. 交相利, 나라와 나라 사이, 사람과 사람 사이에 모두 서로 사랑하고 서로 이롭도록 하는 것)'·'애무등차(愛無等差, 남을 사랑하는데 차별이 없다)' 등의 내용을 부여했으며, 이를 사람과 사람 사이에 교류를 진행하는 기본 준칙으로 삼았다. 묵자는 '애인'의 경계를 확대해 '애인'을 '겸애'로 이끌었으며 심지어 '모든 사람을 사랑할 것'을 요구했다. '의'에 대한 묵자의 해석은 유가와 다소 다르다.

어떤 정도에서 말하면 묵자는 유가보다도 더 의를 숭상했다고 할 수 있다. 『묵자·귀의(墨子·貴義)』에서는 "세상만사 중 의보다 귀한 것은 없다.(萬事莫貴於義)"라고 했다. 묵자는 '의'는 사람에게 이롭고 천하에 이로운 것이라고 주장했으며, 한편 사람에게 이롭고 천하에 이로운 것은 곧 인자(仁者, 어진 이)가 추구하는 최고의 목표라고 주장했다. 묵자는 '의'를 소중히 여기는 한편 또한 이익(利)도 중히 여겼다. 다만 그가 중히 여기는 이익은 공리(公利)로서 즉 '인민의 큰 이익(人民之大利)'·'천하의

---

53) 『맹자·이루 상』
54) 『맹자·진심하(孟子·盡心下)』

이익(天下之利)'이었다. 이는 그의 '겸상애, 교상리' 사상과 일치한다.

맹자는 묵가와의 논쟁에서 '의'를 '애인'의 경계로 삼아야 한다고 강조했다. 그의 목적은 타인과 자신의 행위가 마땅한가의 여부를 구별해 마땅히 사랑해야 할 사람과 행위를 사랑하고, 마땅히 미워해야 할 사람과 행위를 미워함으로써 '의'의 경지에 이르는 것이다. 그래서 맹자의 의덕은 사람들이 자신과 타인의 행위가 부당함(의롭지 못함)에 수치스러워하고 증오하는 태도를 취할 것을 요구했기에 "수오지심이 곧 의로운 것이다"라고 말했던 것이다.

순자는 "도의를 지키는 것은 권세에 굴복하지 않고 자신의 이득을 돌보지 않으며 나라 전체를 들어 그에게 준다 해도 자신의 관점을 변화하지 않는 것이며, 비록 목숨을 소중히 여기나 정의를 위해서라면 절대로 굴복하지 않는다. 이는 사군자의 용감함이다.(義之所在, 不傾于權, 不顧其利, 擧國而與之不爲改視, 重死持義而不橈, 是士君子之勇也.)"[55] '의'는 권세에 굴복하지 않는 것이고, 자신의 이득을 생각하지 않는 것이며, 죽는 한이 있더라도 지키는 품성인 것이다.

한(漢)나라 동중서의 '의'에 대한 논술은 순자의 관점과 같은 부분이 있다. 그는 사람의 생활 속에서 비록 의와 이득의 수요가 있지만 사람의 마음이 몸보다 더 귀한 것이라고 주장했다. '이(利)'는 비록 사람의 몸을 기를 수는 있으나 사람의 마음은 기를 수 없다. 오로지 사람의 마음은 '의'로써 길러야 한다. 사람의 마음이 몸을 지배하기 때문에 마음은 마땅히 몸보다 귀한

---

55) 『순자 · 영욕(荀子 · 榮辱)』

것이어야 한다. 그래서 '의'는 '이'보다 중요한 것이다. 동중서의 '의'는 먼저 '인'과 한데 연결되어 있었던 것이다.

> 남과 자신을 다스리는 것은 '인'과 '의'이다. '인'으로 남을 안정시키고 '의'로써 자기 자신을 올바르게 다스린다. 고로 인이 언어 중 단어로서는 남이라는 뜻이고 의가 언어중의 단어로서는 나 자신이라는 뜻이다. …… 그래서 『춘추(春秋)』는 인의의 원칙을 제정했다. 인의 원칙은 자신을 사랑하는 데 있지 않고 남을 사랑하는 것이며 의의 원칙은 남을 바로잡는 데 있는 것이 아니라 자신을 바로잡는 것이다. 자신을 바로잡지 않는다면 남을 바로잡을 수 있어도 그것은 의로운 것이 아니다. 남이 그대가 주는 사랑을 받아들이지 않는다면 자신이 아무리 사랑을 주더라도 어질다고 할 수 없다.
>
> (所以治人與我者, 仁與義也. 以仁安人, 以義正我. 故仁之爲言, 人也; 義之爲言, 我也. …… 是故 《春秋》 爲仁義法. 仁之法在愛人, 不在愛我; 義之法在正我, 不在正人. 我不自正, 雖能正人, 弗予爲義;人不被其愛, 雖厚自愛, 不予爲仁.)[56]

동중서의 '인'과 '의'는 구별된다. '인'은 자기 자신을 사랑하는 것이 아니라 남을 사랑하는 것이고, '의'는 남을 바로잡는 것이 아니라 자기

---

56) 『춘추번로·인의법(春秋繁露·仁義法)』

자신을 바로잡는 것이다. 현대적인 말로 표현한다면 자신을 아주 엄격하게 다스리고 남을 너그럽게 대한다는 뜻이다. 자신만 사랑하는 것은 '인'이라 할 수 없고, 남만 바로잡는 것은 '의'라 할 수 없다. 남도 사랑하고 자기 자신도 사랑하며 남도 바로잡고 자기 자신도 바로잡아 '인'과 '의'를 결합시켜야만 다른 사람을 격려해 도덕적으로 진보할 수 있게 했다.

'의'는 중화 전통미덕의 범주로서 기본 내용은 위의(威儀)·우의(友誼)·정의(情誼)·미선(美善, 아름다운 것과 착한 것)·공평(公平)·정의(正義)·적의(適宜, 알맞고 마땅함)이다. 주희는 "의로움이란 일을 행함에 알맞고 마땅한 것(義者, 行事之宜)"(『맹자집주 고자장구상[孟子集注 告子章句上]』)·'의(宜, 적절함)'의 기준은 '인'이다.

'인'에 부합되는 것이라면 적절하다고 할 수 있다. 그래서 '의'는 '인'에 부합되는 도덕규범이며, 또 정의 혹은 도덕규범에 부합되는 행위라고 해석할 수 있다. 그리고 '의'는 또 선량함과 아름다움 등의 의미도 포함하고 있다. 『주역·계사하(周易·繫辭下)』에서는 "재물을 관리함에 있어서 사리에 맞아야 하며, 백성들이 나쁜 짓을 하지 않도록 하는 것을 의라고 한다(理財正辭, 禁民爲非曰義)"라고 했다. 의덕의 구체적인 내용은 존형(尊兄, 형을 공경함)·경장(敬長, 연장자를 공경함)·존현(尊賢)·공평·정의·무사(無私, 사심이 없음)·백성이 나쁜 짓을 하지 않도록 금지하는 것(禁民爲非)·재산을 존중하고 보호하는 것, 그리고 침략과 능욕·합병·백성을 해치는 불의의 전쟁에 반대하는 것 등이다.

공자는 '의'를 사람의 사상과 행위를 평가하는 도덕준칙으로 삼아

"군자는 의를 가장 고상한 품성으로 삼는다(君子義以爲上)"[57], "군자는 의를 근본으로 삼는다.(君子義以爲質)"[58]라고 주장했다. 공자는 "사람들이 하루 종일 한데 모여 있으면서 의에 대해서 전혀 언급하지 않는 것(群居終日, 言不及義)"에 반대했으며 "의를 행해 도의에 이를 것(行義以達其道)"[59]을 주장했다. 공자는 또 '의'와 '용(勇)'을 연결시켜 "군자가 용감하기만 하고 의로움을 모르면 반란을 일으키고 소인배가 용감하기만 하고 의로움을 모르면 도둑이 된다(君子有勇而無義爲亂, 小人有勇而無義爲盜)"[60]라고 주장했으며 '선뜻 나서서 행해야 할 의로운 일임에도 하지 않는 것(見義不爲)'은 '비겁한(無勇)[61] 행위라고 했다.

'의'와 이득 문제에서 공자는 먼저 '이(利)'가 '의'에 부합되는지 여부를 고려했다. 그는 사람들에게 "이익 앞에서 '의'의 준칙에 부합되는지를 생각할 것(見利思義)"[62]과 "재물과 이득을 취할 때 '의'의 요구에 부합되는지를 생각할 것(見得思義)"[63]을 요구했으며 태도가 아주 명확했다. 그는 "'의'의 요구에 부합되는 재물과 이익이어야 취하고(義然後取)"[64] "부당한 수단으로 얻은 부귀영화가 나에게는 마치 하늘에 떠가는 구름과도 같다(不義而富且貴, 於我如浮雲)"[65]라고 했다. 그는 '의'로써 '이(利)'를

---

57) 『논어 · 양화(論語 · 陽貨)』
58) 『논어 · 위령공(論語 · 衛靈公)』
59) 『논어 · 계씨(論語 · 季氏)』
60) 『논어 · 양화)』
61) 『논어 · 위정(論語 · 爲政)』
62) 『논어 · 헌문(論語 · 憲問)』
63) 『논어 · 계씨』
64) 『논어 · 헌문』
65) 『논어 · 술이(論語 · 述而)』

추구하는 행위를 규범화시킬 것을 주장했다.

맹자는 '의'를 시비를 분별하는 기준과 통치자가 정치를 펴고 인을 행하는 척도, 그리고 일반인의 입신수양・처세와 처사의 원칙으로 간주했다. 그는 '의'가 인생가치 중에서 가장 중요하므로 의를 중히 여기고 이득을 가볍게 볼 것을 주장하면서 모든 것은 오로지 의에 따를 것을 주장하고 이득만을 취하는 것에 반대했다. 그는 "상하 모두 이익을 서로 다투게 되면 나라가 위험해진다(上下交征利, 而國危矣)"⁶⁶)고 주장했다.

『주역・문언(周易・文言)』에는 "이로운 것은 의를 추구하는 것과 통일을 이룬다(利者, 義之和也)", "만물에 이롭게 하면 세상 모든 것이 적절한 위치를 찾아가기에 충분하다(利物, 足以和義)"라는 구절이 있고 형병(邢昺)의 『주역정의(周易正義)』에서는 "만물에 이로운 것이 곧 의로운 것이다(利物爲義)"라고 했다. 『상서・중훼지고(尙書・仲虺之誥)』에는 "의로써 국가대사를 다스려야 한다(以義制事)"라고 했다. 그 뜻은 곧 공평정의의 기준에 따라 사리를 판단하고 처사하면 모든 일을 적절하게 배치할 수 있다는 것이다.

『예기・예운(禮記・禮運)』에는 "의는 시비를 구분하는 기준이고 인애를 가늠하는 척도이다. 기준에 부합하는 것과 인애에 부합하는 것 두 가지를 해낼 수 있는 사람은 강대해질 수 있다(義者, 藝之分,仁之節也. 協于藝,講於仁, 得之者强.)"라고 했다. 송(宋)대의 진호(陳皓)는 『예기집설(禮記集說)』에서 이렇게 말했다. "법도는 일을 처리하는 기준을

---

66) 『맹자・양혜왕상(孟子・梁惠王上)』

말하는 것이고 '인'은 마음가짐을 말하는 것이다. 일을 처리하는 것은 사람에게 있어서 외면적인 것으로서 의로움을 알맞은지 여부를 가리는 기준으로 삼고 마음가짐은 사람의 내면에서 발생하는 것으로서 의로움으로 품행과 절조에 대해 절제한다. 법도에 맞는 것은 사리에 맞는 것이다.

어진 이가 친밀하고 소원한 정도에 따라 적절하게, 일의 크고 작음과 경중에 맞게 행사하려면 모두 의로움의 기준에 맞춰 통제해야 한다. 위에서 통치자가 의로움을 선호하면 백성들은 그를 따르지 않을 수 없다. 고로 의로운 품성을 갖춘 사람은 강대해질 수 있는 것이다.(藝以事言, 仁以心言.事之處於外者, 以義爲分限之宜, 心之發於內者, 以義爲品節之制, 協於藝者合其事理之宜也, 講於仁者適度其愛心之親疏厚薄而協合乎行事之大小輕重, 一以義爲裁制焉.上好義則民莫敢不服, 故得之者强.) ”그는 '의'의 기본 의미가 “시비를 구분하는 기준과 인애를 가늠하는 척도(藝之分,仁之節)”라고 하면서 모든 것을 '의'로써 판단하고 통제 관리하게 되면 백성들이 믿고 따르며 탄복할 것이라고 주장했다.

2) 민간사회의 '의'에 대한 관념[67]

중국 민간사회의 서민백성은 비록 '의'에 대해 전문적이고 심오하며 또

---

67) 본 부분에서는 청지쑹(程繼松)의 『의——역사를 밝게 비추는 도덕의 빛(義———照亮歷史的道德之光)』[구이린(桂林), 광시(廣西)인민출판사, 1996] 속의 관련 내용을 참고했다.

계통적으로 논술할 수는 없었지만 '의'의 관념에 대해서 아주 중시했을 뿐만 아니라 '의'를 중요시하는 것을 실제적으로 실천했다. 중국 고대 민간사회 생활 속에서는 '의'가 존재하지 않은 곳이 없었다. 서민백성들은 '의'를 자신과 한데 연결시켰으며 게다가 '의'로써 다른 사람에 대한 도덕적 평판을 행했다. 그러한 평판은 아주 간단한 것으로 한 사람에게 의리가 있는지 없는지? 정의를 좇아 행동할 수 있는지 없는지? 의리를 중시하는지 하지 않는지? 등이다.

'의'에 대한 관념상에서 중국 민간사회는 대중화한 뚜렷한 특징을 나타낸다. 서민백성들은 비록 중국 고대에는 위로부터 아래에 이르기까지 유가 교화의 영향을 받았지만 '의'에 대한 이해에서는 여전히 자체적 특징을 나타낸다. 특히 열악한 생존환경에 처했을 때 생활상의 보장이 없고 생존이 위협을 받으며 사회의 불공평에 직면한 상황에서 그들은 자신들을 도탄 속에서 구제해줄 수 있고 그들에게 사회의 정의와 공평을 직접 가져다줄 수 있는 의행(義行)을 더 숭상했다. 그러나 그렇다고 그들이 대의에 대해 알지 못함을 의미하지는 않는다. 사실이 증명했다시피 대의 앞에서 이들 서민백성들은 어질고 지조 있는 사람들과 똑같이 대의를 지키기 위해서 목숨까지 감히 버릴 수 있었다. 어질고 지조 있는 사람들과 비교해 그들은 전혀 손색이 없었다. 다만 정의를 직접 행동으로 실천하는 의협정신과 공동의 생활 이상을 실현하는 것을 목적으로 하는 강호(江湖) 도의 정신이 일상생활 속에서 그들과 더 가깝다. 게다가 수많은 의협심이 강한 영웅과 강호 호걸들은 민간에서 나왔으며 민간에서 생활하는 이들이었다. 그들의 몸에서는 의협정신, 강호의 도의 정신이 반영되었으며 민간에서 더 쉽게 공감하고 받아들일 수 있기 때문에 이를 주요 특징으로 하는 민간 사회의

'의'에 대한 관념을 형성했다.

'협(俠)'은 중국 역사에서 뚜렷한 특징을 띤 군체로서 역사적으로는 유협(遊俠)·협사(俠士)·협객(俠客)·검객(劍客)·자객(刺客) 등으로도 불렸다. '협'의 등장은 대체로 춘추시기인데 그들이 활약한 시기는 열강들이 패권을 다투던 전국(戰國)시기였다. 그 뒤 시대를 거치면서 '협'은 항상 나타났다. 사마천(司馬遷)은 『사기·유협열전(史記·遊俠列傳)』에서 의협정신에 대해 개괄했는데 주로 다음과 같은 몇 가지가 포함된다.

첫째, 약속을 소중히 여기고 신의를 지키며, 한 말은 반드시 행동에 옮기고 일을 행하면 반드시 결과를 얻는다.

둘째, 남을 위험과 어려움 속에서 구제함에 있어서 목숨을 바치는 것마저 서슴지 않는다.

셋째, 남에게 은혜를 베풀고 의로운 일을 하고도 스스로 자랑하며 뽐내지 않으며 보답을 바라지 않는다.

넷째, 의리를 중시하고 재물을 멀리하며 가난하고 어려움에 처한 사람을 구제한다.

다섯째, 지조를 중히 여기고 명예를 소중히 여기며 의로움을 위해서라면 감히 목숨까지 바친다.

여섯째, 독립적인 인격을 보존하고 붕당을 만들거나 사리를 꾀하지 않으며 힘이 세고 횡포한 것을 숭상하지 않고 재부를 과시하거나 가난한 사람을 노예로 부리지 않으며 힘이 센 자에게 의지해 약자를 괴롭히지 않는다.

　『중국무협사(中國武俠史)』라는 책에서는 의협 전통이 이미 중국의 문화정신 속에 융합되어 있으며, 의협 전통은 또 "중국 민간사회 특유의 완정한 문화정신 체계"를 형성했다고 했다. 책에서는 또 이는 "사회의 공정과 정의에 대한 소박한 정치적 소원이며, 정의로운 일을 보면 용감하게 뛰어들고, 강직하고 정의로우며, 기개를 중히 여기고 은혜와 원한을 분명하게 가리는 등의 의협 정신을 핵심으로 하는 '민간 사회의 도덕체계이며, 또 대담하게 말하고 대담하게 행동하며, 말과 행동이 일치한 인격정신"이라고 썼다. 의협정신은 일종의 도의적인 힘과 인격적인 힘을 반영하며 중화의 대지에 침투되어 다양한 계층의 인정을 받았을 뿐 아니라 더욱 중요한 것은 광범위한 백성들이 자발적으로 널리 받아들였던 것이다.

　강호(江湖)는 독특한 문화적 내용을 포함한 개념으로서 사회 일부 사람들이 머물러 살고 있는 생활영역을 가리킨다.

　혹은 정상적인 사회에 기생하면서 또 정상적인 사회와 구별되는, 신비주의 색채가 짙은 하나의 '사회'라고도 할 수 있다. 강호에서 의리를 중시하는 것은 유구한 역사가 있다. 강호의 도의를 강조하는 것은 중국 고대 민간사회인 '강호'의 전통 중 하나이다. '도원결의(桃園結義, 『삼국연의』에서 유비·관우·장비가 도원에서 의형제를 맺은 것을 가리킴)'와 '양산취의(梁山聚義 『수호전』에서 양산의 영웅호걸들이 뜻을 모아 봉기를 일으킨 것을 가리킴)'가 가장 전형적인 대표이다.

도원결의는 "가난한 사람을 구제하고 위험에 처한 사람을 도와주며, 위로는 나라에 충성하고 아래로는 서민백성을 평안하게 해주는 것"을 취지로 삼고 생사를 함께 하고 의리를 저버리거나 은혜를 잊지 않을 것을 약속했다. 이는 일반인은 따라가기 어려운 것이다. 명(明)대의 학자 이지(李贄)는 이렇게 감탄했다.

> 옛날 영웅호걸이라 불릴 수 있는 세 사람은 소하(蕭何)·
> 한신(韓信)·장량(張良)이 아니라, 유비·장비·관공이다.
> 옛날 벗이라 할 수 있는 세 가지는 정직·성신·박식이 아니
> 라 '도원결의'이다. 오호라! 오직 의리만이 불후한 것으로
> 이느 하늘과 땅처럼 영원한 것이다(古稱三傑, 吾不曰蕭
> 何,韓信,張良. 而曰劉備,張飛,關公. 古稱三友, 吾不曰直,
> 諒與多聞, 而曰桃園三結義. 嗚呼! 惟義不朽, 故天地同久.)

도원결의는 이로써 대중들이 우러르는 본보기가 되었으며 결의·의형제를 맺는 것이 유행이 되기에 이르렀다.

시내암(施耐庵)이 『수호전』에서 묘사한 '양산취의'는 108명 영웅호걸이 뜻을 모으게 된 과정에 대한 서술이다. '의'는 『수호전』에서 고양한 주제이다. 그러나 '도원결의'와는 달리 '양산취의'는 반항의 형태로 나타났다. 108명의 영웅호걸 중 많은 이들은 모두 사회 최하층에서 생활하며 압박에 반항한 열혈남아였다. 그들은 정의로운 마음에 난폭한 자를 살해했거나, 불의의 재물을 빼앗았거나, 의협심을 발휘해 힘없는 약자를 돕기 위해 칼을 빼들었거나, 혹은 작은 벼슬아치나 군의 병졸이

상급자의 비위에 거슬림으로서 죄를 짓게 되어 이들로부터 강호로 도피해 어쩔 수 없이 저항의 길에 들어섰으며, 결국에는 핍박에 못 이겨 양산에 모여 봉기를 일으키게 된 것이다. 왕치저우(王齊洲) 선생은 『4대 기서와 중국 대중문화(四大奇書與中國大衆文化)』라는 책에서 "『수호전』에서 '의'는 길을 가다가 불공평한 일을 보면 칼을 빼들고 돕는 것으로 표현되고 있으며, 창끝이 겨냥한 대상은 탐관오리와 아첨에 능한 사악하고 간악한 관리들로서 짙은 정치적 색채를 띠며, 인민대중의 저항정신을 보여주었다"라고 썼다. '양산취의'는 중국 고대 강호사회에서 큰 영향을 일으켰으며, "하늘을 대신해 정의를 행한다"라는 것 또한 강호 도의의 근본으로 받들어졌다.

종합해보면 『삼국연의』와 『수호전』에서 반영된 강호의 도의정신은 주로 다음과 같은 몇 가지 방면으로 반영된다.

(1) 하늘을 대신해서 정의를 행하고 나라에 충성하며 백성을 위한다.
(2) 의를 중하게 여기고 재물을 가볍게 보며 가난한 사람을 구제하고 어려움에 처한 사람을 도와주며 사납고 횡포한 무리를 제거하고 선량한 백성을 평안하게 해준다. 길을 가다가 불공평한 일을 보면 칼을 빼들고 도와준다.
(3) 생사를 함께 하고 충성과 신의를 지킨다.
(4) 세상 모든 사람이 형제같이 서로 도우며 화목하게 지내고 인격은 일률적으로 평등하다고 여긴다.
(5) 어려움도 함께 부담하고 복도 함께 누리며 영예도 함께 누리고 수치도 함께 감당한다.

(6) 은혜를 알고 은혜를 입으면 반드시 보답하며 은혜와 원한을 분명히
    가린다.

강호의 도의정신과 의협정신을 비교해 보면 양자는 비록 일부 면에서
같거나 비슷한 부분이 있지만, 양자 간의 구별 역시 아주 분명하다. 강호의
도의는 집단적인 공동생활의 이상을 더 많이 반영하고 있고, 더욱 원대한
정치적 목표가 있다. 이는 개인 인격에 치중하는 의협정신과는 비교할
수가 없다. 더구나 강호의 도의정신은 집단적인 공동생활의 이상을
반영하고 있기 때문에 '의기(義氣)'를 더욱 중시했다. 이러한 것들이 아마도
민간사회에서 강호의 도의를 유난히 선호하는 근본 원인일 것이다.

『삼국연의』와 『수호전』이 반영한 강호의 도의에서 의기를 아주
중시했기 때문에 중국 고대사회에도 악영향을 주어 어느 면에서는 '의기
최상주의'의 사회기풍까지 조성했다. '의기 최상주의'의 사회기풍은
무원칙적인 '의'를 종종 창도하기에 흔히 사람들에게 이용당해 사회에 해를
끼치곤 했다. 현대사회의 일부 범죄자들은 흔히 강호 도의의 명분을 빌려
인심을 끌어 모아 법과 기율을 어기고 치안을 파괴하고 있으며, 심지어는
범죄조직을 결성해 조직적이고 의도적으로 범죄를 저지르고 있어 사회의
건강한 발전을 해치는 악성종양이 되고 있다. 이는 우리가 용납할 수 없는
것이다.

현대사회는 이미 문명시대에 들어섰다. 현대중국은 이제 더 이상
옛날의 중국이 아니다. 비록 '도원결의'와 '양산취의'가 진정한 강호의
도의 정신을 반영함으로 인해 과거에 사회 최하층에 처한 사람들에 의해
신봉되었을지라도, 오늘날에 이르러서는 이미 그 존재 가치를 잃어버렸다.

역사상에서 '도원결의'와 '양산취의'가 생겨날 수 있었던 것은 난세에
처했기 때문이고, 사회가 불공평하고 세상에 천리가 없었기 때문이며, 사회
최하층에 처한 사람들이 단합하지 않으면 악한 세력에 맞서 싸울 수 없고
고난의 사슬에서 벗어날 수 없었기 때문이다. 오늘날에 이르러서는 이
모든 것이 생겨날 수 있는 사회적 토양이 더 이상 존재하지 않으며, 사회의
진보가 이미 매 개인에게 평등한 경쟁기회를 마련해주고 있기 때문에,
본인이 스스로 원하지 않는 한 아무도 압박에 못 이겨 강호를 떠돌 이유가
없어졌다. 강호 도의가 과거에는 사회의 정의를 되찾기 위해 쓰였다면
현재사회의 정의는 건전한 법제로써 유지되고 있다. 강호의 도의로는
절대로 이를 대체할 수 없으며 또 대체해서도 안 되는 것이다.

3) '의'의 시대적 내용

'의'의 핵심 내용을 종합하면 "의로움이란 곧 마땅함이다.(義者, 宜也)"라는
것이다. '의(宜)'는 응당함 · 마땅함 · 적당함이라는 뜻으로서 사람이 마땅히
좇아야 할 최고의 도의로 삼는 것이다. 그래서 '의'는 공평정의를 의미하며
착하고 아름다운 것이며 응당하고 합리적인 것이라 할 수 있다. 공평정의는
일반성 · 공동성 · 보편성을 띠는 인류의 가치이념이고, 인류문명이
발전하고 진보할 수 있는 중요한 전제이며 조화로운 사회의 중요한
특징으로서 시대의 정신과 밀접히 결합시켜 널리 발양시킬 수 있는 것이다.
중화 전통미덕 중에서 '정의'는 '인'과 마찬가지로 중요한 지지역할을
해주고 있다. 주도적 가치관과 도덕관으로서 '정의'의 가치관은 중화민족의

가치체계와 도덕체계 속에 깊이 융합되었다. '의'에 새로운 시대적 내용을 부여한다는 것은 곧 정기(正氣, 바른 기풍)·평등·기여를 가리키는 것으로서, 이는 사회주의 핵심가치관이 창도하는 '평등·공정' 등 가치이념과 마침 딱 맞물리고 있다.

(1) 정기: 중화의 전통미덕과 핵심가치관은 '의(義)'가 행위의 가치기준이라고 주장한다. 여기에는 세 가지 의미가 포함된다.

첫째, '의'는 적당함을 가리키는 것으로서 즉 정당하냐 정당하지 않느냐의 도(度)를 가리킨다. 적당하냐 적당하지 않느냐, 마땅하냐 마땅하지 않느냐는 '의'를 기준으로 삼아야 한다.

둘째, '의'의 도는 곧 천리이며 우주만물이 존재하고 발전하는 근본원칙이다.

셋째, '의'는 또 사람에게 내재한 가치관의 일종으로서 행위 주체의 가치이성원칙과 실천이성원칙이다.

'의'의 현실적 내용은 인류 공동의, 근본적인 이익이며, 인류 이익의 일반성·안정성·공동성에 대한 추상화와 승화이며, 남과 자신, 크고 작음, 변하지 않는 것과 변하는 것 간의 관계 중에서 정리해낸, 인류의 사회행위와 사회생활의 보편적이고 적당한 '도'이다.

'의'가 개별성을 뛰어넘어 일반성을 띠려면 오로지 '의'에 의지해야만 비로소 인류의 사회행위와 사회생활에 대해 공정하고 합리적인 가치평가를 진행할 수 있다. "의로운 일을 보면 선뜻 나서 대담하게 행한다(見義勇爲)"·"목숨을 바쳐서라도 인을 이룬다(殺身成仁)"·"목숨을 버려 의를 좇는다(捨生取義)"에서는 '의'의 가치 정수를 분명하게 반영하고 있으며, 사람들이 사회의 정의와 인류문명의 진보를 위해 싸우려는 숭고한 가치 추구와 도덕정신을 보여주었다. 예를 들어 사람들이 문천상의 충의를 우러러 그의 고향인 장시(江西)성 지안(吉安)에 문천상기념관을 세운 것이 곧 그러한 맥락에서다. 문천상이 지은 시 『정기가(正氣歌)』는 천고의 절창이 되었다.

중국 고대 민간사회생활 속에서 '의'의 관념은 존재하지 않은 곳이 없었으며 깊고 풍부한 잠재력이 있을 뿐 아니라 대중화한 뚜렷한 특징을 나타낸다. 맹자·문천상은 이를 '호연정기(浩然正氣, 굳세고 도도하며 바른 기풍)'라고 표현했다. 현대에 이르러 중국의 사회발전에 비록 거대한 역사적 변화가 일어나 사람들이 정의·도의를 위해 목숨을 바치거나 몸을 바치는 상황이 과거와 아주 많이 달라졌다. 그러나 사회모순이 여전히 복잡하게 얽혀 있고, 진짜와 가짜, 선과 악, 아름다운 것과 추악한 것, 정의로운 것과 사악한 것 간의 투쟁이 때론 아주 첨예해지기도 한다. 따라서 진리와 정의를 고수하고 나라의 부강과 사회의 진보를 위해서는 여전히 '의로운 일에 선뜻 나서 용감히 행하며' 심지어 목숨을 버려 의를 취하고 목숨을 바쳐 인을 이루는 전통 가치이념과 도덕정신을 계승하고 발양시켜야 한다. 즉 우리가 흔히 말하는 '정기(正氣, 바른 기풍)'이다.

'정기'라는 단어는 중화민족의 특색을 반영하고 있을 뿐 아니라, 또 현대 '정의' 중 '의'의 내용도 포함하고 있다.

(2) 평등 : 중화의 전통미덕은 농경에 발을 붙이는 것을 '본무(本務)'로 하고, 가정을 '본위(本位)'로 하는 사회현실에서 사람과 사람 사이, 사람과 사회 사이의 관계이며, 개인은 다른 사람을 떠나 독립적으로 존재할 수 없으며, 어떤 사람이 나를 막론하고 모두 다른 사람들 속에서, 집단 속에서만 비로소 자신의 본질을 확인할 수 있고, 자신의 가치를 인정할 수 있다고 주장한다.

바로 이러한 사람의 사회본질에 대한 자각적인 인식이 있었기에 중화민족은 비로소 '인'을 핵심으로 하는 전통 핵심가치체계를 수립할 수 있었으며, 의리를 중시하고 이익을 가볍게 여기며, 공적인 것을 우선시하고 사적인 것은 뒤로 미루며, 목숨을 바쳐서 인을 이루는 등 가치추구와 도덕정신을 형성할 수 있었다. 전통 핵심가치관은 '백성을 사랑하고 세상만물을 사랑할 것(仁民愛物)'·'모든 사람과 세상만물을 사랑할 것(民胞物與)'을 강조하고, "자신을 대하듯이 천하를 다스리는 중임을 맡을 것(以身任天下)"를 강조하면서 사람들에게 자신의 맡은 바 사회책임을 다하고 개인의 몸 편하고 마음이 안정되게 사는 것과 천하의 흥망성쇠·백성의 복지를 연결시킬 것을 요구했다. 이는 사람으로서의 역사적 사명감과 사회적 책임감을 분명히 밝힌 것이다.

매개인이 모두 특정된 사회 역할을 맡아 특정된 사회적 직책과 의무를 감당해야 한다. 비록 중국 전통문화에서 가리키는 '인(人, 사람)'은 종법등급관계 속의 사람이지만 등급관념의 찌꺼기를 제거하면 '인(人)'은 사람의 본질을 사회성에 귀결시킨 것으로서 마르크스가 말하는 사람의 사회본질과 어느 정도 맞물리는 부분이 있으며, 오늘날 '평등'관념과도 어느 정도 맞물리는 부분이 있다.

오늘날 사회변혁시기에 우리는 인류역사상 모든 문명의 우수한 성과를 널리 받아들여 사람과 사람 사이의 관계에서 '인애'를 제창해야 할 뿐 아니라, 새로운 사회경제관계에서 또 평등하고 서로에 이로우며 진심 어린 협력을 제창해야 하고, 민주적인 정치개혁과 법제의 실행을 제창해 인민에게 평등한 참정 권리를 부여함으로써, 인민이 더욱 자주와 자립을 실현하도록 해 자신의 운명을 스스로 장악하도록 해야 할 것이다.

(3) 기여 : 중화민족의 전통 핵심가치관은 '의(義)'를 아주 크게 중시해 '공의(公義, 공평하고 의로운 도의)'와 '사리(私利, 개인의 이익)'의 대립과 통일을 강조하고 '공리(公利)'와 '공의'의 일치성을 강조하며, 인생가치 중에서 '기여'가 차지하는 지위와 의의를 분명하게 반영하고 있다.

순자는 "도의와 사사로운 이익은 사람이 가질 수 있는 두 가지이다 (義與利者, 人之所兩有也)", "먼저 도의에 어긋나지 않게 한 후에 사사로운 이익을 취해야 한다(先義而後利)"고 주장했다.

동중서는 "언행이 도의에 부합되고 개인의 사사로운 이익을 추구하지 말아야 하며, 도의를 분명히 밝히고 개인의 공리를 추구하지 말아야 한다(正其誼不謀其利, 明其道不計其功)"는 주장을 제기했다.

주희는 사람의 도덕행위와 물질이익 간의 관계, 그리고 개인의 이익과 사회·국가 이익 간의 관계에 대해 정확하게 인식하는 것을 '유가의 첫 번째 의(義)'로 간주했다. 중화민족의 전통 핵심가치관은 '의'를 입신 처세의 근본으로 삼았으며 사회 전반의 이익과 개인 이익 간의 관계를 처리하는 원칙은 선공후사(先公後私, 공적인 일을 먼저 행하고 사사로운 일은 뒤로 미룸) 대공무사(大公無私)해야 한다고 주장했다. 개인 이익과 사회 이익이 모순될 경우에는 마땅히 사회의 전반 이익을 우선시하고 최고로 간주하는 가치 원칙에 따라야 하며, 개인 이익은 사회 전반 이익에 복종하여 '소아(小我)'를 '대아(大我)' 속에 융합시켜야 한다고 주장했다. 이것이 평소 근무하는 과정에서 부지런하고 성실하게 업무에 임하며 나라를 위해 온 힘을 다하는 것으로 나타난다. 또한 나라가 존망의 시각에 처하고 민족이 위기에 처했을 경우 용감하게 자신을 희생시켜 나라를 보위할 수 있는 것이다.

중국 역사에서 '정의'는 민족의 이익과 나라 이익 및 사회 전반 이익을 최고로 해야 함을 반영하고 있으며, 무수히 많은 어질고 뜻이 있는 인사들이 민족의 이익과 나라의 이익 및 사회 전반의 이익을 위해 헌신하고 '대의'를 위해 헌신하도록 격려하고 있다. 한편 '정의'는 또 인격의 존엄을 수호하고 개인의 가치를 실현하는데도 의의가 있다.

'의'와 '이'의 관계를 처리하는 것은 중화민족 전통 핵심가치관의 핵심이고 도덕의 시금석이다. 선의후리(先義後利, 대의를 먼저 생각하고 사적인 이익은 뒤로 미룸) · 이의제리(以義制利, 의로움으로써 사적인 이익을 절제함)는 중화민족의 전통 핵심가치관의 중요한 내용이다. 전통적인 '정의' 관념에 포함된 '견리사의(見利思義, 이익 앞에서 의리에 어긋나지 않는지를 먼저 생각함)' · '의연후취(義然後取, 먼저 의롭고 정당하다는 것을 안 뒤에 재물을 취함)' · '의이위상(義以爲上, 의를 으뜸으로 삼음)' 등 사상에 대해 우리는 현실생활 속에서 여전히 계승하고 널리 발양해야 한다. 시장경제 속에서 특히 이를 제창해야 한다. '견리망의(見利忘義, 이익 앞에서 의로움을 잃음)'는 물론 모든 정직한 사람의 경멸을 받아 마땅하나 의리만 중시하고 이익을 부정하는 그릇된 관점에 대해서도 오늘날 사회주의시장경제를 발전시킴에 있어서 마땅히 지양해야 할 바이다.

3. 예: 예를 숭상하고 법을 지키는 것

중국에서 '예'는 모든 사람이 숙지하고 있는 개념으로서 수 천 년 중화문명의 발전역사에 일관되어 있다. 어떤 의미에서 말하면 중국문화사는 '예'의 발생과 발전의 역사라고 할 수 있다. 예의를 중시하고 예의범절을 강조하며 예의상 서로 왕래하면서 교제하는 것을 중시하는 것은 중화민족의 전통미덕이다. 이 미덕은 중화민족의 고상하고 품위가 있으며 점잖고 예절바른 정신적 기질을 양성했을 뿐 아니라, 이로 인해 중국은 '예의지국'이라는 아름다운 이름을 얻었다.

오늘날에 이르러 우리는 여전히 '예'의 역할을 중시해 '예'의 시대적 가치를 발굴하고, 문명적이고 예의 바르며 예를 숭상하고 법을 지키는 정신을 제창하며, '예'가 사회의 조화로움을 형성하는데 도움이 되도록 함으로써 안정적이고 질서정연하며 고도로 문명한 사회목표를 실현해야 한다.

1) 예덕(禮德)의 유래와 발전

'예'는 중국의 전통적인 사회와 문화현상 중의 하나이다. '예'는 아주 오래 전에 기원했으며 최초로 원시사회에서 신에게 제를 지내고 복을 기원하는 일종의 종교의식에서 기원했다. 『설문해자(說文解字)』에서는

"예는 실행함이요, 신에게 제를 올려 복을 기원함이다(禮, 履也, 所以事神致福也)"라고 했다. 이러한 해석은 한 방면으로는 '예'가 행위의 준칙임을 설명해준다. '예(禮)'와 '이(履)' 두 자의 중국말 발음이 비슷하며 '이(履)'는 행동·실행의 뜻을 담고 있다. 다른 한 방면으로는 '예'가 귀신에게 제를 올리는 것과 관련됨을 설명한다.

'예'가 제사에서 생겨났다는 사실에 대해 『예기·예운(禮記·禮運)』에서 다음과 같이 구체적으로 서술하고 있다.

> '예'는 최초에 음식행위에서 생겨났다. 우리 선조들은 기장쌀과 돼지고기를 불 위에 올려 굽고 땅 위에 작은 웅덩이를 파 물을 담아 두 손으로 그 물을 떠 받쳐 술이라 생각하고 마셨다. 그리고 풀을 꼬아 북채를 만들고 작은 토단을 쌓아 북으로 삼아 북을 친다고 생각했다. 비록 선조들의 생활방식이 이처럼 간소했지만 여전히 그렇게 하는 것만으로도 귀신에게 경의를 표하는 것이라고 생각했다(夫禮之初, 始諸飮食, 其燔黍捭豚, 汙尊而抔飮, 蕢桴而土鼓, 猶若可以致其敬於鬼神.)

이 구절의 뜻은 즉 '예'는 최초에 음식행위에서 생겨났음을 말하는 것이다. 우리 선조들은 기장쌀과 돼지고기를 불 위에 올려 굽고 땅 위에 작은 웅덩이를 파 물을 담아 두 손으로 그 물을 떠 받쳐 술이라 생각하고 마셨다. 그리고 풀을 꼬아 북채를 만들고 작은 토단을 쌓아 북으로 삼아 북을 친다고 생각했다. 비록 선조들의 생활방식이 이처럼 간소했지만 여전히 그렇게 하는 것만으로도 귀신에게 경의를 표하는 것이라고 생각했다. 원시적인 제사예의는 바로 그렇게 생겨난 것이다. 이처럼 음식과 제사 의식에서 기원한 것이 바로 '예'의 원형이다.

원시적인 '예'는 그 내용에서 형식에 이르기까지 모두 비교적 간단했다. 이러한 '예'는 주로 사람과 귀신의 관계에 적용되었으며 그 표현형태도 음식으로 귀신에 제사를 지내는 것에 불과했다. 예를 들어 『예기·표기(禮記·表記)』에 "은(殷)나라 사람들은 귀신을 우러러 존경했으며 군왕이 백성들을 거느리고 귀신에 제를 지내 경의를 표하면서 귀신을 첫 번째 순위에 놓고 예의는 그 다음 순위에 놓았다.(殷人尊神, 率民以事神, 先鬼而後禮)"라고 했다. 이는 은(殷)·상(商) 시기에 우리 선조들은 주로 '예'를 귀신께 제사를 지내는 수단으로 삼았으며 그 시기에 '예'는 아직 사람의 행위를 구속하는 도덕규범이 되지 않았음을 설명한다.

주(周)나라 시기에 이르러 사람들은 인간관계를 규범화시키는 데 대한 '예'의 작용을 중시하기 시작했으며, '예'를 나라를 다스리는 제도와 이에 어울리는 도덕규범으로 확대했다. 『예기·표기』에는 "주나라 사람들은 예법을 우러러 존중하고 은혜를 베푸는 것을 중시하고 숭상했으며, 비록 여전히 귀신을 정성스레 모시긴 했지만 이를 정치 교화의 내용으로 삼지는 않았다(周人尊禮尙施, 事鬼敬神而遠之)"라고 기록되어 있다. 주나라 시기에는 비록 '예'의 중요한 기능 중의 하나가 여전히 제사였지만 멀 '원(遠)'자가 '예'의 작용에 중요한 변화가 생기기 시작했음을 설명한다.

'예'의 체계화와 규범화는 주공(周公)이 '예를 정하고 악률을 만들어(制禮作樂)' '예악(禮樂)'으로 천하를 다스리면서부터 시작되었다. 주공이 예를 정하게 된 출발점과 귀숙은 '존존(尊尊, 마땅히 존중해야 할 사람을 존중함)'과 '친친(親親, 마땅히 친하여야 할 사람과 친함)'이다. '존존'은 충성이고 '친친'은 효도이다. '존존'은 군권(君權)을 수호하기 위한 데 취지를 두었으며 이른바 '한 나라에 두 명의 군왕이 있을 수는 없다(國無二君)'는 것이다. '친친'은 부권(父權)을 수호하기 위한 데 취지를 두었으며 이른바 '한 집안에 두 명의 어른이 있을 수는 없다(家無二尊)'는 것이다. 이처럼 정치와 윤리를 서로 통일시킨 이론이 '예'의 사상 토대가 되었다.

주공의 제례(制禮)는 관련되는 범위가 아주 넓데바 나라의 법령제도와 길례(吉禮)·흉례(凶禮)·군례(軍禮)·빈례(賓禮)·가례(嘉禮) 오례의 예의와 제도가 포함된다. 주공 제례의 주요 성과는 '예'의 형태로 종법 등급제도를 전면 확립함으로써 나라의 여러 가지 활동이 모두 '예'의 규범에 어긋나지 않도록 하고 사람과 사람 사이의 관계와 여러 가지 행위를 '예'로써 조정되는 궤도에 포함시켜 예를 벗어나거나 예에 위배되지 않도록 한 것이다. 그렇기 때문에 '예'가 나라와 법률의 지지와 강제적 보장을 얻을 수 있은 것이다.

춘추전국시기에 들어서면서 대국 간의 패권 다툼에 따른 합병 전쟁과 함께 노예제도가 점차 붕괴되면서 주공 제례 후의 예로써 다스려오던 질서가 파괴되어 "예가 붕괴되고 악률이 파괴되는(禮崩樂壞) 국면"이 나타났다. 봉건시대에 들어섬에 따라 새로운 경제 관계와 정치제도·가치 관념이 점차 형성, 발전하기 시작했다. 이 시기의 사상가들은 '예'의 관념에 대해 창조적으로 전환하기 시작했다. '예'를 최고 도덕준칙으로 삼아 제창한 이로는 춘추 전기의 관자(管子)를 꼽을 수 있다. 관자는 '예·의·염·치(禮義廉恥)'를 '나라의 사유(四維)'로 정하고 '예'를 제일 첫

자리에 놓았다.

'예'의 전변과정에서 공자가 아주 중요한 기여를 했다. 공자는 '극기복례(克己復禮, 자신의 욕심을 누르고 예의범절을 따름)'의 구호를 제기해 주례(周禮)를 극구 받들었다. 그는 주례로써 사람들의 행위를 규범화시킬 것을 주장했을 뿐 아니라 자신의 예학(禮學)사상도 형성해 전통 예의를 창조적으로 발전시켰으며 한 걸음 더 나아가 '예'의 관념이 그 뒤 기나긴 봉건사회에서 오래도록 쇠하지 않도록 함으로써 중국의 역사문화에 아주 깊은 영향을 일으켰다. 공자는 춘추시기에 예가 붕괴되고 악률이 파괴된 주요 원인은 '불인(不仁, 어질지 못함)'이라면서 '인'과 '불인'의 구별과 경계는 '예'라고 주장했다. '예'에 부합되면 '인'이고 '예'에 부합되지 않으면 '불인'이라고 했다. 공자가 보기에 '인'은 '본질'로서 내재적 도덕정감과 윤리사상이며 '예'는 '방법'으로서 외재적 도덕 자질과 행위의 구체적 규범이다. 공자는 '인'의 내용과 '예'의 형태를 밀접히 결합시킬 것을 주장했다.

이는 우리가 '예'의 심오한 의미를 이해하는데 중요한 가치가 있다.

맹자는 공자의 윤리사상을 계승해 '성선론(性善論)'를 제기했으며 '예'를 '사양하는 마음(辭讓之心)'과 '공경하는 마음(恭敬之心)'으로 간주하고 '예'를 사람의 기본 덕행 중의 하나로 삼았다. 맹자는 또 한 걸음 더 나아가 공자의 '인'·'예'를 함께 중시하는 사상을 '인'·'의'를 함께 중시하는 사상으로 발전시켜 '예'를 '인'·'의'에 종속되는 보조적인 도덕으로 보았다. 맹자는 '인정(仁政, 어진 정치)'를 실행해야 한다는 주장을 제기해 봉건사회에서 대인관계 준칙을 '오륜'으로 개괄했다. 즉 『맹자·등문공상(孟子·滕文公上)』에서 말했듯이 "부자유친, 군신유의, 부부유별,

장유유서, 붕우유신(父子有親, 君臣有義, 夫婦有別, 長幼有序, 朋友有信, 아버지와 자식 사이에는 친애함이 있어야 하고, 임금과 신하 사이에는 의리가 있어야 하며, 남편과 아내 사이에는 구별이 있어야 하고, 어른과 어린이 사이에는 차례가 있어야 하며, 친구 사이에는 신의가 있어야 한다)"이라는 것이다. 주지하다시피 맹자가 제기한 '오륜'과 그 준칙은 후에 장장 2천 여 년간 봉건사회 '예'의 핵심이 되었다.

'예'의 역할에 대해 순자는 상세하게 논술한 바 있다. 『순자・왕패(荀子・王霸)』에서는 다음과 같이 말했다.

> '예'가 없으면 나라가 바로 설 수 없다. 예가 나라를 바로 세울 수 있는 것은 마치 저울로 무게를 다는 것과 같고 목수가 먹줄로 곡선과 직선을 긋는 것과 같으며, 곱자와 그림쇠로 사각형과 원형을 그리는 것과 마찬가지이다(國無禮則不正. 禮之所以正國也, 譬之猶衡之於輕重也, 猶繩墨之于曲直也, 猶規矩之於方圓也.)

순자는 만약 '예'가 없으면 나라가 정상적으로 발전할 수 없다고 주장했다. 그는 나라에 있어서 '예'는 마치 저울로 무게를 다는 것과 같고 목수가 먹줄로 곡선과 직선을 긋는 것과 같으며, 곱자와 그림쇠로 사각형과 원형을 그리는 것과 마찬가지로 나라가 바로 서고 정상적으로 발전할 수 있는 기준과 준칙이라고 주장했다. 순자는 또 '법'가를 '유'가에 도입시키고 '법'가의 사상을 '예'에 주입시켜 '예'와 '법'을 서로 통일시켜 '예치(禮治,

예로써 나라를 다스림)'사상을 제기했다. 이는 후에 전반 봉건사회에 깊은 영향을 일으켰다.

서한(西漢)시기에 한무제(漢武帝)는 동중서의 "백가를 폐지하고 오로지 유가만을 떠받들어야 한다"라는 건의를 받아들여 '백성들이 예를 숭상할 것(尊民以禮)'과 '예에 대해 배우고 예를 일으킬 것(勸學興禮)' 등 일련의 조치를 취해 유교사상으로 사회를 다스렸으며 일련의 사회규범제도를 수립하고 유학경의를 정치생활과 사회생활을 지도하고 규범화시키는 법령제도와 '율법(律法)'화한 행위모식으로 전환했으며 또 제례활동을 꾸준히 진행했다. 한(漢)대에 형성된 '예'의 문화유형이 그 뒤 2천 여 년의 역사과정 속에서 꾸준히 공고해지고 보완되었다. 한(漢)대에서 청(淸)조 말기에 이르는 기나긴 역사 과정 속에서 비록 경제관계와 사회생활에 천지개벽의 변화가 일어났지만 '예'를 바탕으로 형성된 중국사회의 기본 가치 준칙과 행위방식에는 근본적인 변화가 일어나지 않았다.

중국의 수천 년 문명발전역사가 표명하듯이 '예'는 사회에 대해서나 개인에 대해서나 모두 없어서는 안 될 필요한 것이다. 사회에 있어서 '예'는 사회도덕의 문명정도를 나타내는 직관적인 표징이고, 개인에게 있어서 '예'는 한 사람의 도덕적 자질과 교양정도를 보여주는 외적인 상징이다. 봉건시대 '예'의 많은 구체적인 내용들이 실제로 위아래의 존귀와 비천의 봉건 등급관념을 강화했으며 그중 적지 않은 번잡하고 불필요한 예절은 오래 전에 이미 시대에 뒤처져 의미를 잃었음을 부정할 수 없다. 지나치게 번잡한 '예'는 사람의 손발을 속박해 사람의 자유를 제한하게 된다. 그러나 '예'가 사회질서를 수호하고 인간관계를 조절하며 문명하고 예의바른 언행을 창도하는 등 방면에서의 기능과 역할은 어떠한 시대에 처하건 모두 필요한 것이다. 오늘날 우리는 여전히 '예'의 형식을 빌려 고대 예의문화의 정수를 계승할 수 있으며 그중의 찌꺼기를 제거하고 현대 문명의 새로운 내용에 부합되는 이로운 부분을 취함으로써 현 시대에 필요한 새로운 예의문화를 창조해낼 수 있다.

2) 예의 본질과 영향

『논어 · 팔일(論語 · 八佾)』에는 이런 이야기가 기록되어 있다.

"林放問禮之本. 子曰 : 大哉問 ! 禮, 與其奢也, 寧儉 ; 喪, 與其易也, 甯戚." 이 말의 뜻은 "공자의 제자 임방(林放)이 공자에게 '예의 본질은 무엇입니까?'라고 물었다. 공자는 제자가 이런 문제를 제기하자 크게 기뻐하며 다음과 같이 대답했다.

자네의 문제는 중대한 의미가 있구나! 일반적인 예의로 말할 것 같으면 떠벌려 낭비하기보다는 차라리 검소하고 절약함이 나은 것이요, 상례로 말할 것 같으면 예의형식을 빈틈없이 갖추기보다는 차라리 지나치게 슬퍼함이 나은 것이니라'."

공자가 상기와 같은 말을 한 시기는 마침 노예제가 붕괴되는 시대로서 세상이 크게 어지러워 '백성들이 들고일어나 반란을 일으키는' 현상이 사처에 나타났다. 노(魯)나라도 예외 없이 '주례(周禮)'를 어기는 현상이 많이 나타났다. 예를 들어 '주례'의 규정에 따르면 오직 천자만 태산에 올라 제를 지낼 자격이 있고 제후들은 자신의 관할구 내에 있는 작은 산에서만 제사를 지낼 자격이 있었다. 그런데 노나라의 계손씨(季孫氏)는 태산에

가 제사를 지냈다. 그것이 눈에 거슬렸던 공자는 상기와 같은 말을 했던 것이다.

사실상 '예'의 본질에 대해 답하려면 반드시 '예'의 가치에 대해 명확히 알아야 한다. 프랑스 계몽사상가 몽테스키외는 그의 저서 『법의 정신』[68]에서 '예'를 중국문화와 같은 뜻으로 간주했다. 확실히 '예'는 중화의 5천 년 문명사에서 쇠할 줄 모르고 오래도록 흥성하면서 대대로 이어져 내려온 주요 의식형태이다. 역대의 성군과 현명한 재상들은 모두 '예'로써 나라를 다스리는 청사진을 이루어 외국에까지 영예를 빛냈다. 만약 '예'가 가치가 없는 것이었다면 이처럼 막강한 생명력을 띠지 못했을 것이다. '예'의 가치에 대한 공자의 인식은 어떠했을까?

'예'가 사람을 짐승과 구별시킨다. 공자는 『논어 · 위정(論語 · 爲政)』에서 '존중'은 '예'의 중심 사상 중의 하나이며 인간이 개나 말과 구별되는 표징의 하나라고 강조했다. 『순자 · 비상(荀子 · 非相)』에서는 인간을 인간이라고 하는 것은 두발이 있고 몸에 털이 없어서만이 아니라 주로 인간은 예의 구별이 있어 부자간에 친애하는 정을 알고 남녀 간의 구별을 알기 때문이다. 이는 인간과 동물의 주요 구별이다. '예'는 인간의 표징이다. 즉 인간이 동물과 구별되는 표징이다. 이는 사람들이 '노동과 도구 제조가 인류와 동물을 구분하는 주요 표징'이라는 사실을 미처 알지 못했을 때에는 이치에 맞는 견해였으며 또한 유가가 '예'의 가치에 대해 논증함에 있어서 가장 칭송을 받았던 학설이다.

---

68) 엄복(嚴復) 역, 즉 『법의 정신을 논함(論法的精神)』

나라를 다스림에 예에 의지했다. 중국 수천 년의 역사 과정 속에서 '예'는 줄곧 나라를 다스리는 대강과 근본으로 간주되어 왔다. "예는 나라를 다스리고 사직을 안정시키며 백성들로 하여금 질서를 유지하고 후대에 이롭게 하는 대법(大法)이다(禮, 經國家, 定社稷, 序民人, 利後嗣者也)"[69] "예는 천자가 신봉하는 중요한 규칙이다(禮, 王之大經也)"[70] "예는 나라의 몸통이다(禮, 國之幹也)"[71] '예'의 가장 본질적인 특징이 등급을 명확히 구분하는 것이어서 등급사회에서 '예'는 나라의 기본 정책으로서 아주 튼튼한 사회적 토대를 가지고 있으며 그 가치 역시 최고였다.

시비를 분별함에 예에 의지했다. 공자는 사람이 말하고 행하고 보고 듣는 것 모든 것은 '예'를 기준으로 삼아야 한다고 강조했다. "예의에 어긋나는 것은 보지 말고, 예의에 어긋나는 것은 듣지 말며, 예의에 어긋나는 것은 말하지 말고, 예의에 어긋나는 것은 행하지 말라(非禮勿視, 非禮勿聽, 非禮勿言, 非禮勿動)"[72] 『예기』에는 더욱 명확하게 밝혔다. 즉 "그래서 예는 군왕이 나라를 다스리는 가장 유력한 수단이다. 예에 의지해야만 애매모호하고 분명하지 않은 것을 구별할 수 있고 감춰져 드러나지 않은 미세한 것까지 분명히 밝혀낼 수 있다(是故禮者君之大柄也. 所以別嫌明微)"[73]라고 했다.

"이른바 예란 사람과 사람 사이 관계의 멀고 가까움을 확정짓고

69) 『좌전·은공십일년(左傳·隱公十一年)』
70) 『좌전·소공십오년(左傳·昭公十五年)』
71) 『좌전·희공십일년『左傳·僖公十一年)』
72) 『논어·안연(論語·顏淵)』
73) 『예기·예운(禮記·禮運)』

애매모호하며 분명하지 않은 것을 가려내며 사물이 서로 같아야 할 경우와 서로 달라야 할 경우를 구분하고 시비를 명확히 분별하는 수단이다(所以定親疏, 決嫌疑, 別同異, 明是非也)"[74]

예에 어긋나면 대중의 기대를 얻을 수 없다. 『논어·태백(論語泰伯)』에는 공자의 다음과 같은 말이 기록되어 있다.

단정한 용모와 태도만 중시하고 예를 모르면 헛된 일이며, 신중할 줄만 알고 예로써 이끌어주지 않으면 두려움과 나약함에 치우치게 되며, 용맹한 용기만 있고 예를 모르면 망동하며 사단을 일으키게 되며, 생각하는 바를 숨김없이 말할 수 있으나 예를 모르면 하는 말이 신랄해 사람의 마음을 상하게 할 수 있다. 상위계층에 있는 사람이 두터운 감정으로 친족을 대한다면 백성들 가운데서 어진 기풍을 일으킬 수 있고 상위계층에 있는 사람이 그의 오랜 동료와 오랜 벗을 버리지 않으면 백성들은 사람을 대함에 냉담하고 무정하지 않을 것이다(恭而無禮則勞, 愼而無禮則葸, 勇而無禮則亂, 直而無禮則絞. 君子篤于親, 則民興於仁 ; 故舊不遺, 則民不偸.)

이 말의 뜻인 즉 단정한 용모와 태도만 중시하고 예를 모르면 헛된 일이며, 신중할 줄만 알고 예로써 이끌어주지 않으면 두려움과 나약함에

---

74) 『예기·곡례상(禮記·曲禮上)』

치우치게 되며, 용맹한 용기만 있고 예를 모르면 망동하며 사단을 일으키게 되며, 생각하는 바를 숨김없이 말할 수 있으나 예를 모르면 하는 말이 신랄해 사람의 마음을 상하게 할 수 있다. 상위계층에 있는 사람이 두터운 감정으로 친족을 대한다면 백성들 가운데서 어진 기풍을 일으킬 수 있고 상위계층에 있는 사람이 그의 오랜 동료와 오랜 벗을 버리지 않으면 백성들은 사람을 대함에 냉담하고 무정하지 않을 것이다.

개괄해 말하면 '예'의 본질은 사회의 규범과 질서·법도로서 나라와 사회에 대해서나 개인에 대해서 나를 막론하고 '예'는 없어서는 안 될 도덕이다.

'예'는 유가의 상세한 해석과 넓은 범위 내 보급을 거쳐 더욱 사람들 마음속에 깊이 파고들어 전승과 답습을 통해 사람이 사회생활 여러 영역에서 마땅히 지켜야 할 일련의 준칙을 형성했으며 세세대대로 중국인의 생활방식과 행위방식에 영향을 주고 있다.

'예'는 사회생활의 여러 방면에서 크고 작은 분야를 막론하고 존비귀천을 구분해 이로써 사회질서를 유지했다. 이른바 군왕과 신하, 관원과 선비, 서민에 이르기까지 "서로 다른 등급에 처한 사람은 옷차림이 각각 규격이 있고 거주하는 가옥도 각각 기준이 있으며 수행 인원의 수효가 각각 정해져 있고 상례와 제사에 쓰이는 공구도 각각 규정되어 있다(衣服有制, 宮室有度, 人徒有數, 喪祭械用, 皆有等宜)"[75] 다시 말하면 사회 각 계층 구성원은 태어나서 죽을 때까지, 의식주행에서

---

75) 『순자·왕제(荀子·王制)』

사용하는 공구에 이르기까지 모두 신분등급의 제한을 받아야 한다.

의복의 속뜻은 사회 등급지위의 높고 낮음과 신분의 귀천에 따라 각기 달랐다. 사회 지위의 고하에 따라 부르는 이름이 각기 다르고, 행사할 수 있는 권력이 다르며, 누릴 수 있는 권세가 다르고, 깃발이 다르며, 상서로운 징조가 다르고, 존귀와 영예가 다르며, 녹봉이 다르고, 관과 신발이 다르며, 허리띠가 다르고, 패옥이 다르며, 타고 다니는 수레와 말이 다르고, 처첩이 다르며, 빛깔과 소재의 두께가 각기 다르고, 거주하는 가옥이 다르며, 잠잘 때 사용하는 자리가 다르고, 쓰는 그릇이 다르며, 먹는 음식이 다르고, 제사의 규격이 다르며 상례의 규격이 다르다(奇服文章, 以等上下而差貴賤. 是以高下異, 則名號異, 則權力異, 則事勢異, 則旗章異, 則符瑞異, 則禮寵異, 則秩祿異, 則冠履異, 則衣帶異, 則環佩異, 則車馬異, 則妻妾異, 則澤厚異, 則宮室異, 則床席異, 則器皿異, 則飮食異, 則祭祀異, 則死喪異.)[76]

이로써 중국 고대에는 사회생활의 여러 방면에서 모두 일련의 예의규범이 형성되었다. 오로지 그 규범에 따라야만 사회 각 계급·계층의 구성원은 비로소 사회 공동체 내에서 각자 자신의 위치에 있으면서 이익의 모순으로 인해 충돌이 일어나는 것을 방지할 수 있다.

---

76) 『신서·복의(新書·服疑)』

예제는 주로 예복과 관복을 통해 반영된다. 예복은 주로 조정의 조회에 들어가거나 제사를 지낼 때 입었고, 관복은 위로는 대신에 이르고 아래로는 관아의 하급 관노와 노복에 이르기까지 나라에서 녹봉을 받는 사람이 임직 기간에 입는 특정된 의복이다. 서주(西周) 초년부터 제왕과 각급 관원의 옷차림은 모양과 구조·색깔과 광택·소재 및 도안 등 면에서 각기 다른 작위와 품계 사이에 엄격한 구별이 존재했다. "드리운 옷차림으로 태평성세를 실현했다(垂衣裳而天下治)"[77] 이로부터 중화의 의관(衣冠)문명은 처음부터 정치·도덕과 연결시켰음을 알 수 있다.

예를 들어 당(唐)조 초기에 제도를 제정해 눈부시게 빛나는 황색(赫黃)은 제왕의 의복 색깔로서 관리와 백성들의 사용을 엄히 금지시켰다. 3품 이상의 관리들은 자줏빛 옷을 입고, 5품 이상의 관리들은 붉은빛 옷을 입으며, 6품·7품 관리들은 초록빛 옷을 입고, 8품·9품 관리들은 진녹색 옷을 입도록 규정지었다. 그리고 서민은 흰색 옷을 입고 상인은 검은색 옷을 입도록 규정지었다. 품색복(品色衣)제도는 이로부터 중국 관복의 큰 특징이 되었다. 이밖에 역대로 징역수·노예, 그리고 일부 비천한 직업도 의관으로 구별했다. 그래서 고대 중국에서는 어떤 사람이든지를 막론하고 어디를 가나 "그의 옷차림새를 보고 귀천을 알 수 있었으며 의복에 단 표식을 보고 그의 권세가 어느 정도인지 알 수 있었다(見其服而知貴賤, 望其章而知其勢)"[78] 이 모든 것은 예의도덕의 내용이 이미 옷차림에 침투되었음을 설명한다.

---

77) 『주역·계사하(周易·繫辭下)』
78) 『신서·복의(新書·服疑)』

중국 고대의 음식 · 건축 · 주택 · 교통 · 탄생 · 혼사 · 상례와 장례 ·
명절과 축제 · 사교 등 여러 방면에서 모두 각각 일련의 예절이 존재했다.
이러한 예절의 취지는 사람들의 '서로 존중하고 겸손하게 사양하며, 음식은
청결하고 위생적이며 서로 공경하는(尊讓潔敬)'[79] 정신을 양성하기 위한
데 있다. 이러한 예절은 사회 다양한 계층의 사람들이 모두 '예'의 규범에
따라 여러 가지 활동에 종사해 위아래에 '예'가 존재하도록 보장할 것을
요구함으로써 '귀천의 경계를 넘지 않는'[80] 사회질서를 실현하기 위한 데
두었다.

'예'에 의해 구분되는 사회 차별은 고대 예의도덕을 강렬히 반영했으며
사람들의 예의 관념을 양성했다. 고대 사람들은 이러한 분위기 속에서
생활하면서 '예'의 영향에 물들지 않을 수 없었으며 또 시시각각 '예'를
중시하고 어디서든지 '예'를 지키는 기풍이 양성되었다. 이는 마치 『예기 ·
예운(禮記 · 禮運)』에서 언급한 바와 같다.

> 부자간에 정이 돈독하고 형제간에 화목하며 부부간에
> 조화로우면 한 가정이 강건한 것이다. 대신이 법을 지키고
> 작은 관리가 청렴결백하며 백관이 모두 각자의 본분을
> 다하며 한 마음으로 협력하며 임금과 신하가 서로 격려하고
> 서로 바로잡아준다면 이는 나라가 강건하다고 볼 수 있다.
> 천자는 도덕을 수레로 삼고 악률을 수레를 끄는 이로 삼으며
> 제후들이 서로 예의상 오가는 것을 중시하고 대부들이 법도에

---

79) 『예기　향음주의(禮記　鄕飮酒義)』
80) 신연년(辛延年): 『우림랑(羽林郎)』

따라 차례를 정하며 선비들이 신용에 따라 서로를 고찰하고 백성들이 이웃간에 서로 화목하게 지내는 원칙에 따라 관계를 유지한다면 이는 온 천하가 강건한 것으로 볼 수 있다. 한 개인의 강건함과 가정의 강건함, 나라의 강건함, 온 천하의 강건함을 통틀어 대순(大順, 아주 순조로운 것)이라고 한다(父子篤, 兄弟睦, 夫婦和, 家之肥也. 大臣法, 小臣廉, 官職相序, 君臣相正, 國之肥也. 天子以德爲車, 以樂爲御, 諸侯以禮相與, 大夫以法相序, 士以信相考, 百姓以睦相守, 天下之肥也. 是謂大順.)

이것이 바로 '예의지국' 중화에 대한 명확한 묘사이다.

'예'는 '예의지국' 중화를 창조했을 뿐 아니라 중국을 강대한 세력의 대국으로 만들었다. "예를 응용함에 있어서 조화로움이 귀한 것이다(禮之用, 和爲貴.)"『논어·학이(論語·學而)』. '화(和)'는 곧 '중용(中庸)'·'중화(中和)'이다.

대인관계에서 '중용'·'중화'의 표현 형태는 곧 '예'이다. '중(中)'이란 무엇인가, '바로 예의이다(禮義是也.)'『순자·유효(荀子·儒效)』. "오로지 예뿐이다! 예의 기준을 알맞게 장악해 사람이 적절하게 처신할 수 있게 한다(禮乎禮, 夫禮所以制中也)"『예기·중니연어(禮記·仲尼燕語)』. "조화로움을 위한 조화로움은 예로써 절제하지 않기 때문에 역시 실행 불가능한 것이다(知和而和, 不以禮節之, 亦不可行也.)"[81] '예'는 대인관계에서 가장 공평하고 올바른 표현 형태이다. 고로 모든 사람이 다 반드시 예의 기준에 맞춰 단속하고 예에 따라 행해야 한다. 어느 누구든지 이 조화로운 통일체를 파괴하려는 것은 모두 예를 어기는 사회행위로서 모두 '예'의 징벌을 받게 될 것이다. 이 원칙은 중국인의 사상의식과 개성심리를 모두 하나의 조화로운 통일을 이룬 질서 속에 규범화시켰다. '예'는 대인관계의 접착제로서 사회와 국가의 응집력을 증강시키는데 도움이 되며 중화민족이 끊임없이 분열의 위기를 극복하고 통일 국면을 이룰 수 있도록 적극적인 역할을 발휘한다.

'예'는 중국에서 거대한 역할을 발휘했으며 중국에서 특별히 풍부한 문화유산이다. 수많은 전통 예의는 개조를 거치게 되면 현대에도 여전히 그 가치가 존재한다. 우리는 그중 교화를 중시하고 도덕을 강조하는 정수를 받아들이고 낡은 예 중에서 등급을 수호하고 개성을 속박하며 진취심이 없고 안주하려는 사상 찌꺼기를 제거하며 정수만을 골라 취함으로써 '예'가 나라의 상황에 더욱 부합되고 사회 상황에 더욱 부합되도록 할 수 있다.

이는 사회주의 정신문명건설에 틀림없이 적극적인 추진역할을 일으킬 것이다.

---

81) 『논어　학이(論語　學而)』

3) 예의 시대적 내용

'예'는 원래 넉넉할 '풍(豊)'으로서 제사 의식을 가리킨다. 중국 전통문화 중에서 '예'는 포용성이 아주 강한 개념으로서 적어도 세 가지 의미를 포함하고 있다.

첫째는 예속(禮俗)이다. 이는 사람들이 일상생활 속에서 마땅히 좇아야 할 풍토인정 · 풍속습관이다.

둘째는 예교(禮敎)로서 외재적 형태의 예를 가리키며 가치적 의미와 도덕적 의미가 부여된 일련의 도덕규범체계이다.

셋째는 예제(禮制)로서 일련의 정치 법률제도 · 관제(官制) · 군제(軍制) · 법제(法制) · 전제(田制) 등등이 모두 여기에 포함된다.

윤리도덕사상 면에서 '예'는 주로 사람들의 행위규범과 행위모식을 가리키며 도덕인의 · 인륜질서를 현실화하는 일종의 수단과 조치이다. 송(宋) · 명(明) 시기에 '예'는 도덕 본체의 '도리(理)'와 동일시되었으며 절대적이고 그 어떠한 어김이 있어서도 안 되는 일종의 윤리 규범이 되었다. 이로써 효(孝) · 충(忠) · 제(悌) · 인(仁) · 자(慈) · 신(信) 등 종법윤리도덕이 모두 본체화 되었으며 따라서 모두 반드시 따라야 할 '도리(理)'가 되었다.

'예'는 가치 이념과 도덕 정신으로서 '예'의 실시 방법에는 주로 두 가지가 있다. 한 가지는 일종의 '제도(制)'로 제정하는 것이고, 다른 한 가지는 구체적인 '덕(德)'을 내용으로 하는 것이다.

"예를 어찌 인 · 의 · 지 · 신과 나란히 논할 수 있단 말인가? 인 · 의 · 지 · 신은 실용적인 것이다. 예는 허위적인 명성이며 법제의 총체적인 명칭이다(禮與仁, 義, 智, 信豈並列之物? 仁, 義, 智, 信者, 實用也.

禮者, 虛稱也, 法制之總名也.)"[82] '예'는 '덕'의 '제도(制)'형태이며 가치 이념과 도덕 정신의 실시 방법이다. '덕은 본체이고 법은 방법이다(德體法用)'라는 말은 '예'의 기본 의미를 구체적으로 드러냈다. 현대의 말로 표현하면 '예'에는 가치 이념과 도덕 정신이 포함되었을 뿐 아니라 법률제도도 포함되었으며 '덕'은 본체이고 '법'은 방법이라는 뜻이다.

중화민족의 전통 핵심가치관은 비록 도덕을 모든 사물의 근본으로 간주해 즉 이른바 '덕은 근본이다(德者, 本也)'라고 하여 덕을 중시하고 법을 가볍게 여기지만 법제의 중요한 역할을 절대적으로 부정하는 것은 아니다. "예는 법의 전제와 지도 원칙이고, 여러 가지 법도의 종합적 기강이다(禮者, 法之大分, 類之綱紀也.)" 우리는 중화민족의 전통 핵심가치관 중에서 '예'의 가치 이념을 계승하고 발양함에 있어서 '덕을 중시하는' 본뜻을 반영해야 할 뿐 아니라 '예'에 '법치'의 새로운 시대적 내용도 부여해야 한다.

'예'에 새로운 시대적 내용을 부여해 예양(禮讓, 예의를 지켜 공손한 태도로 사양함) · 귀덕(貴德, 덕을 중히 여김) · '수법(守法, 법을 지킴)'으로 표현할 수 있다.

(1) 예양 : '오상'을 이루는 '예'는 대체로 세 가지 의미를 포함하고 있다.

첫째, 전반 사회의 등급제도 · 법률규정 · 윤리규범의 총칭이다.

---

82) 『이구집 · 예론 제5(李覯集 · 禮論第五)』

둘째, 중점적으로 전반 사회의 도덕규범을 가리킨다. 이른바 "예는 덕의 기본이다(禮者, 德之基也.)"

셋째, 예양·예의·예절의식 및 사람을 대하는 태도와 처세술을 가리킨다.

따라서 중화민족의 전통 핵심가치관 중 중요한 가치 이념 중의 하나로서의 '예'에는 광의적으로 말해서 귀덕(貴德)·수법(守法) 등 내용이 포함될 뿐 아니라 또 예의·예절도 포함된다. 이른바 '예에 밝다(明禮)'는 것은 도덕에 대해 알고 도덕을 중시하며 법을 알고 법을 지키는 것을 가리킬 뿐 아니라 예의를 알고 예절을 중시하는 것도 가리킨다.

'예양'은 전통도덕규범의 하나로서 주로 협의적으로 사용된다.

즉 예의에서 '예'는 '품성의 고하에 근거해 급별과 지위를 차례로 배열하고, 예제에 따라 사람과 사람 사이의 등급관계를 확정(德以敘位, 禮以定倫)'하는데 취지를 두고 사람들에게 여러 가지 각기 다른 대인관계에서 공경하고 겸양하는 정신과 행위를 갖춰야 한다면서 개인의 도덕자질을 높여 대인관계의 조화로움과 원활함을 유지할 것을 요구한다. '예의지국'이라는 말에는 상기 규범에서 강조한, 예를 좋아하고, 예의가 있으며, 예의바르고 예절을 지키는 등 의미가 포함되어 있다.

'예양'은 사람의 도덕수양과 문명수준을 높이는 경로이며 한 사람, 한 사회, 한 국가의 문명정도를 나타내는 중요한 표징과 직관적인 표현이다. 이는 오늘날 우리가 계승하고 선양해야 할 중요한 내용이다. 물론 중국은 장기간 봉건사회를 거치면서 '예양'의 도덕규범이 각기 다른 시기에 각기 다양한 정도로 등급제도와 존비관념의 영향을 받았으며 또 늘 지나친 '겸양'의 소극적인 요소와 연결되곤 했다. 이는 우리가 비판하고 버려야 할 바이다.

(2) 귀덕(貴德, 덕을 중히 여김): 중화민족의 전통 핵심가치관은 도덕을 사람의 본질로 규정짓고 "예악(禮樂)을 근본적인 것으로 삼고 의식(衣食)을 지엽적인 것으로 삼는(禮樂爲本, 衣食爲末)" 원칙에 따른다.

예를 들어 유가가 주장하는 '예로써 행위규범을 확립하는 것(立與禮)', 즉 '인에 귀결시키는 것(歸與仁)'은 바로 도덕을 자신 행위의 출발점과 귀결점으로 삼아야 한다는 뜻이다. 유가는 인류의 사회생활이 본질적으로 도덕적인 생활이라고 주장하며 오로지 '예악'만이 사람에게 만족하느냐 만족하지 않느냐는 답을 줄 수 있고, 오로지 '예악'만이 사람에게 진정으로 충실함과 풍족함을 느끼게 할 수 있으며, 오로지 '예악'만이 물질생활을 뛰어넘어 사람에게 진실되고 오래 갈 수 있는 행복을 체험할 수 있게 하며 인간의 가치를 실현할 수 있게 한다.

유가가 줄곧 칭송해온 '공안락처(孔顔樂處, 즉 공자와 안회(顔回)의 즐거운 상황)'가 바로 '예로써 행위규범을 확립하는 것(立與禮)'이며 도덕을 행위규범을 세우는 근본으로 삼는 것으로서 도덕 속에서 인생의 충실함과 고상함, 그리고 행복을 느낄 것을 주장한다. 대인관계와 처세 방면에서 '예로써 행위규범을 세우는 것'은 곧 자신의 모든 말과 행동이 '예'의 요구에 부합되도록 하는 것으로서 '예에 어긋나는 것은 보지 않고, 예에 어긋나는 것은 듣지 않으며, 예에 어긋나는 것은 말하지 않고, 예에 어긋나는 것은 행하지 않음으로써' 자신의 맡은 바 사회 직책과 도덕적 의무를 자발적으로, 애써 감당하고 이행할 것을 주장한다. 예를 들어 임금은 마땅히 어질어야 하고, 신하는 마땅히 충직해야 하며, 아버지는 마땅히 자애로워야 하고, 자식은 마땅히 효도해야 하며, 지아비는 마땅히 의로워야 하고, 아내는 마땅히 순종해야 하며, 형이 된 자는 마땅히 우애로워야 하고, 아우 된 자는 마땅히 형을 공경해야 하며, 벗 사이에는 신용을 지켜야 한다는 등이다. 오직 모든 사람이 '예'의 행위모식을 좇아 각자의 명분에 부합하고 각자의 본분을 다해야만 즉 안심하고 자신의 본분을 충실히 행해야만 안정되고 질서 정연한 사회질서를 수립할 수 있으며 조화로운 대인관계를 형성할 수 있다. '예'는 사회구조와 사회질서 중에서 여러 부류 사람의 사회 신분과 사회 지위를 규정지었을 뿐 아니라 또 각기 다른 행위규범까지 상세하게 규정지어 각기 다양한 가치 추구와 도덕 요구를 제기했다. 이에 따라 매개인은 정식으로 사회 구성원이 되기에 앞서 반드시 사회가 그에게 제기한 도덕 요구를 배우고 받아들여야 한다.

'예'가 사람이 갖춰야 할 필요조건이 될 수 있는 것은 '예'가 사람과 짐승을 구별하는 구분점이고 사람 일생의 행위 규범이며 덕행을 수양하는 의거와 수단이기 때문이다. 또한 '예' 자체가 수많은 구체적인 덕목을 실행하는 국가제도·법률제도이기 때문에 예에 좇아 행하는 것은 덕업을 수립하는 기본이고 도덕수양의 경계에 들어서는 문이며 최종적으로 전 국민의 도덕소질을 높이는 경로이다. '덕을 중히 여기는 것', 즉 '덕으로 나라를 다스리는 것(以德治國)'은 '의법치국(依法治國)' 사상과 서로 보완하며 상부상조한다.

(3) 수법: '예'는 '인의(仁義)'에 대한 '절문(節文)'이다. '절(節)'은 준칙·법도·의칙(儀則)이고, '문(文)'은 의제(儀制)·조문(條文)이다. 다시

말하면 '인의'를 떠난 '예'는 다만 허위적인 인사치례와 번잡하고 불필요한 허례허식일 뿐이라는 뜻이다. '예'를 떠난 '인의'도 그저 아름다운 공론일 뿐이다. 오로지 '인의를 근본'으로 하는 행위규범과 규정제도에 따라야만 비로소 '자신을 바로세우기'를 효과적으로 실행할 수 있고 남과 나 사이의 조화로운 관계를 효과적으로 수립할 수 있다.

'덕을 중히 여기는 것'은 '예제'를 지키는 형식을 통해 실현해야 한다. '예제'를 지키는 것에 '법을 지키는(守法)' 의미가 포함된다. 이는 '덕을 중히 여기는 것'과 '법을 지키는 것'을 결합시킬 수 있는 현실적 경로이다. '예'에 의지해 '법'의 분야에 들어갈 수 있으며 '예를 지키는 것'은 곧 '법을 지키는 것'이다.

인류가 사회질서의 안정을 유지하는 방법에는 도덕을 제외하고도 또 법률적 수단이 있다. 법률은 정상적인 사회제도·사회질서를 수립하는데 중점을 두고 강제성에 의지해 유지되고 보호를 받으며, 도덕은 대인관계의 조화로움에 중점을 두고 사람의 자율성과 자발성에 의지해 유지된다. 유가의 '법을 가벼이 여기고 예를 중히 여겨야 한다(輕法重禮)'는 주장은 '법치'의 중요한 역할을 절대적으로 부정한 것이 아니라 '예'에 의지해 '법'의 분야에 들어가 법률을 도덕화 할 것을 주장했다. 그 목적은 대인관계의 긴장한 상황을 완화시켜 사회생활에서 인정의 야박함을 방지하기 위한 데 있다. 현대적 의미에서 우리는 '법을 가벼이 여기고 예를 중히 여기는' '예치(禮治, 예로써 나라를 다스림)' 전통을 폐지하고 '법치'의 시대적 가치를 부각해 '이례치국(以禮治國, 예로써 나라를 다스림)' 이념을 '의법치국(依法治國, 법으로 나라를 다스림)'의 이념으로 바꿔야 한다. 이는 사회 발전의 객관적 요구이고 사회문명 진보의 중요한 상징이며 역사발전의 거스를 수 없는 추세이다. '법을 지키는 것'을 매개 공민의 기본 가치 이념과 보편적인 도덕품질이 되도록 해야 한다.

4. 지(智): 지혜를 숭상하고 진실을 추구하는 것

중화의 전통미덕중에서 '지(智, 지혜로움)'는 가장 기본적이고 가장 중요한 덕목 중의 하나이다. 『중용(中庸)』에서는 '지'를 '인(仁)' · '용(勇)'과 함께 '천하의 달덕(天下之達德)'이라고 불렀다. 지혜 '지(智)'는 또 알 '지(知)'라고도 하며 즉 이지 · 지혜라는 뜻이며 이른바 '지혜로운 사람은 미혹되지 않음(智者不惑)'을 가리킨다. '지'의 의미는 고금을 아울러 기본상 똑같으며 구체적으로 논하면 다음과 같은 몇 가지 뜻이 있다. 첫째, 총명함이고, 둘째, 지혜로움이며, 셋째, 기지와 모략이고, 넷째, 지식이며, 다섯째, 총명하고 지혜로운 사람을 가리킨다. '지'는 중요한 미덕으로서 사람들에게 널리 인정을 받았을 뿐 아니라 게다가 이미 중화민족의 기본 정신 품격으로 내재화되었다.

1) 지덕(智德)의 유래와 발전

지혜 '지(智)'는 미덕 조목 중의 하나로서 공자 · 맹자가 당(唐)나라의 요(堯)임금 · 우(虞)나라의 순(舜)임금 · 하(夏)나라의 우(禹)임금 · 상(商)나라의 탕(湯)임금 · 문왕(文王) · 무왕(武王) · 주공(周公) 등 이들의 자아를 인식하고, 사회를 인식하며, 시비를 명확히 분별하고, 선악을 분별하는 지혜 등과 관련된 사상을 계승하고 발전시킨 토대위에 개괄해낸 보편적 의미를 띠는 도덕기준과 가치의 선택 방향이다.

공자의 저작에 지혜 '지(智)'의 개념이 비록 단 한 번밖에 나타나지 않았지만 『논어』에는 알 '지(知)'가 대량으로 나타났는데 총 116차에 달한다. 고대에 알 '지(知)'와 지혜 '지(智)'의 의미는 비슷한 곳이 있다. 주로 지식과 이성을 가리키는데 특히 윤리도덕규범에 대한 인식, 즉 도덕 인지와 도덕 이성을 가리킨다.

『논어』에서 '지(知)'에 대한 논술은 주로 어질 '인'과 알 '지'의 관계에서 표현된다. 공자는 '인'과 '지'는 서로 전제가 되며 모두 사람이 마땅히 갖춰야 할 도덕 품성이라고 주장하면서 "택불처인, 언득지(擇不處仁, 焉得知)"(『논어·이인[論語·裡仁]』)라고 했다. 이 뜻은 만약 한 사람의 행위 선택에서 '인'을 기준으로 삼지 않는다면 그가 '지(知)'의 덕목을 갖췄다고 할 수 없다. 다시 말하면 '인'은 '지(知)'의 전제인 것이다.

『논어·공야장(論語·公冶長)』에서는 또 "도의에 대해 알지 못하는데 어찌 인덕을 갖출 수 있겠는가?(未知, 焉得仁)"라고 말했다. 만약 한 사람이 윤리규칙조차 알지 못하는데 어찌 '인'의 품성을 갖출 수 있겠는가? 이로부터 '지(知)' 또한 '인'의 전제임을 알 수 있다. 그렇기 때문에 『논어』 중에서 '인자(仁者, 어진 품성을 갖춘 사람)'와 '지자(知者, 지식이 많고 사리에 밝은 사람)'는 똑같은 지위를 차지한다. 예를 들어 "어진 이는 근심걱정이 없고, 지식이 많고 사리에 밝은 사람은 미혹되지 않는다.(仁者不憂, 知者不惑)"[83] "지식이 많고 사리에 밝은 사람은 물을 좋아하고 어진 이는 산을 좋아한다.(知者樂水, 仁者樂山)"(『논어·옹야 [論語·雍也]』)는 등이다. 공자가 말하는 '지(知)'는 주로 도덕적 영역을 가리키는 것으로서 여러 가지 도덕규범에 대한 인지와 선악에 대한 인식을 가리키는 것이지 객관세계와 사물의 발전법칙에 대한 인식을 가리키는 것은 아니었다.

이런 '지(知)'는 고대 그리스 철학가 소크라테스의 '지식은 곧 미덕'이라는 주장과 정반대로 '미덕은 곧 지식'이라는 뜻을 나타내며 진정한 지식은 먼저 미덕에 대한 인식이라고 주장한 것이다.

맹자는 '지(智)'의 개념을 명확히 제기했으며 또 '지(智)'를 '인'·'의'·'예' 세 개의 개념과 병렬시켰다. 맹자는 '지(智)'덕의 기본 내용에 대해 비교적 깊이 있게 탐구했다. 그는 이렇게 말했다.

어짊(仁)의 실질적인 내용은 사이가 가까운 사람을 보살피는 것이다. 의로움(義)의 실질적 내용은 형에게 순종하는 것이다. 지혜로움(智)의 실질적인 내용은 앞의 두 가지에 대해 알고 어기지 않는 것이다. 예의범절(禮)의 실질적 내용은 문화 속의 인과 의에 대해 절제하는 것이다. 즐거움의 실질적 내용은 인과 의를 좋아하는 것으로서 인과 의를 좋아하면 즐거움이 절로 생기게 된다(仁之實, 事親是也. 義之實, 從兄是也.

---

83) 『논어·헌문(論語·憲問)』

智之實，知斯二者弗去是也．禮之實，節文斯二者是也．
樂之實，樂斯二者，樂則生矣．)[84]

맹자가 말한 상기 내용의 뜻은 바로 '인'의 주요 내용은 부모를 부양하는 것이고, '의'의 주요 내용은 형에게 순종하는 것이며, '지'의 주요 내용은 상기 두 가지 도리를 알고 지켜가는 것이고, '예'의 주요 내용은 상기의 두 가지 도리를 알맞게 조절할 수 있고 또 적절하게 수식할 수 있는 것이며, '낙(樂)'의 주요 내용은 상기 두 가지 속에서 즐거움을 얻는 것이다. 그래서 맹자는 이렇게 말했다.

스스로에게 손상을 입히는 자와는 아무 말도 할 수 없다. 자신을 스스로 포기하는 자와는 아무 일도 도모할 수 없다. 하는 말이 예의규범에 어긋나는 것을 두고 스스로에게 손상을 입힌다고 하고 나 자신이 어짊을 분별하지 못하고 의로움을 행할 수 없는 것을 두고 자신을 스스로 포기한다고 한다. 어짊은 사람들이 순응해야 할 도리이고, 의로움은 사람들이 마땅히 걸어야 할 올바른 길이다. 마땅히 순응해야 할 도리를 버려두고 분별하지 않으며 올바른 길을 버려두고 가지 않으니 너무나 슬프도다! 가까운 길을 두고도 하필 먼 길을 돌아가려고 하고 아주 쉬운 일을 두고 하필 어려운 곳에서부터 손을

---

84) 『맹자 · 이루상(孟子 · 離婁上)』

대고자 하고 있으니 말이다. 사람마다 자신과 가까운 사람과 가까이 지내고 자신의 웃어른을 존중하면 세상은 태평할 것이다(自暴者, 不可與有言也 ; 自棄者, 不可與有爲也. 言非禮義, 謂之自暴也 ; 吾身不能居仁由義, 謂之自棄也. 仁, 人之安宅也 ; 義, 人之正路也. 曠安宅而弗居, 舍正路而不由, 哀哉 ! 道在邇而求諸遠, 事在易而求諸難. 人人親其親,長其長, 而天下平.)[85]

구체적인 의미에 대해 맹자는 '지(智)'의 의미는 주로 다음과 같은 것들이라고 주장했다.

첫째는 시비를 가릴 수 있는 마음이다. 다시 말하면 개인이 갖춘 시비를 판단할 수 있는 능력이다. 예를 들어 우리는 남의 물건을 훔치는 것이 옳지 않은 일인 줄 알고 훔쳐온 물건을 남에게 되돌려주고 잘못을 인정하는 것이 옳다고 알고 있다. 이것이 바로 시비를 가릴 수 있는 마음이며 '지혜로움(智)'이다. 맹자는 이런 능력은 타고난 것으로서 사람이 태어날 때부터 갖추고 있는 능력이라고 주장했다.

둘째는 사람의 도덕능력이다. 주로 사회도덕규범에 대한 개인의 인식과 실천을 가리키는 것으로서 공자가 말하는 '아는 것(知)'과 일맥상통한다.

셋째는 객관세계에 대한 사람의 인식능력이다. 이는 주로 자연법칙에 대한 인식으로 나타난다. 예를 들어 『맹자 · 이루하』에서는 "만약 지모를

---

85) 『맹자 · 이루상(孟子 · 離婁上)』

갖춘 사람이 대우가 치수하는 것처럼 할 수 있다면 사람들은 지모를 갖춘 사람을 혐오하지 않을 것이다(如智者若禹之行水也, 則無惡于智矣)"라고 했다. 다시 말하면 지혜로운 사람이 대우가 황하의 물을 다스리는 것처럼 언제나 물이 아래로 흐르는 특성에 따라 일을 행해야 한다는 뜻이다. 오늘날 우리가 말하는 '지혜로움(智)'은 대체로 이러한 뜻을 나타내는 경우가 많다.

넷째는 사람의 정신적 경지로서 '인(仁)'과 함께 사람의 수양을 구성한다. 맹자가 보기에 '어질면서도 지혜로운 것(仁且智)'은 수양의 한 경지로서 아주 높은 성인의 경지이다.

순자는 '지(智)'에 대해 또 일부 발전시켰다. 그는 지식이 사람을 현명하고 총명하게 만들며 지식을 얻는 것은 도덕 수양과 마찬가지로 과정이 필요한 것으로서 지식은 사람이 타고나는 것이 아니라면서 "지극히 아름다운 사상, 지극히 두터운 덕행, 지극히 영명한 생각을 갖춰야 한다(志意致修, 德行致厚, 智慮致明)"[86]라고 주장했다.

이는 후천적인 노력이 지력과 지식을 얻는 데서 매우 중요한 영향을 일으킴을 설명한다. 순자는 또 아무리 지혜를 갖춘 사람일지라도 미처 생각이 미치지 못하는 부분이 있을 수 있다면서 "최고의 기교는 어떤 일은 하지 않는 것이고 최고의 지혜는 어떤 일은 생각하지 않는 것이다(大巧在所不爲, 大智在所不慮)"라고 주장했다.[87] 이로부터 순자가 주장하는 '지혜로움(智)'은 주로 지식 및 지식이 사람에게 가져다주는 총명과 지혜를 가리키며 사람 사유의 폭과 깊이라는 것을 알 수 있다.

---

86) 『순자 · 영욕(荀子 · 榮辱)』
87) 『순자 · 천론(荀子 · 天論)』

'지(智)'에 대한 공자 · 맹자 · 순자의 상세한 해석은 진(秦) · 한(漢)시기의 사상가들에 의해 진일보로 계승되고 발전되었다. 동중서는 '반드시 어질고도 지혜로워야 한다(必仁且知)'는 관점을 제기했을 뿐 아니라 최초로 '인(仁) · 의(誼) · 예(禮) · 지(知) · 신(信)'을 여러 도덕규범 속에서 총화하고 한 단계 끌어올려 '오상지도(五常之道)'로 개괄해 총체적인 도덕적 요구로 삼았으며 이 다섯 가지 덕목은 가장 근본적이면서 장기적으로 작용을 발휘할 수 있는 도덕규범이라고 주장했다. 동한(東漢)시기에 반고(班固)가 정리한 『백호통의(白虎通義)』에서는 '지(智)'를 '인 · 의 · 예 · 신(仁義禮信)'과 함께 공식적으로 인정하는 '오성(五性)'으로 확정지었다. 게다가 또 '오경(五經)'의 하나인 『주역』을 '지(智)'와 대응시켰다. 다시 말하면 '지(智)'를 주로 사물의 법칙에 대한 인식으로 정의했다.

진 · 한 시기 후에 '오상'의 하나인 '지(智)'는 송(宋) · 명(明) 시기에 또 전례 없는 발전을 거쳤다. 성리학자들은 선진(先秦) 시기 공자 · 맹자 · 순자 등 이들의 '지(智)'에 대한 관점을 받아들인 토대 위에 '지'에 대한 인식을 더 한 층 발전시켰다. 총체적으로 보면 '지'에 대한 성리학자들의 인식은 주로 다음과 같은 두 가지 방면으로 표현된다.

첫째, '지'는 주로 시비와 선악에 대해 인식하는 능력임을 강조한 것으로서 이른바 "지혜로운 사람은 사리에 밝아 미혹되지 않는다(知者明於事, 故不惑)"라는 것이다.

둘째, '지혜로움(智)'에 대한 후천적인 노력의 중요성을 강조한 것으로서 '지혜로움'에 대한 배움과 개인 주동성의 중요한 의미를 부여한 것이다. 예를 들어 육구연(陸九淵)은 '지혜로움'을 얻을 수 있는 관건은 개인의

후천적인 노력이라며 "성인이 지혜로운 것은 그들이 다른 사람에게는 없는 뛰어난 재능을 갖춰서가 아니라 똑같은 도리에 대해 다른 사람들이 생각하기에 앞서 먼저 생각할 수 있는 것일 뿐이다(聖人之智,   非有喬桀卓異不可知者也, 直先得人心之所同然耳.)"[88] 다시 말하면 성인의 지혜가 어디서 나오는 것이냐는 문제에 대해 보통 사람과 다른 부분이 있는 것이 아니라 자신이 배운 지식이 관건이라고 주장한 것이다. 왕수인(王守仁)은 개인이 갖춘 '양지양능(良知良能, 교육이나 경험에 의하지 않고 선천적으로 사물을 판단하고 시비를 가릴 수 있는 마음의 작용)'은 '배우는 과정을 거치지 않고 갖출 수 있는 능력'이나 '생각하는 과정을 거치지 않고 알 수 있는 것'이 아니라 후천적인 학습 과정 속에서 사회도덕이 내재화된 것이라고 주장하면서 '양지(良知, 타고난 지혜)'는 도덕 이성의 일종으로서 주로 시비를 판단하고 선과 악을 분별하는 능력이라고 주장했다.

2) 중국 고대의 '지혜론(智論)'

'지혜로움(智)'은 중국 고대에 각기 다른 해석이 가장 많은 도덕범주 중의 하나로서 다양한 학파의 '지'에 대한 견해 차이가 현저하며 각기 다른 견해가 끊임없이 나타났다. 어떤 이들은 '지'를 긍정하며 귀히 여기고 중요시했고, 어떤 이들은 '지'를 부정하며 차별시하고 반대했다. 대체로 유가(儒家)와

---

88) 『육구연집 · 지자술지원(陸九淵 · 集智者術之原)』

묵가(墨家)는 '지'에 대해 긍정적인 태도를 보였다. 그러나 긍정하면서도 약간의 의견 차이가 존재했다. 유가는 '귀지론(貴智論, 지덕을 귀히 여겨야 한다는 논설)'을, 묵가는 '중지론(重智論, 지덕을 중요시해야 한다는 논설)'을 각각 주장했다. 도가(道家)와 법가(法家)는 부정적인 태도를 보였으나 부정하면서도 약간의 의견 차이가 존재해 일반적으로 도가는 '기지론(棄智論, 지덕을 버려야 한다는 논설)'을, 법가는 '반지론(反智論, 지덕을 반대해야 한다는 논설)'을 각각 주장했다.

(1) '귀지론(貴智論)'

유가는 확고한 '귀지론자'로서 지성(智性)을 적극 이용하고 지식을 존중할 것을 주장했으며 중국 고대 정치와 사회생활에 매우 큰 영향을 주었다. 유가의 기지론은 주로 다음과 같은 면에서 반영된다.

첫째, '인의(仁義)'를 핵심으로 하는 도덕규범체계에서 '지(智)'는 '인' 버금가는 중요한 덕목으로 간주되었다. '지'는 도덕품성의 일종으로서 공자가 최초로 제기했다. 공자 · 맹자 · 순자 세 명의 대 유학자는 각각 다른 각도에서 '지'에 대해 정의했다. 공자는 '지'가 곧 '지인(知人, 사람의 평소 언행을 통해 그 사람의 마음을 진정으로 이해하는 것)'이라면서[89] 정직한 이를 선발 등용하고 정직하지 않은 이는 면직시키게 되면 정직하지 않은

---

89) 『논어 · 안연(論語 · 顔淵)』

이를 정직하게 변화시킬 수 있다고 주장했다. 공자는 '지'가 또 실사구시적인 태도를 가리킨다고 주장했다. "아는 것을 안다고 하고 모르는 것을 모른다고 하는 것이 곧 지혜로운 것이다(知之爲知之, 不知爲不知, 是知也.)"[90] 이 말의 뜻이 곧 지금 말하고 있는 '진실을 추구하는 것'이다. 맹자는 사람이 시비를 가릴 줄 아는 마음을 갖추면 어떤 일은 해야 하고 어떤 일은 하지 말아야 하는지를 알게 되며 인의를 행할 수 있고 인정(仁政)을 펼칠 수 있다고 주장했다. 그래서 그는 '시비를 가릴 줄 아는 마음'이 바로 '지혜(智)'라고 주장했다. 순자는 '지'에 대대 남다른 견해를 갖고 정의했다. 그는 사람의 인식이 객관적인 사물과 '서로 합쳐져야만' 비로소 '지혜로운 것(智)'이라 할 수 있다고 주장했다.

둘째, '인'과 '지'의 관계에서 '인'과 '지'의 통일을 주장했으며 '품성과 지혜를 다 갖춘(仁且智)' 이상적인 인격을 수립해야 한다고 주장했다. 공자는 '인'이 최고의 도덕규범일 뿐 아니라 도덕인격 발전의 최고 경지이기도 하다고 주장했는데 이는 '지혜로움을 숭상하고 진실을 추구하는(崇智求眞)' 이상적인 인격을 나타낸 것이다. '인'과 '지'를 모두 중시하면서 '인'을 위주로 하는 것이 바로 '덕'이 이르러야 할 최고의 경지라고 주장했다. 유가는 '지혜(智)'가 '어진 이(仁人)'가 갖춰야 할 전제조건이라면서 '지혜'를 떠나 '인'을 논할 수 없다고 주장했다. 공자는 '지혜'를 크게 중시해 "도의에 대해 알지 못하고 어찌 어짊에 이를 수 있겠는가(未知, 焉得仁)"[91]라는 명론을 제기했으며 더욱이 '지혜'의 중요성을 강조했다.

---

90) 『논어 · 위정(論語 · 爲政)』
91) 『논어 · 공야장(論語 · 公冶長)』

한(漢)대 후부터 당(唐)·송(宋)·명(明)·청(淸) 등 조대를 거치며 유가는 모두 '지혜'의 중요성을 긍정했다. 동중서도 '지혜'에 대해 자신의 관점을 가지고 있었다. 그는 "지혜란 무엇인가? 일을 행하기에 앞서 예언하고 그런 뒤 인증하는 것이다. 무릇 사람이 자신이 행하려던 일을 포기하고자 하는 것은 모두 사전에 자신의 지혜로써 그 일의 발전 법칙에 대해 예견한 뒤 자신이 하려던 일을 포기하는 것이다(何謂之智? 先言而後當. 凡人欲舍行爲, 皆以其智先規而後爲之.)"라고 말했다.[92] 그가 말한 '지(智)'는 지식이라는 뜻뿐 만 아니라 더욱이 도덕적 시비를 분별하고 도덕 선택과 판단을 진행할 수 있는 능력을 가리킨다. 동중서가 말하는 '지(智)'도 사람의 행위를 지도하는 사상인식이다. 동중서는 '인'을 강조한 동시에 '지'도 중시해 '반드시 품성과 지혜를 모두 갖춰야 한다(必仁且智)'는 주장을 제기했다. 그는 이렇게 말했다.

어진 품성과 지혜를 갖추는 것보다 더 절박한 요구는 없다. 어진 품성만 갖추고 지혜가 없으면 사람들에게 사랑을 베풀 때 시비를 분별할 줄 모른다. 지혜는 있으나 품성을 갖추지 못했다면 그 지혜 또한 쓸모가 없게 된다. 고로 어진 이는 어진 품성으로 남을 감화시키고 지혜로운 이는 자신의 지혜로써 해로운 것을 분별해 제거한다.(莫近于仁, 莫急於智. ……仁而不智, 則愛而不別也 ; 智而不仁, 則知而不爲也.

---

92) 『춘추번로·필인차지(春秋繁露·必仁且智)』

故仁者所以愛人類也, 智者所以除其害也.)[93]

　동중서는 '인'과 '지'를 결합시켜 이 두 가지는 모두 도덕의 중요한 구성부분으로서 각자 쓸모가 있으며 한 가지라도 빠져서는 안 된다고 주장했다.

　청(淸)대의 대진(戴震, 1724−1777)은 맹자의 사상을 토대로 해 새로운 해석을 제기했다. 그는 '지혜'는 질서에 대한 인식이라면서 하늘에는 자연의 질서가 있고 사람에게는 질서에 대해 인식하는 마음이 있으며 내용과 이치는 사물 속에 존재하고 마음은 사물 속의 이치와 내용을 분별하는 능력으로서 이는 '사고력(心知)'의 역할이며 '사고력(心知)'은 '지혜(智)'의 바탕이다. 대진은 사람은 덕성을 갖춘다는 점을 긍정했으며 덕성의 내용은 '인·지·용'이고 덕성은 발전 과정이 있으며 '지'도 발전 과정이 있다고 주장했다.

　묵가는 비록 유가의 사상과 서로 다른 부분이 아주 많지만 '지(智)'와 관련된 문제에서는 유가의 사상과 매우 일치한다. 유가는 지혜를 귀중히 여기고, 묵가는 지혜를 중요시한다. 묵가가 지혜를 중요시하는 것은 객관적 환경과 도덕교육이 사람의 지식과 지력의 발전에 일으키는 작용을 중시하는데서 반영된다. 묵자는 덕치주의의 영향을 받아 지혜로운 이는 '덕성을 통해 갖출 수 있는 지혜[德性之知(智)]'에 의지해 나라를 다스린다고 주장했다. 이러한 주장과 묵자가 말하는 '듣고 보는 것을 통해 갖출 수 있는

---

93) 『춘추번로·필인차지(春秋繁露·必仁且智)』

지혜[聞見之知(智)]'라는 주장은 두 가지 서로 다른 '지(智)'에 대한 구분이다. 그는 '듣고 보는 것을 통해 갖출 수 있는 지혜는 작은 지혜이고 덕성을 통해 갖출 수 있는 지혜는 큰 지혜(聞見之知是小知[智], 德性之知是大知[智])'라고 주장했다. 그는 이렇게 말했다.

> 지혜로운 이는 일을 행함에 있어서 반드시 나라와 백성이 잘 다스려질 수 있는 원인을 생각해 행해야 하며 또 나라와 백성이 혼란에 빠질 수 있는 근원을 생각해 사전에 미리 피해야 한다(知者之事, 必計國家百姓所以治者而爲之, 必計國家百姓之所以亂者而辟之.)[94]

지혜는 나라를 다스리는 것과 관련되는 것이므로 작은 지혜가 아닌 큰 지혜이다. 이런 관점에 근거해 묵자는 지혜로운 이가 나라를 다스려야 한다는 주장을 제기했다. 그는 "의가 어리석음과 비천함 속에서 생겨나는 것이 아니라 반드시 존귀하고 총명한 사람에게서 생겨나는 원인에 대해 나는 알고 있다.(吾所以知義之不從愚且賤者出, 而必自貴且知者出也.)[95]라고 말했다. 간단히 말하면 '의(義)'는 선정(善政, 백성을 어질고 바르게 다스림)이다. 선정은 존귀하고 지혜로운 사람이 펼치는 것이다. 묵자는 이로부터 의가 존귀하고 총명한 사람에게서 생겨난다는 결론을 얻어냈으며 그 구체적인 정치 주장은 곧 '지혜로운 자가 나라를

---

94) 『묵자·상동하(墨子·尙同下)』
95) 『묵자·천지중(墨子·天志中)』

다스린다(智者治國)'라는 것이다.

(2) '기지론(棄智論)'

도가(道家)는 기지론자이다. 도가는 자연스럽고 순박한 인성이 원만한 것이라면서 더 이상 인의를 인성으로 할 필요가 없다고 주장했다. 그는 인의는 도덕을 파괴하고 인성을 해치는 것이며 지혜의 발전은 더욱이 도덕의 퇴보라고 주장했다. 노자는 이렇게 말했다.

> 대도(大道, 사람이 마땅히 지켜야 할 큰 도리)가 폐지됨으로
> 인해 인의를 제창할 수요가 생기는 것이고, 총명하고 재주가
> 뛰어난 현상이 나타남으로 인해 거짓과 교활함이 성행하게 되는
> 것이며, 가정에 분쟁이 생김으로 인해 효도와 자애가 드러나는
> 것이고, 나라가 혼란에 빠짐으로 인해 충신이 나타나게 되는
> 것이다(大道廢, 有仁義 ; 智慧出, 有大僞 ; 六親不和, 有孝慈
> ; 國家昏亂, 有忠臣.)[96]

노자의 눈에 '인·의·예·지'는 사회관계의 혼란으로 인해 생겨난 산물로서 사회가 퇴보한 표현이며 인류가 갈수록 타락한 결과였다. 장자(莊子)는 노자의 사상을 계승한 뒤 한 걸음 더 극단으로 향했다. 장자는

---

96) 『노자(老子)』 제18장

지혜를 '화근(禍根)'·'흉기(凶器)'로 간주했다. 그는 이렇게 말했다.

도덕을 추구하려고 애쓰게 되면 명예를 탐내게 되고 자신의
재능과 지혜를 지나치게 중히 여기게 되면 승부욕이 강하게
된다. 명리에 대한 추구는 사람이 서로 배척하는 이유가 되고
지혜는 서로 싸우는 수단이 된다. 이 두 가지는 모두 흉기가 될
수 있으므로 두 가지 모두 나라를 구하려는 포부로 쓰일 수 없다.
(德蕩乎名, 知出乎爭. 名也者, 相軋也 ; 知也者, 爭之器也.
二者凶器, 非 所以盡行也.)[97]

노자와 장자는 왜 이처럼 '지'덕에 반대했던 것일까? 이는 그 당시 형세에
대한 그들의 견해와 관련이 있다. 노자는 정치적인 불안정과 변란으로
인해 나라와 백성에 대한 관리질서가 어지러워진다면서 "백성을 다스리기
어려운 것은 그들에게 지혜가 많아(民之難治, 以其智多)"[98] 초래된
결과라고 주장했다. 장자도 천하의 대란은 사람들이 '지혜로운 것'을
좋아한 결과라고 주장했다. 그래서 그들은 기지론을 제기해 '우매함으로
나라를 다스릴 것(以愚治國)'을 주장했다. 다시 말하면 모든 것을
자연으로 회귀시킬 것을 주장했다. 그들이 주장하는 이른바 기지(지혜를
버리는 것)란 바로 사람들에게 지혜를 감춰 '최고의 지혜는 지혜가 없는
것(上智無智)', '큰 지혜를 가진 사람이 재능을 드러내지 않아, 겉으로는

97) 『장자 · 인간세(莊子 · 人間世)』
98) 『노자』 제65장

어리석은 것처럼 보일 것(大智若愚)'을 요구했다. 이는 철저한 기지론이다.

　노자와 장자의 기지론은 그 당시 사회 동란의 상황에서 일종의 현실도
피였고 그들 마음속의 이상 사회로 돌아가고자 하는 꿈으로서 실제로
실현될 수 없는 것이다. 그리고 또 사회적으로 이미 변화가 일어난 상황에서
현실을 감히 인정하지 못하고 여전히 백성들이 우매해 통치자가 통치하기
편리하게 하는 것을 환상했다. 이런 관념 자체가 사회발전법칙과 백성의
이익에 위배되는 것이다.

(3) 반지론(反智論)

　법가는 반지론자이다. 법가는 군주전제와 우민정책을 제창했는데 이는
그들이 반지론을 제기할 수 있는 토대이다. 그들은 지혜가 법을 어지럽히고
정치의 불안정을 초래하는 근원이라고 주장했다. 그래서 '법(法)'을 더할
나위 없는 정도로 끌어올려 모든 것을 '법'의 기준으로 단속할 것을 주장하며
'법'을 사회상의 모든 사상과 대립시켰다. 법가의 관점에 따르면 '지혜(智)'는
나라를 다스리는데 쓸 수 없을 뿐 아니라 많은 경우에는 간사의미대명사로
될 수 있다는 것이다. 법가가 이렇게 하는 목적 역시 정치적인 수요에서다.

　예를 들어 한비(韓非)는 "상고 시대 사람들이 도덕품성의 높고 낮음을
두고 서로 경쟁했고 중고 시대 사람들은 지모의 우열을 서로 다퉜으며
현 시대 사람들은 힘을 서로 겨뤄 이기고 지곤 한다(上古競于道德,

中世逐于智謀, 當今爭於氣力.)"⁹⁹⁾라고 말했다. 그래서 그는 엄한 형벌과 엄격한 법률로 백성을 다스릴 것을 주장했다. 그는 막강한 힘과 관리방법만 있으면 애초에 지혜를 쓸 필요가 없으며 심지어 지혜는 법제에 위해를 끼치는 요소가 되어 정치의 불안정과 나라의 어지러움을 초래하는 화근이 될 수 있다고까지 주장했다. 그래서 한비는 법으로 지혜를 대체하고 지혜를 말살해 우민정책을 실행해야 한다고 부추겼다.

그러나 법가가 반대한 것은 모든 지혜가 아니라 다른 학파의 지혜와 백성의 지혜만 반대했다. 자체 학파의 지혜에 대해서는 반대하지 않았을 뿐만 아니라 더욱이 대대적으로 치켜세우고 대대적으로 제창하기까지 했다. 그들의 반지론은 일종의 정치적인 책략으로서 그 목적은 정적을 공격하고 백성을 통치하기 위한 데 있다. 따라서 이런 반지론은 실제로 지혜에 대한 반대가 아니라 편면적이고, 정치적 목적에 입각한 지혜에 대한 곡해와 백성에 대한 우롱이다.

법가의 반지론 사상의 영향을 받아 진시황(秦始皇)은 국내에서 분서갱유(焚書坑儒)운동을 벌여 우민정책의 실행을 통해 통치를 공고히 다지고자 시도했다. 그러나 진(秦)나라 정부의 통치에 반기를 들고 일어난 농민전쟁에 진시황의 꿈은 부서졌다. 인민의 지혜는 통치자의 우민정책에 의해 말살될 수 있는 것이 아니었다. 역사가 증명하다시피 우민정책을 실행한 통치자야말로 가장 어리석은 자이며 우매한 인민으로 자신의 통치를 유지하려는 시도는 이루어질 수 없는 것이다.

---

99) 『한비자 · 오두(韓非子 · 五蠹)』

'지(智)'는 중화민족의 전통미덕으로서 정치·군사·경제·생활 등 여러 분야에서 지혜의 빛이 반짝반짝 빛났으며 정치적 지혜·군사적 지혜·재무관리의 지혜·처세의 지혜·부정의 지혜(不正之智) 등으로 나타났다.

3) 지(智)의 시대적 내용

'지(智)'는 중화민족의 핵심가치이념과 중요한 전통미덕으로서 사람들의 폭넓은 공감을 얻었을 뿐 아니라 이미 중화민족의 기본 정신품격의 한 가지로 내재화되었다. '지'의 의미는 고금을 막론하고 기본상 같으며 대체로 다음과 같은 몇 가지가 있다.

첫째, 총명함이다.

둘째, 지혜로움이다.

셋째, 기지·모략이다.

넷째, 지식이다.

다섯째, 총명하고 지혜로운 이를 가리킨다.

'지(智)'는 알 '지(知)'와 통한다. 즉 이지(理智), 지혜이다. '지(智)'는 중화민족의 전통 핵심가치관의 기본 가치 이념의 하나이며 세계 문명이 공동으로 높이 평가하며 추구하는 가치 이념의 하나이기도 하다. 인류문화의 본의에서 이해하면 '지혜'는 일종 인격의 경지로서 처세의 기교와 기심(機心, 간교한 마음)을 가리키며 또 명리를 도모하는 수단과 재주를 가리킬 뿐 아니라 더 중요한 것은 사람의 가치 추구와 타고난 지혜·덕성을 가리키며 사회의 바른 도리와 정의, 인생의 가치에 대한 큰 깨달음으로 나타나며, 옳고 그름, 선과 악, 아름다운 것과 추악한 것에 대한 판단과 분별로 나타난다.

중국의 선현들은 '지(智)'를 사람의 마음이 내재적 가치 본성과 도덕 본성으로 향할 수 있도록 밝게 비춰주는 촛불로 간주했으며 도덕과 '인애'정신을 사람에게 제일 중요한, 근본적인 지혜라고 주장하고 지혜는 '선과 악, 시비를 가릴 줄 아는 지혜(善惡是非之知)'와 '덕성에 대해 아는 지혜(德性之知)'라고 강조했다. 서양 문화에서도 '지혜'를 가치 이념과 도덕정신의 범주에 포함시켜 사람을 선량한 방향으로 이끌 기 위한 철학적 개념으로 제기했다. 즉 '지혜를 사랑하는 것(愛智)'이 곧 '애덕(愛德)'이며 가장 중요한 지식은 곧 사람이 어떻게 생활해야 하고, 어떻게 행동해야 하며, 어떻게 시비와 선악·아름다운 것과 추악한 것을 분별해야 하고, 어떻게 정의로움과 사악함을 분명히 가려야 하며, 어떻게 여러 가지 사회문제를 대해야 하는지 등과 관련된 지식이라고 주장했으며 '미덕'은 곧 지식이라고 주장했다. 그래서 인생에는 오로지 마땅히 추구해야 하는 미덕만 존재하는데 그 미덕인 즉 지식·지혜·진리에 대한 인식이라고 주장했다. 서양에서는 또 지혜·용맹·절제·정의 '4대덕'을 제기했으며 '지혜'를 '4대덕'의 첫 자리에 놓았다.

이로부터 '지(智)'는 세계문명과 서로 맞물리는 가치 이념과 도덕규범임을 알 수 있다.

중화민족의 전통 핵심가치관에서 말하는 '지(智)'는 주로 다음과 같은 의미를 포함하고 있다.

첫째, '명지(明智, 밝은 지혜)'는 '도(道)'를 좇을 줄 아는 것.
둘째, '명지'는 남을 이롭게 하고 나라에 이로움을 가져다주는 것.
셋째, '명지'는 자신에 대해 알고 남에 대해 아는 것.
넷째, '명지'는 말과 행동에 신중한 것.
다섯째, '명지'는 사물의 미세한 부분을 보고 앞으로의 변화를
훤히 꿰뚫어볼 수 있는 것.

이밖에 '명지'는 또 배우기를 좋아하고 잘못을 깨달을 줄 있는 것, 자신의 능력을 헤아려 행할 줄 아는 것, 편안한 때에도 위험이 발생할 것을 생각하는 것 등 내용도 포함하고 있다.

'지혜'의 핵심은 옳고 그름, 선과 악, 아름다운 것과 추악한 것을 분명히 가리는 것이며 올바른 가치 추구와 도덕 인식을 수립하는 것, 즉 양지(良知, 타고난 지혜)이다. 양지, 즉 시비를 분별하고 선악을 분명히 가리며 도덕에 대해 배우는 것이다. '지혜로움과 명백히 분별함(智慧明辨)'이란 표현은 중화민족의 전통 핵심가치관으로서 '지(智)'의 '도덕적 지혜'와 '시비와 선악을 명백히 가린다'는 본뜻을 충분히 나타낸 한편 또 과학적 지혜를 중시하고 진리를 추구하며 시비를 판단하는 현대사회의 특징을 고도로 반영했다.

'지(智)'에 새로운 시대적 내용을 부여한다는 것은 바로 과학, 진실 추구 · 혁신의 내용을 부여함을 가리킨다.

(1) 과학: 이른바 '지(智)'란 지식과 이성이며, 중화민족의 전통 핵심가치관 중에서는 주로 도덕적 인식과 도덕적 이성을 가리킨다. 맹자는 이를 '시비를 가릴 줄 아는 마음(是非之心)'으로 규정지었다. 즉 사람의 의식 속에서 옳고 그름, 선과 악, 아름다운 것과 추악한 것을 판단할 수 있는 능력과 관념이다. 후에 유교학자들은 '지(智)'를 '덕성에 대해 아는 것(德性之知)'이라고 했는데 바로 자신의 도덕 본성을 인식하고 장악하며 도덕의 완벽화를 추진하는 것이라고 했다. 즉 "천지만물의 이치와 본성을 연구하는 것(窮理盡性)"으로서 "천지만물의 이치를 철저하게 탐구하고(窮究天地萬物之理)" 만물의 본성을 인식함으로써 자신의 본성을 인식하고 자신의 본성을 확충하고 완벽화 하는 것이다.

유가는 사람과 만물은 모두 공동의 본성인 천리(天理)를 갖추고 있다고 주장했다. '내 본성 속의 이치'와 천지 만물의 이치에는 오로지 하나의 '이치'만 존재한다. 고로 '만물의 이치'를 인식하는 것은 곧 '내 본성 속의 이치'를 인식하는 것이다. '격물치지'은 객관 사물의 존재 상태에 대한 인식뿐 아니라 사물과 사람의 공동의 본성을 철저하게 탐구하는 것, 즉 '천지 만물의 이치와 본성을 연구하는 것(窮理盡性)'이다.

현대적 의미에서 '지'는 도덕적 지혜에서 과학적 지혜로 확대시킬 수 있다. 과학정신과 인문정신을 유기적으로 결합시키고 통일시켜 과학기술을 중시하고 "과학 교육에 의한 나라 진흥(科敎興國)", "지혜에 의한 나라 진흥(以智興國)" 이념을 수립하며 지식을 중시하고 인재를 중시하며 노동을 중시하고 창조를 중시하며 창조를 격려해야 한다. 이는 오늘날 우리가 '지'에 부여한 새로운 시대적 내용이다.

(2) 진실 추구: 중화민족의 전통 핵심가치관에서 '지(智)'를 강조하는 것은 도덕적 인식이고, '인·의·예·신' 4덕을 인식하는 수단이며 인류도덕에 대해 자각할 수 있는 전제이다.

유가는 짐승도 이와 비슷한 도덕적 행위를 한다고 주장했다. 예를 들어 이른바 "호랑이와 늑대에게는 부자간의 인애가 존재하고(虎狼, 父子之仁狼, 父子之仁)", "꿀벌과 개미에게는 군신간의 의리가 존재하는(蜂蟻, 君臣之義)" 등이다. 그러나 '인의'가 동물에게 있어서는 오로지 자연적인 행위이지만 사람에게 있어서는 '배우기 좋아하고(好學)', '애써 행하는(力行)' 자각적인 행위이며 '사람만이 갖추고 있는 유일한 것(人之獨)'이다. 이런 구별은 사람이 이성, 즉 가치적 이성을 갖추어 도덕적 인식을 얻을 수 있고 또 이로써 자신의 행위 선택을 자각적으로 지도할 수 있는데서 존재한다. 그래서 '지(智)'를 이용해 '인·의·예·신'에 대해 인식해야 하며, 또 '인'의 실질, '의'의 적당한 정도, '예'의 절문, '신'의 성실 여부는 모두 반드시 '지'로써 인식하고 이해하며 분별해야 한다.

사람의 모든 도덕품성·도덕관념·도덕행위는 모두 '지'를 떠날 수 없으며 모두 '지'의 요소가 침투되어 있다. 오직 '지'를 통해야만 이들을 내재적 가치 이념과 도덕정신으로 전환시킬 수 있다. 다시 말하면 오로지 '지'를 갖춰야만 비로소 도덕의 '진리(眞)'를 추구해 얻을 수 있는 것으로서 '진리를 추구하는(求眞)'정신을 반영했다.

'지'를 따르는 것은 도덕에 대한 과학적 인식이라는 의미에서 확장시키는 것을 가리킨다. '지'를 모든 과학 진리에 대한 인식과 추구로 볼 수 있으며 '지'에 '과학을 사랑하고 진리를 추구하는' 새로운 시대적 내용을 부여할 수 있다.

(3) 혁신: 중화민족의 전통 핵심가치관에서 '지'를 강조하는 것은 순수한 이성에 대한 추구가 아니라 가치 이성과 도덕 이성에 대한 추구를 뜻하는 것으로서 즉 '인·의·예·신' 등에 대한 공감과 이해를 뜻한다. 가치 이성과 도덕 이성이라 할지라도 사람의 도덕 품성을 벗어날 수 없다. 특히 도덕행위와 도덕실천으로 실현시켜 이성원칙과 실천행위를 통일시키고 일치시켜 진정으로 사람의 행위선택에서 가치기준과 도덕기준이 되도록 하는 것이다. 즉 지혜와 행위를 통일시키고 지혜와 행위를 하나로 합치는 것이다. 한 마디로 종합하면 '지'는 독립적인 도덕품성이나 도덕원칙이 아니라 오직 다른 도덕원칙과 결합시켜 다른 도덕원칙과 도덕행위 속에 관철시켜야만 비로소 사람의 중요한 도덕품성으로 될 수 있는 것이다.

중화민족의 전통 핵심가치관에서 '행(行, 행위)'에 대한 '지(知, 지혜)'의 지도역할을 강조하는 것은 지혜·지식·인식 자체가 목적이 아니라 오직 이성 지식을 행동으로 실현시키고 실천으로 구체화시켜야만 진정으로 가치가 있고 의미가 있는 것이라고 주장하기 때문이다. 지식을 얻고 인식을 얻는 것은 사람의 행위를 지도하고 사람의 실천을 지도하기 위해서이다. 만약 다만 지식의 분야에만 머물러 있다면 공론에 불과할 뿐이다. 지식을 행동에 관철시키는 것은 더욱 의미와 가치가 있는 실천이고 혁신으로서 지식을 얻는 것 자체보다도 더 어렵고 더 중요한 것이다.

그래서 일정한 의미에서 중화민족의 전통 핵심가치관에서 말하는 '지(智)'는 도덕품성 중 '혁신'의 중요한 의미를 반영하는 것이다.

현 시대에 사회가 나날이 발전하고 과학기술이 비약적으로 발전하고 있는 상황에서 '혁신'은 시대의 주선율이 되었으며 민족 진보의 영혼이 되었다. 도덕적 '혁신'이 필요할 뿐 아니라 이론적 혁신과 과학기술적 혁신,

제도적 혁신도 필요하다. '혁신'은 '지'라는 핵심 가치이념의 현 시대적 가치 정수이다.

21세기는 '물질'과 '지혜'가 합쳐진 세기이며 모종의 의미에서 지혜 경쟁의 세기라고도 말할 수 있다. 지력적 요소, 예를 들어 교육, 관리, 과학기술의 개발과 응용이 한 민족, 한 국가의 발전과 전망에 관건적인 역할을 일으킨다. 현 세계에서 여러 선진국과 발전이 비교적 빠른 국가 중 과학기술의 발전, 특히 첨단기술의 발전을 가속 추진하지 않는 국가는 하나도 없다. 오늘날 우리는 오로지 '과학과 교육에 의한 나라 진흥', '지혜에 의한 나라 진흥'의 관념을 진정으로 확고하게 수립하고 지식을 중시하고 인재를 중시해야만 중화민족이 비로소 또 한 번 빛나는 성과를 이룩할 수 있으며 인류사회의 발전과 진보를 위해 더 큰 기여를 할 수 있다!

5. 신(信): 성실하고 본분을 다하는 것.

'신(信)'은 중화 전통미덕의 중요한 덕목 중 하나이다. 일찍 상고시대에 우리 선조들은 이미 이 덕목의 중요한 의의와 가치에 대해 인식했다. 역대로 성현들은 이 덕목에 대해 상세히 서술하고 꾸준히 강조해왔으며 그 역사가 끊긴 적이 없다. 그들은 "신용은 나라의 보물로서 백성은 거기에 의지해 보호를 받는다(信, 國之寶也, 民之所庇也)"[100], "덕(德)·예(禮)·성

---

100) 『좌전·희공이십오년(左傳·僖公二十五年)』

(誠)·신(信)은 나라의 벼리이다(德禮誠信, 國之大綱)"[101], "군왕의 지위를 보장하는 것은 오직 성실과 신용뿐이다(君子所保, 惟在於誠信)"[102]라고 주장했다.

수천 년의 유구한 역사 발전과정에서 신덕(信德)은 중국 사회생활의 모든 방면에 침투되어 중화민족 대가정의 모든 구성원이 마땅히 지켜야 할 도덕준칙이 되었을 뿐 아니라 중화민족의 심층 도덕의식으로 내재화되었으며 중국인의 입신(立身)·흥국(興國)의 근본이 되었다.

1) 신덕의 유래와 발전

'신'은 인류사회에서 비교적 일찍 생겨난 도덕의식 중의 하나이다. 일찍 원시사회 집단수렵활동 과정에서 여럿이 약속대로 행하고 공동으로 수렵하는 행위가 나타났다. 만약 약속을 지키지 않는다면 집단수렵활동은 애초에 진행될 수가 없다. 원시사회에서는 복잡한 언어와 문자가 없었지만 집단생활권 내에서는 비록 그들이 미덕의 범주로서의 '신'이 대체 어떤 것인지 미처 알지 못했음에도 생존과 생산 활동의 수요를 위해서는 마땅히 약정한 바를 지켜야 한다는 것은 알고 있었다.

원시사회 말기에 상품경제의 발전수준이 아주 제한적이어서 상품교환이 지극히 발달하지 못하고 화폐가 아직 나타나지 않았으므로 사람들은 흔히

---

101) 『정관정요·성신(貞觀政要·誠信)』
102) 『구당서·위징전(舊唐書·魏徵傳)』

자신이 가진 물건으로 자신에게 없는 물건을 바꾸는 물물교환형식을 취했으며, 교환 과정에서 한 가지 특별한 상품을 일반 등가물로 삼았다.

각기 다른 지역에서 각기 다른 시기에 일반 등가물로 삼는 특별한 상품도 각기 달랐다. 물물교환이 어떻게 진행되는지, 일반 등가물 역할을 하는 실물과 기타 상품은 어떻게 환산되는지 등은 모두 사회 실천 속에서 이미 약정되어 있으며 사람들이 교환을 진행할 때는 전적으로 이런 약정에 따라 진행한다. 만약 규약을 지키지 않으면 교환은 실현할 수 없다. 사회 내부에서 상품의 물물교환형태는 실제상에서 신용을 지키는 실질을 반영한다.

대체로 상(商)나라 말기에서 춘추시기에 이르는 사이에 '신'은 중국 전통도덕의 중요한 내용으로 금문(金文)에 등장하기 시작했다. 금문은 청동기 위에 새긴 문자, 즉 청동기 명문(銘文)이다. 예를 들어 중산왕정기(中山王鼎器)에는 '여지기충신야(餘知其忠信也, 나는 그의 충성과 신의를 알고 있다)'라는 문자가 새겨져 있다. '신'의 도덕관념이 점차 체계화됨에 따라 중국 최초의 문자 자료들에도 '신'에 대한 기록이 등장하기 시작했다. 예를 들어 『주역(周易)』에는 다음과 같이 기록되어 있다.

사람들이 돕고자 하는 이는 성신을 충실히 지키는 사람이다.

(人之所助者,　信也.) [103]

---

103) 『주역·계사상(周易·繫辭上)』

군자는 품성을 양성하고 학문을 쌓는데 진력하는데 충신으로
품성을 양성하고 말을 다듬어 하는 것으로 성신을 수립한다.
이는 자신의 사업을 경영하는 발판이다(君子進德修業, 忠信,
所以進德也. 修辭立其誠, 所以居業也.)[104]

신용이 있으면 웅대한 포부를 펼칠 수 있다(信以發志也.)[105]

군자는 절대 자신보다 높은 지위에 있는 사람에게 아첨하지
않고 자신보다 지위가 낮은 사람을 거만하게 대하지 않는다
(君子上交不諂,　下交不瀆.)[106]

이들 문장의 뜻은 사람을 대함에 성실하고 진지해야 하며 신의를 엄격히
지켜야 한다는 말이다. 『주역』은 중화 문명사에서 내용이 심오하고
영향이 크며 오래 동안 전해져 내려온 고전으로서 '뭇 경전 중의 으뜸',
'대도의 원천'으로 불린다. 『주역』에서 '신(信)'에 대한 서술은 '신'이
중국 선진시기부터 이미 점차 도덕관념의 구성부분이 되기 시작했음을
의미한다.
　중국 역사문헌을 집대성한 최초의 서책 『상서(尙書)』에도 '신'에
대한 기록이 있다. 예를 들어 "신용을 지키기 위해 애쓰기 때문에 그들의

---

104) 『주역 · 건 · 문언(周易 · 乾 · 文言)』
105) 『주역 · 풍 · 상(周易 · 豐 · 象)』
106) 『주역 · 계사하(周易 · 繫辭下)』

빛이 천하를 고루 비출 수 있는 것이다(信用昭明於天下)"[107], "통치자가 너그럽고 인애를 베풀면 만백성의 신용을 얻을 수 있다(克寬克仁, 彰信兆民)"[108]라고 주장한 등이다.

춘추전국시기에 제자백가가 성신(誠信)문제에 대해 비교적 깊이 있는 분석과 체계적이고 명백한 논술을 행했다.

첫째, '신'의 중요성에 대해 상세하게 논했다. '신'을 인생 추구의 목표와 사람이 좇아야 할 행위준칙, 사업의 성공에 필요한 품성과 조건으로 삼았다.

둘째, '신(信)'과 '성(誠)'의 연계에 대해 상세하게 논술했다. '성'을 '신'의 토대로 간주하고 '신'을 '성'의 표현으로 간주했다.

셋째, 사람을 평가하는 과정에서 성신의 역할을 상세하게 논술했다. 성신을 성인·군자와 소인배를 구분하는 중요한 기준으로 보았으며 성신을 기준으로 사람을 가늠하는 방법을 제기했다. 예를 들면 다음과 같다.

> 공자는 문(文, 글)·행(行, 행동)·충(忠, 충성)·신(信, 신용) 이 네 가지 내용을 학생들에게 전수한다(子以四敎, 文行忠信.)[109]

> 사람은 신용을 지키지 않으면 근본상 안 되는 것이다(人而 無信, 不知其可也.)[110]
> 약속을 가볍게 여기는 사람은 필히 신용이 없는 사람이다(輕諾

---

107) 『상서·강왕지고(尚書·康王之誥)』
108) 『상서·중훼지고(尚書·仲虺之誥)』
109) 『논어·술이(論語·述而)』
110) 『논어·위정(論語·爲政)』

必寡信.)[111]

통치자에게 성신이 부족하기 때문에 백성들이 그를 믿지 않는 것이다(信不足焉, 有不信焉!)[112]

일을 행함에 덕성이 부족하면 윗사람의 신임을 얻을 수 없고 윗사람의 신임을 얻지 못하면 관운이 트일 수 없으며 관운이 트이지 않으면 명리가 어디서 오겠는가(無行則不信, 不信則不任, 不任則不利.)[113]

말한 것은 반드시 지키면 법령이 통하지 않을 리 없다(出言 必信, 則令不窮矣.)[114]

나라를 안정시키는 데는 세 가지 요소가 있다. 첫째는 법도이고, 둘째는 신용이며, 셋째는 권력이다(國之所以治者三: 一曰法, 二曰信, 三曰權.)[115]

작은 일에서 신용을 지킬 수 있으면 큰일에서 신용을 쌓을 수 있다. 고로 현명한 군주는 신용을 지키는 면에서 점차 명성과

111) 『노자(老子)』 제 63장
112) 『노자』 제 17장
113) 『장자 · 도척(莊子 · 盜跖)』
114) 『관자 · 소광(管子 · 小匡)』
115) 『상군서 · 수권(商君書 · 修權)』

덕망을 쌓을 줄 안다. 상과 벌을 실행함에 신용을 지키지
않으면 금령을 널리 시행할 수 없다……(小信成則大信立,
故明主積於信. 賞罰不信, 則禁令不行……)[116]

의지가 강하지 않은 자는 지혜도 많지 않은 법이고, 말을 해놓고
신용을 지키지 못하는 자는 일을 행해도 좋은 결과를 얻지 못할
것이다(志不强者智不達, 言不信者行不果.)[117]

『논어』에서 공자는 세 차례나 "군주는 충신을 지켜야 한다(主忠信)"고
강조했다는 기록이 있다. 신덕(信德)은 군자의 사람 됨됨이를 결정짓는
필요조건 중의 하나이다. 그는 "군자는 의(義)를 근본으로 삼고 예(禮)를
널리 시행하며 겸손한 말로 의사를 표현하고 충성스러운 태도로 품성을
완성시킨다. 이렇게 할 수 있는 사람이 바로 군자이다(君子義以爲質,
禮以行之, 孫以出之, 信以成之, 君子哉！)"[118] 라고 말했다. 한편 공자는
또 '신'은 정치를 펼침에 있어서 삼대 법보 중의 하나라고 주장했다.

자공이 어떻게 나라를 다스려야 하느냐고 묻자 공자가
이르기를, "식량이 충족하고 군비가 충족하며 백성이 통치자를
신임하는 것이다." 자공이 묻기를, "만약 꼭 한 가지를 빼 버려야

---

116) 『한비자·외저설좌상(韓非子·外儲說左上)』
117) 『묵자·수신(墨子·修身)』
118) 『논어·위령공(論語·衛靈公)』

한다면 세 가지 중에서 제일 먼저 어느 것을 빼야 합니까?"
공자는 "군비를 빼 버려야 한다."라고 답했다. 자공이 또 "
만약 또 한 가지를 빼 버려야 한다면 나머지 두 가지 중에서
어느 것을 빼 버려야 합니까?"라고 묻자 공자는 "식량을 빼
버려야 한다. 자고로 사람은 한 번 죽기 마련이다. 만약 백성이
통치자를 신임하지 않는다면 나라는 존재할 수 없다."라고
대답했다(子貢問政. 子曰 : "足食, 足兵, 民信之矣." 子貢曰 :
"必不得已而去, 於斯三者何先？" 曰 : "去兵." 子貢曰 :
"必不得已而去, 于斯二者何先？" 曰 : "去食. 自古皆有死,
民無信不立.")[119]

공자는 백성의 신임을 얻는 것을 정치의 가장 근본적이고 가장 중요한
전제와 조건으로 간주했다. 그의 학생인 자하(子夏)도 "벗과 교제함에
있어서 말을 함에 성실해야 하고 신용을 지켜야 한다(與朋友交, 言而有
信)"[120]라는 도덕적 요구를 명확히 제기했다. 신덕은 사람들에게 사람이
좇아야 할 기본 원칙, 즉 성실하고 속임이 없어야 하며 신용이 있어야
한다는 원칙을 엄격히 지킬 것을 요구했다. 공자는 '신'을 '인'의 중요한
표현의 하나로 간주하고 '엄밀하고 착실하게 나라 대사를 처리해야
하고 신용을 엄격히 지켜야 하며(敬事而信)' '언행에 신중해야 하고

---

119) 『논어 · 안연(論語 · 顏淵) 』
120) 『논어 · 안연(論語 · 顏淵) 』

성실하고 신용이 있어야 한다(謹而信)"[121]라고 요구했으며 이는 현명한 이가 마땅히 갖춰야 할 미덕이라고 주장했다. '신용을 지키면 임용될 수 있다(信則人任焉)"[122] 성실하고 신용을 지키게 되면 임용될 수 있다.

『대학(大學)』 자아수양의 덕목 '여덟 조목(八條目)'에서 수신(修身)을 근본으로 삼아야 한다면서 수신의 전제는 '정심(正心, 마음을 바로잡음)'과 '성의(誠意)'이고 성의는 다른 사람으로부터 신용을 얻는 관건이라고 주장했다. 노태사극(魯太史克)는 "효도와 공경, 충성과 신용은 길덕(吉德, 좋은 덕)이고 도둑질과 횡령, 교활함은 흉덕(凶德)이다(孝敬忠信爲吉德, 盜賊藏奸爲凶德.)"[123]라고 말했다. 맹자는 "좋아하고 추구할 가치가 있는 것을 선량함이라고 하고 자신이 '선량한' 본성을 갖춘 것을 성신이라고 한다(可欲之謂善, 有諸己之謂信)"[124]라고 주장했다. 자신이 확실히 선덕(善德)을 갖춘 것을 '신'이라고 한다. 맹자는 '사람이 말을 함에 신용이 있어야 한다는 것', '말로써 사람의 신용을 얻는 신덕(信德)'을 '성실함으로 입신하고 행사하는 것(誠身)'과 '선량의미이치를 분명히 아는 것(明善)'의 차원으로 끌어올려 '성실함(誠)'과 '성실에 대해 생각하는(思誠)' 도덕원칙과 방법을 제기했다. '성실함(誠)'이란 마음이 착실하고 진실하며 도리에 어긋남이 없다는 뜻이다.

맹자는 사람이 마음의 수양을 쌓고 돌이켜 자신에게서 원인을 찾아야 하고 또 마땅히 '성실한' 품성을 갖춰야 하며 애써 '성실함으로 입신하고

---

121) 『논어 · 학이(論語 · 學而)』
122) 『논어 · 양화(論語 · 陽貨)』
123) 『좌전 · 문공십팔년(左傳 · 文公十八年)』
124) 『맹자 · 진심하(孟子 · 盡心下)』

행사하고' 또 '자신이 성실한지를 돌이켜 보기 위해(反身而誠)'[125] 애써야 한다고 주장했다. '성실함으로 입신하고 행사하는 것'과 '자신이 성실한지를 돌이켜 보는 것'은 도덕 실천에서 매우 중요하다. 도덕행위가 다른 사람을 감동시킬 수 있는지 여부는 마음이 성실한지에 달렸다.

진(秦)·한(漢) 시기 후에 중국에는 '삼강오상'을 핵심으로 하는 일련의 사상도덕체계가 형성되었다. 그중 '오상'은 바로 동중서가 맹자의 '인·의·예·지' 네 가지 덕목에 근거하고 거기에 '신'을 추가해 구성한 것이다. 유가 도덕의 정통 지위가 확립됨에 따라 오상 중 하나로서의 '신'도 중국 전통도덕규범 중에서의 지위를 한 층 더 공고히 다졌으며 중국인의 마음속에 깊이 뿌리 내렸다.

그로부터 '신'은 오상 중의 하나로서 봉건사회에서 '신하는 군왕에게 성실해야 하고', '군왕은 신하를 의심하지 말아야 한다'는 등과 같이 사람들의 사회관계를 반영했을 뿐 아니라 '친구 사이에는 성실하고 신용을 지켜야 한다'는 등 사람들의 도덕행위를 규정짓고 규범화시켰다.

수(隨)·당(唐) 시기에 '신' 도덕관념은 이론성과 체계성에 있어서는 비록 선진(先秦) 제자백가와 그 후의 송(宋)·명(明) 성리학자보다는 못하지만 통치자가 신용을 중시하고 신용을 지키며 신용으로 나라를 다스리는 방면에서는 중국 도덕사상 가장 전형적인 본보기이다. 당(唐)대의 '신' 도덕관념이 당 태종 이세민(李世民)의 몸에서 아주 뚜렷하게 반영되었다고 할 수 있다. 『자치통감(資治通鑑)』 권192에는 당 태종 이세민이 '만

---

125) 『맹자 · 진심상(孟子 · 盡心上)』

천하에서 신의를 중시한' 이야기가 기록되어 있다.

> 군왕은 강물의 발원지이고 신하는 물줄기이다. 수원이 오염되었는데 물줄기가 깨끗하고 맑기를 바라는 것은 실현될 수 없는 일이다. 군주 자신이 성실하지 않으면서 어찌 아래 신하들에게 정직할 것을 요구할 수 있단 말인가! 짐은 현재 성실된 마음으로 천하를 다스리면서 선대 제왕들이 늘 신하들을 상대로 권모술수를 쓰기를 좋아했음을 보고 비열하다는 생각이 들곤 한다
> (君, 源也, 臣, 流也; 濁其源而求其流之淸, 不可得矣. 君自爲詐, 何以責臣下之直乎! 朕方以至誠治天下, 見前世帝王好以權譎小術接其臣下者, 常竊恥之.)

현명한 군왕은 자신이 선발 등용한 사람을 의심하지 않기 때문에 신하들이 당연히 충성을 다하게 된다. 충성스러운 위징(魏徵)이 올린 상소문에는 다음과 같은 내용이 있다.

> 신은 나라를 다스리는 기반은 마땅히 예와 덕을 근본으로 해야 한다고 들었사옵니다. 군주의 지위를 보장하려면 오로지 성실ㆍ신의에 의지해야 하옵니다. 성실ㆍ신의가 바로서면 아래 사람들이 다른 마음을 품지 않을 것이며 덕과 예가 갖춰지면 먼 나라 사람들이 찾아와 조공을 바칠 것이옵니다. 그래서 덕ㆍ예ㆍ성ㆍ신은 나라를 다스리는 중요한 강령이오니

부자간, 군신 간에 이 강령을 한순간이라도 폐지해서는 아니 되옵니다. 고로 공자가 이르기를 "군왕은 마땅히 예로써 신하를 대해야 하고 신하는 마땅히 충성심으로 군주를 섬겨야 한다"고 하였사옵니다. 공자는 또 "자고로 사람은 한 번 죽기 마련이며 사람에게 신의가 없으면 사회에 발을 붙일 수 없다"고 하였사옵니다. 문자(文子)는 "꼭 같은 말이 어떤 때만 믿음을 얻을 수 있는 것은 그 믿음이 말보다 앞서 이미 세워진 경우이고 꼭 같은 명령이 어떤 때만 이행될 수 있는 것은 명령 밖에 성실한 마음이 이미 존재하는 경우이다"라고 하였사옵니다. 그러니 말이 집행되지 못하는 것은 말에 신의가 없기 때문이고 명령이 집행되지 못하는 것은 명령에 성의가 없기 때문이옵니다. 신의가 없는 말과 성의가 없는 명령이 통치자에게서 나오면 나라를 망치게 되고 신하에게서 나오면 자신에게 해가 될 수 있사옵니다. 비록 매우 곤란한 상황에 처했을지라도 군자는 신의 없는 말과 성의 없는 명령을 하지 않을 것이옵니다

(臣聞爲國之基, 必資於德禮 ; 君子所保, 惟在於誠信. 誠信立則 下無二心, 德禮形則遠人斯格. 然則德禮誠信, 國之大綱, 在於 父子君臣, 不可斯須而廢也. 故孔子曰 : "君使臣以禮, 臣事君以 忠."又曰 : "自古皆有死, 人無信不立."文子曰 : "同言而信, 信 在言前 ; 同令而行, 誠在令外."然則言而不行, 言不信也 ; 令而 不從, 令無誠也. 不信之言, 無誠之令, 爲上則敗國, 爲下則危

身, 雖在顚沛之中, 君子所不爲也.)[126]

위징은 '신(信)'에 대한 사상을 낱낱이 밝혔는데 그 중심사상은 성신이
나라의 생존을 유지하는 관건이라는 주장이다. 그의 이런 사상은 당
태종에게 중요한 영향을 일으켰다. 당 태종의 성신관(誠信觀)은 정치·
문화 등 여러 방면에서 반영된다. 당 태종이 선대 사상가들과 다른 점은
이론적으로 적게 말하고 위징과 같은 이들의 견해를 많이 받아들인 점이다.
더 훌륭한 것은 그가 나라를 다스리고 문화를 선양하는 매개 세절에서 성신
도덕을 실행한 것으로서 이는 후세 나아가서 오늘날에 이르기까지도 아주
중요한 적극적인 의의가 있다.

송(宋)·명(明) 성리학에서는 '신의(信)'의 도덕관념을 크게 중시했다.
성리학의 창시자 주돈이(周敦頤)는 '성실함(誠)'을 윤리사상의 주요 범주로
간주했으며 '성실함'은 '오상의 근본이고 모든 행위의 근원(五常之本,
百行之源)'(『통서·성하[通書·誠下]』)이라고 주장했다. 장재는
'신의'를 크게 중시해 "마음속으로 성실함과 선량의미도덕을 엄격히
지키는 것을 신의라고 하고 마음을 가득 채운 신의가 행동으로
나타나면 아름다움이라고 하며 신의가 천지간을 가득 채우게 되면
태평하다고 한다.(誠善於心之謂信, 充內形外之謂美, 塞乎天地之
謂大.)"[127]라고 말했다. 정호(程顥)·정이(程頤) 형제도 '신의'에 대해
긍정적이고 찬미하는 입장이며 "성인 중에는 충신에 대해 중시하는

---

126) 『구당서·위징전(舊唐書·魏徵傳)』
127) 『정몽·중정(正蒙·中正)』

이가 많으며 사람의 도리는 오로지 충신에 있다고 말한다. 성실함이 없으면 사물도 존재하지 않는다. …… 신의가 없는데 어찌 사물이 존재할 수 있겠는가?(聖人言忠信者多矣, 人道只在忠信. 不誠則無物 …… 若無忠信, 豈複有物乎？)"[128]라고 주장했다. 성리학을 집대성한 주희는 "'신의'란 성실하게 말하는 것이다(信者, 言之實也.)'라고 말했다. 그는 또 "사람의 도리는 오로지 충신이다. 성실함이 없으면 사물도 존재하지 않는다. 사람은 충신을 갖추지 못하면 마치 나무는 뿌리가 없고 강물은 발원지가 없는 것과 같은데 무엇이 더 있겠는가! 온 몸이 다 텅 비었는 것을(人道惟在 忠信, 不誠無物.人若不忠信, 如木之無本, 水之無原, 更有甚底！一身都 空了.)"라고 말했다.[129]

근대에 들어서 중국 윤리 관념에 새로운 변화가 일었으며 봉건적인 윤리강상이 끊임없이 충격과 비판을 받고 있다. 그러나 전통적인 신덕은 사람들에게 버림을 받지 않았으며 새로운 발전단계에 들어섰다. 유신파 대표인물인 담사동은 삼강오상을 전면 부정하면서 오직 친구의 윤리 하나만 긍정했다. 친구 윤리의 중심은 바로 '신의(信)'로서 이 도덕규범에 대한 그의 긍정적인 입장을 보아낼 수 있다. 그는 "모든 착한 것(善)의 으뜸은 반드시 신의(信)이다(萬善之首, 必曰信)"[130] 라고 주장하면서 '신의'를 아주 중요한 지위에 놓았다. 자산계급 혁명가 진천화(陳天華)는 신덕에 새로운 내용을 부여했다.

128) 『이정유서(二程遺書)』 권11
129) 『주자어류(朱子語類)』
130) 『담사동전집 · 유묵삼편(譚嗣同全集 · 遺墨三篇)』

예를 들어 상업에서 "성실하고 속임이 없어야 사람마다 믿을 수 있다."라고 했다. 그는 그래야만 이 도덕규범에 새로운 활력을 불어넣을 수 있다고 주장했다. 위대한 혁명의 선구자 손중산 선생은 전통적인 도덕규범에 대한 개조를 거쳐 자산계급 민주주의의 새로운 내용을 부여해 '충효인애신의화평(忠孝仁愛信義和平)'이라는 일련의 도덕규범을 제기했다.

'신(信)'과 관련해 그는 "옛날 중국은 이웃 나라와 벗을 대함에 모두 신의를 중시했다. 내가 보기에 '신의' 한 가지 도덕만 보면 중국인은 참으로 외국인보다 훨씬 더 훌륭하다."(『삼민주의·민족주의[三民主義·民族主義]』)라고 주장했다. 그는 신덕을 중화민족의 전통미덕으로 삼아 긍정하고 칭송했다.

2) 세계문명과 합류한 도덕관념[131]

중화민족의 신덕사상은 역사가 유구하며 이미 중화민족문화의 구성부분이 되었다. 한편 신덕은 또 세계문화의 구성부분이기도 하다. 인류역사에서 여러 가지 사회형태와 정권조직이 나타나 서로 엇갈리고 교체되면서 다양한 내용과 형태의 종교가 잇달아 나타났다. 현재 세계적인 종교로는 불교·기독교·이슬람교 등이 존재한다.

---

131) 이 부분은 캉즈제(康志杰)의 『예—입신처세의 지탱점(禮—立身處世的支撑點)』(계림[桂林], 광서[廣西]인민출판사, 1996)이라는 저서의 관련 내용을 참고했다.

종교 자체가 윤리도덕사상을 포함하고 있는데 그중 '신(信)'윤리도덕에 대해 어떤 종교는 고유한 것이고 또 어떤 종교는 중국의 전통문화와 합류한 뒤 발전한 것이다. 서양문화의 경전인 『성경』에는 신덕 관련 사상이 포함되어 있다.

『성경』은 기독교 경전으로서 『구약전서』와 『신약전서』가 포함된다. 그중 'faith(신의)'라는 말은 '언약·충성·신임'의 뜻을 포함하고 있다. 기독교에서는 교도들이 세 가지 미덕을 갖출 것을 요구한다. 즉 초기 기독교 교부의 한 사람인 바울(Paulos, Paul)이 말한 바 있는 "현재 언제나 존재하는 것에는 믿음·바람·사랑이다."

『성경·출애굽기』에는 십계명에 대해 기록하고 있다. 이는 유대교와 기독교의 계율이다. 십계명은 여호와가 전수하고 모세에게 명해 반포 실시한 것이다. 십계명 중 아홉 번째 조목에는 "이웃에 대하여 거짓 증언을 하지 말라."라고 했다. 거짓 증언을 하지 말라는 것은 바로 사람은 성실해야 한다는 말이다. 기독교와 유대교에서 이를 계명에 기록한 것을 보면 신덕을 지극히 떠받들었음을 알 수 있다. 기독교가 중국에 전파되어 들어온 뒤 중국의 신도들도 역시 그 계율을 엄격히 지켰다.

불교는 인도에서 생겨났으며 서기 전후에 중국에 전파되었다. 그 후 역사발전과정에서 불교는 점차 중국화 되었으며 그 사상이 중국의 철학·문학·예술·민간풍속 등에 모두 일정한 영향을 끼쳤다. 불교에는 여러 가지 계율이 있다. 그중에서 중요한 것은 '오계(五戒)'·'팔계(八戒)'·'십계(十戒)'인데 모두 네 번째 조목에 '망언하지 말라(不妄語)'라고 규정지었다. 망령될 '망(妄)'은 '날조되다'·'터무니없다'는 뜻이 있다.

'망언하지 말라'는 뜻인 즉 함부로 무책임한 말을 하지 말라는 말이며 다시 말하면 사람은 성실해야 한다는 뜻으로서 말한 대로 실현하고 언행이 일치하며 신용을 지켜야 한다는 뜻이다. 이런 면에서 불교의 '신(信)'과 유가의 '신(信)'은 서로 통하는 부분이 있다.

세계 문명사에서 수많은 사상가들이 모두 '신의(信)'에 대해 상세하게 논술했다. 예를 들어 고대 그리스의 유명한 역사가인 투키디데스 (Thucydides)는 그의 역사 명작 『펠로폰네소스 전쟁』 중에 이렇게 썼다.

> 만약 쌍방 사이에 성실한 신념이 없다면, 다른 방면의 모종의 공동의 심리상태가 없다면 사람과 사람 사이에 끈끈한 우의가 절대 존재할 수 없고 나라와 나라 사이에도 진정한 연맹이 맺어질 수 없다. 사상이 서로 다른 사람은 행동도 일치할 수 없기 때문이다.

고대 로마 공화국 말기의 정치가이며 철학자인 키케로(Marcus Tullius Cicero)는 『의무론』 이라는 저서에서 신의를 지키지 않는 것에 대해 비판했다.

> 폭력을 휘두르거나 배신행위를 하는 것은 모두 잘못을 저지르는 것이다. 이 두 가지 방식은 모두 인성을 잃은 행위이다. 배신은 교활함에 속하고 폭력은 용맹스러움에 속한다. 이 두 부류의 사람은 완전 품성이 좋지 않은 사람이다. 그러나 배신이 더 비열하다.

투키디데스와 키케로의 '신의(信)'에 대한 서술에서 신덕에 대한 고대 유럽인들의 기본 태도를 보아낼 수 있다. 근대에 들어선 뒤 사상가들의 신덕에 대한 논술은 계속되었다. 유명한 철학자 프랜시스 베이컨(Francis Bacon)은 영국 유물주의와 전반 현대실험과학의 진정한 시조로 불린다.

그는 "의심할 나위 없이 가장 능력이 있는 사람은 모두 솔직하고 숨김이 없는 행위와 성실하고 속임이 없는 명예를 갖추었다."라고 말했다. 영국 고전 정치경제학 체계의 창시자인 애덤 스미스(Adam Smith)는 경제학과 상업의 각도에서 '신의(信)'에 대해 논했다. 그는 『국부론』에서 "계약의 신용이 법적으로 보장 받지 못하고 지급능력을 갖춘 사람이 채무를 상환할 수 있게 나라의 권력을 정당하게 행사해 강박할 수 없다고 규정되어 있는 나라에서는 상업과 제조업이 장기적인 번영과 발전을 거의 이룰 수 없다."

유럽 문화권 밖의 아랍인과 인도인들도 '신의(信)'에 대해 찬미하는 입장을 가지고 있다. 아랍민족의 유명한 소설 『아라비안 나이트』 중 「여우와 늑대의 이야기」에는 이런 말이 있다. "충성과 신의는 훌륭한 명성이 영원히 전해질 것이고 사기행각은 악명이 영원히 남을 것이다." 인도인 티루발루바르(Tiruvalluvar)는 『티루쿠랄·덕행편』 중에서 "군자는 성신을 앞길을 밝게 비춰주는 등불로 삼는다. 성신은 마음속의 어둠을 몰아낼 수 있다." "충성과 신의로 말하고 정도를 행하는 사람에 대해서는 세상 사람이 반드시 마음속으로 깊이 탄복한다."

중국과 같은 동아시아 문화권에 속하는 일본민족도 '성신'에 대해 찬양하는 입장을 가지고 있다. 일본 소설가 나츠메 소세키(夏目漱石)는 본인의 작품 「그 후(그리고 나서)」에서 이렇게 말했다.

성실도, 열정도 모두 원래부터 뱃속에 들어 있는 물건이 아니다. 그것은 당사자인 두 사람의 양호한 합작과 서로간의 믿음에서 생겨나는 산물이다. 마치 돌과 쇠붙이가 서로 부딪쳐서 불꽃이 튕기는 것과도 같다. 본인 고유의 품성이라기보다는 차라리 정신적 교환의 결과라고 함이 적절할 것이다. 그래서 좋은 상대가 아니라면 성실과 열정이 생겨날 수 없는 것이다.

나츠메 소세키가 말한 '성실'은 실천정신이 아주 강하다. 반드시 사회실천을 거치고 사람과 사람 사이의 교제를 거쳐야만 이런 도덕관념이 생겨날 수 있는 것이다.

세계 여러 나라에서 신덕에 대해 보편적으로 공감하는 것으로부터 서로 다른 나라와 지역에서 생활하는 서로 다른 민족 인민들 모두 '신의(信)'에 대해 긍정하고 찬양하는 태도를 가지고 있으며 또 이런 도덕관은 여러 문화권이 서로간 교류를 통해 형성된 것이 아니라 본 문화권 내부에서 형성되고 발전되어온 것이라는 사실을 발견할 수 있다. 이처럼 서로 다른 문화권 속에서 생겨난 같은 문화현상은 '신의(信)'가 민족과 국가의 경계가 없는 도덕관념이라는 사실을 설명해준다. 바로 이러한 특성으로 인해 '신'도덕은 오늘날 국제교류에서 여전히 전 세계 인민이 마땅히 준수해야 할 도덕원칙이 되고 있는 것이다.

3) '신(信)'의 시대적 내용

　'신(信)'은 영원한 보편적 가치를 갖추었으며 마땅히 대대적으로 선양해야
할 도덕 이념이다. 성실하고 신용을 지키는 것은 과거에 인간관계를
조화롭게 하고 양호한 사회 기풍을 양성하는 정신적 유대였을 뿐 아니라
요즘 사회에서도 조화로운 인간관계를 이루고 발달한 물질문명을 창조하며
인류사회 질서를 안정시키고 여러 나라 간의 우호적인 관계를 발전시키는
도덕적 초석이다.

　인류문명의 진보와 경제문화사업의 발전에 따라 현대사회에서 신덕은
계속 왕성한 생기와 활력을 유지해 점점 더 중요한 도덕적 가치를
반영할 수 있을 것이라고 단정할 수 있다. '신(信)'이란 무엇인가? '신'은
그 의미가 아주 넓다. 『시경·위풍·맹(詩經·衛風·氓)』에서는
"영원히 변치 말자던 맹세가 귓가에 쟁쟁하건만 사이가 틀어져 원수가
될 줄 어찌 알았으랴(信誓旦旦, 不思其反)"라고 했다. 여기서 '신(信)'은
성신으로 풀이할 수 있다. 『좌전(左傳)』에서는 여러 곳에 '신(信)'이라는
말이 등장한다. 예를 들어 『희공칠년(僖公七年)』에서는 "상황에
따라 기민하게 처사하고 군왕의 명령을 수행하는 것을 신의라고
한다(守命共時之謂信)"라고 했고, 『선공이년(宣公二年)』에서는 "군왕의
명령을 좇지 않는 것은 신의가 없는 것이다(棄君之命, 不信)"라고 했으며,
『성공십칠년(成公十七年)』에서는 "사람이 사회에 발붙일 수 있는 것은
신의·밝은 지혜·용감한 품성을 갖추었기 때문이다. 신의가 있으면
군왕을 배신하지 않는다(人所以立, 信知勇也, 信不叛君)"라고 했다.

　그 뜻은 대부분 '신(信)'으로써 등급명분제도를 유지하고 인간관계를

조화롭게 하는 것을 가리킨다.

'신(信)'의 기본 내용에는 성실함을 뜻하는 신(信)과 의심하지 않고 속임이 없는 것을 뜻하는 신(信)이 포함되어야 한다. 그밖에 또 신용·신임·믿음·신봉 등 여러 가지 의미가 포함된다. 그러나 중화 전통미덕으로서의 '신'은 주로 성실함·속임이 없음·언행이 일치함을 가리킨다. 양보쥔(楊伯峻)의 저작 『논어역주(論語譯註)』에서 통계한 데 따르면 『논어』에 '신(信)'자가 38차례 등장한다. 그 중 '성실함과 속임이 없음'으로 쓰인 것이 24차례이고, '믿음, 믿음직하다고 여김'의 뜻으로 쓰인 것이 11차례이며 "믿게 함, 신임하게 함"의 뜻으로 쓰인 것이 한 차례이고 기타 용도로 쓰인 것은 2차례뿐이다. 이로부터 『논어』에서 '신'자의 여러 가지 의미중에서 '성실함과 속임이 없음'이 가장 기본적이고 가장 주요한 규정임을 알 수 있다. '믿음'·'신임', 심지어 흔히 말하는 '신용' 등을 비롯한 기타 뜻은 모두 '성실함과 속임이 없음'의 파생과 확장이다.

'신(信)'자와 '성(誠)'자는 호훈(互訓, 뜻이 서로 같은 글자로 해석하는 것을 말함)되며 본 뜻이 서로 통한다. 동한(東漢) 시기 허신(許愼)은 『설문해자』에서 "'신(信)'은 성실함(誠)이며 사람 '인(人)'자와 말 '언(言)'자로 표시해 사람의 말은 신실(信)하다는 의미를 나타낸다(信, 誠也, 從人從言)" "'성(誠)'은 신실함(信)이며 말 '언(言)'자와 이룰 '성(成)'으로 표시하며 '성(成)'의 소리를 따서 읽는다(誠, 信也, 從言成聲)"라고 말했다. 반고(班固)도 『백호통의(白虎通義)』 중에서 "신실함(信)은 성실함(誠)이며 한결같고 변함이 없음을 뜻한다(信者, 誠也, 專一不移也)"라고 말했다.

총체적으로 중화민족의 전통 핵심가치관에서 말하는 '신(信)'은 경세치용(經世致用)에 중점을 두어 상하관계건 좌우관계건 막론하고 모두 '성신'의 도덕을 중시해 언행이 일치하고 겉과 속이 같으며 진실하고 착한 것을 좋아하며 백성에게 큰 도움이 되도록 할 것을 강조했다. '신'은 또 사람들이 본분을 지키고 맡은 바 직책에 충성할 것을 요구하는데 중점을 두었다. 맡은 바 직책에 충성해야 한다는 것은 바로 본분을 다해야 한다는 뜻으로서 사람들에게 자신의 직장에서 부지런히 근무하고 사회적으로 자신에게 규정된 사회 직책과 도덕적 의무를 적극 이행하며 직업을 자신의 사업으로 간주하고 맡은 일을 완성하기 위해 평생 부지런하고 성실하게 노력할 것을 요구한다. '본분을 다하다'는 말은 사람들의 높은 사회적 책임감과 역사적 사명감을 반영하는 말로서 사람들의 직업 활동 중에서 갖춰야 할 고상한 품성을 가리킨다.

성실함과 본분을 다하는 것은 '신(信)'의 기본 내용으로서 과거 역사적으로나 현 사회에 대해서나 모두 아주 중요한 가치적 의의가 있다. 게다가 앞으로 사회에 대해서도 여전히 조화로운 인간관계를 형성하고 사회질서를 안정시키며 선진적인 물질문명을 창조하고 수준 높은 정신문명을 창조하며 여러 나라 간에 우호적으로 왕래하는 국제관계를 발전시키는 면에서 최소한의 도덕적 초석이 될 것이다. 성실함과 본분을 다하는 것은 영원한 보편적인 가치가 있으며 우리가 마땅히 꾸준히 발양해 나가야 할 가치이념과 도덕규범이다.

'신'에 새롭게 부여된 시대적 내용을 진실함, 투철한 직업의식, 충성으로 설명할 수 있다.

(1) 진실함: 유가는 우주 만물은 객관적이고 실제적인 존재라고 긍정하면서 이는 허위적인 것이거나 허무한 것이거나 설정된 것이 아니라고 주장한다. '인도(人道)'는 인류사회에서 '천도(天道)'의 구체적인 표현 형태로서 역시 허망함이 없이 진실한 것이며 도덕이 천·지·인 삼재(三才) 속에 실제로 존재한다. 사람은 마땅히 '천도'를 본받아 허망함이 없이 진실한 품성을 갖춰야 한다. 그래서 '성신'은 먼저 우주 존재의 가치에 대한 긍정이고 사람의 본성·도덕적 가치에 대한 긍정이다. '성신'은 사람의 존재·사람의 도덕·사람의 본질은 천지자연의 본질과 완전 일치하며 사람과 천지의 자연적인 본질에서 나온다고 강조했다.

이른바 "성신을 실천하는 것(誠之者)", "성신을 추구하는 것(思誠者)"이란 사람들에게 객관법칙인 천도를 존중하고 공감하며 따르고 사람의 본질에 따라 생활하고 행동함으로써 천연적인 덕성을 자연스러운 행동으로 전환시켜 전혀 강요하거나 꾸밈이 없도록 할 것을 요구하는 것이다. 이것이 곧 '허망함이 없이 진실한 것(眞實无妄)'이다.

사회의 구조·질서·행위규범은 마땅히 허망함이 없이 진실해야 하고 안정성을 갖추어야 하며, 사람의 행위는 반드시 자신이 내재한 본성에 부합되어야 하고 이랬다저랬다 변덕을 부리지 말아야만 사회의 정상적인 질서를 유지할 수 있으며 정상적인 인간관계를 수립하고 사회생활을 질서 있게 진행할 수 있도록 보장할 수 있다.

'신'은 사람의 본성과 사람 존재의 진실적 가치에 대한 긍정으로서 사람의 말 한 마디 행동거지 하나가 모두 자신의 본성에서 나오고 자신의 본성에 부합되도록 함으로써 일관성과 진실성 및 견정성을 보장할 것을 요구한다. 또한 사람들에게 자신의 본성과 존재에 충실함으로써 언행이 자신이 처한 사회적 지위 · 자신의 맡은 바 사회적 본분과 도덕적 의무에 부합되도록 할 것을 요구한다. 그리고 사람과 사람 사이에 서로 진실하게 대하고 성실하고 속임이 없어야 하며 신용을 지키고 약속을 지킬 것을 요구한다.

'진실함(眞)'은 본심에서 나오고 '성실함(誠)'은 본질에 충실하는 것으로서 언행이 일치하고 겉과 속이 같으며 남과 자신을 속이지 않고 신의를 지키는 것이다. '진실함(眞誠)'은 보편성과 공동성을 띤 가치 이념과 도덕 품성이다.

(2) 투철한 직업의식: 투철한 직업의식은 맡은 바 업무에 온 힘을 다하는 것, 즉 '직책을 다하는 것(盡職)'이다. 중국은 고대에 이른바 '백공(百工)'설이 있고 사(士, 지식인) · 농(農, 농민) · 공(工, 노동자) · 상(商, 상인)의 구분이 있었다. 여러 가지 직업 활동이 공동으로 사회의 운행을 유지하고 사회의 발전을 추진했다. 각기 다른 직업은 각기 다른 사회 책임을 담당하고 있었으며 모두 사회의 생존과 발전에 반드시 필요한 것이었다. 각기 다른 직업에 종사하는 사람들이 모두 사회의 발전에 적극 기여할 수 있다.

'직책을 다하려면' 먼저 매 사람마다 자신의 맡은 바 직무를 사랑할 것을 요구하며 자신의 업무에 부지런하고 성실하게 임할 것을 요구한다. 즉 직무와 책임을 다하는 것이다. 각기 다른 직업에 종사하는 사람은 오로지 맡은 바 직무를 잘하기 위해 애쓰고 업무에 전심전력하며 직무를 수행하는 것으로 사회발전에 기여해야만 사람의 도덕적 요구에 부합할 수 있고 자신의 인생가치를 드러낼 수 있다.

중화민족의 전통 핵심가치관은 착실하고 진지하며 소박한 기풍을 숭상하고, '큰 일을 할 수 없고 작은 일은 하려고 들지 않는' 겉치레뿐인 습성을 배척하며, 어떤 일을 하든 그 일을 좋아하고 잘할 것을 제창한다.

바로 이런 가치 관념의 영향으로 중화민족은 세세대대로 부지런하고 용감하며 묵묵히 헌신해 중화민족의 천추의 대업을 창조했다. 직무와 책임을 다하는 것은 부지런한 품성을 반영했으며 "부지런한 습관을 길러 직책을 다했다".

　　본분을 다하는 최고 경지는 부지런하고 성실하게 직무에 임하고 맡은 바 업무를 즐겁게 수행하는 것이다. 직업에 자신 인생의 이상과 가치 추구를 기탁해 몸과 마음을 다해 업무에 몰두하며 직업 활동 속에서 자신의 인생가치를 발전시키고 완벽히 하며 높은 차원으로 끌어올려 자신의 인생가치를 실현하고 사회에 더 크게 기여하는 것이다.

　　부지런하고 성실하게 직무에 임하고 업무를 즐겁게 수행하려면 업무를 성실하게 책임지고 적극적이고 주동적으로 일하며 이미 훌륭하지만 더욱 완벽함을 추구해 맡은 바 직무를 훌륭하게 완성할 것을 요구한다.

　　이미 훌륭하지만 더욱 완벽함을 추구하는 것은 바로 자신의 전문 기술을 꾸준히 업그레이드시키면서 업무에 깊이 파고드는 것이다.

　　이미 훌륭하지만 더욱 완벽함을 추구하는 것은 본분을 다하고 속임이 없이 성실한 최고의 표현으로서 사람들이 직업 이상·직업 영예감을 꾸준히 추구하는 고도의 자각이며 부지런하고 성실하게 직무에 임하고 맡은 바 업무를 즐겁게 수행하는 정신의 더 높은 차원의 반영이다.

　　전통문화 중 지식인과 벼슬아치를 숭상하고 농민·노동자·상인을 경시하는 편견과 등급제도의 찌꺼기를 폐지해야 한다. 본분을 다하며 부지런하고 성실하게 직무에 임하고 맡은 바 업무를 즐겁게 수행하는 것은 현 시대에 마땅히 크게 발양해야 할 핵심 가치 이념이다.

(3) 충성: '신(信)'의 실질은 "허망함이 없이 진실한 것"으로서 우주 만물의 진실한 본성의 가치에 대한 긍정이다. 가치 이념상에서 '신'은 사람의 진실한 본성에 충실한 것이며 도덕에 충실한 것이다. 도덕적 추구에서 '선(善)'과 일치한 '진(眞)'이며 임의의 존재로서의 '진(眞)'이 아니다. '신'의 가치 이념은 사람과 사람 사이의 교제에서 약속을 쉽게 하지 말아야 한다고 강조한다.

약속은 곧 책임을 지는 것이다. 도덕에 부합되는 것은 대담하게 책임져야 하고 도덕에 부합되지 않는 것은 함부로 약속해서는 안 된다. 말한 대로 실천할 필요가 있는지 여부에 대해서도 마찬가지로 '의(義)'의 기준에 따라 판단해야 한다. '신(信)'은 '약속에 대해 신의를 지키는 것'뿐만 아니라 더욱이는 '의에 대해 신의를 지키는 것'이다. '의에 대해 신의를 지키는 것'은 바로 자신의 진실한 본성에 충성하는 것으로서 자신이 마땅히 감당해야 할 사회적 직책과 도덕적 의무에 대한 고도의 자각성과 일관된 견정성이다.

사회에서 매개인은 모두 일정한 사회역할을 담당하고 있으며 사회는 각기 다른 역할에 대해 각기 다른 도덕적 규정과 규범적 요구를 제기했으며 마땅히 감당해야 할 사회적 책임을 규정지었다. 따라서 사회의 발전과 사회 질서의 안정을 보장하려면 매개 사회 구성원이 모두 자신의 사회적 신분에 충실해야 하고 자신이 맡은 사회적 책임과 도덕적 요구에 충실해야 한다. '신(信)'은 계약에만 국한되어서는 안 되며 마땅히 '의에 대해 신의를 지켜야 한다'. 변화무쌍한 외부 환경과 사회적·자연적 여러 가지 의외의 사건으로 인해 계약을 충실히 지키는 것이 사회의 이익에 손해를 끼치는 것이 될 수도 있다. 이런 경우에 '신의를 지키는 것'은 융통성 없이 계약에 따르는 것이 아니다.

융통성 없이 계약에 따르는 것은 사실 최대의 불공평으로서 마땅히 '의'의 기준에 따라 적당히 처리해야 한다. "오로지 의리를 좇는 것"만이 '신'의 참된 정신이다. 중국 고대의 '유상(儒商, 선비 기질을 지닌 상인)'정신이 바로 '의'를 모든 경제활동의 목적과 행위 준칙으로 삼는 것이다.

"'의에 대해 신의를 지키는 것", 즉 '의'에 충성하는 것의 의미를 확대하면 바로 사람 됨됨이가 충실한 것이다. 즉 진리에 충실하고 정의에 충실하며 민족에 충실하고 나라에 충실하며 본분에 충실한 것이다.

『논어·학이(論語·學而)』에는 "다른 사람을 위해 일을 행함에 온 마음을 다했는가?(爲人謀而不忠乎？)"라고 했다. 『순자·요문(荀子·堯問)』에는 "충성스러움은 마음속에 가득 차 겉으로 발산되며 온 세상에 드러난다.(忠誠盛於內, 賁於外, 形于四海)"라는 말이 있다.

범중엄(范仲淹)의 『악양루기(岳陽樓記)』에서는 "온 세상 사람이 걱정하기에 앞서 걱정하고, 온 세상 사람이 다 기쁨을 누린 다음에 기뻐한다(先天下之憂而憂, 後天下之樂而樂)"라고 했다.

'충성'은 사람이 좇아야 할 기본 가치 이념과 도덕품성이며 각기 다른 시대에 각기 다른 내용이 포함된다. 오늘날의 의미에서 '충성'은 바로 인민에 충성하고 나라에 충성하며 사회주의에 충성하고 당에 충성하는 것이다.

제5장
중화 전통미덕 속의 기타 덕목

제5장
중화 전통미덕 속의 기타 덕목

중국 고대의 미덕 덕목은 일종의 도덕규범이기도 하고, 또 일종의 도덕의식과 이념이기도 해 도덕지식·의식·이념·규범·행위를 유기적으로 결합시켜 외재적 도덕교화와 개인의 내재적 수양의 통일을 주장했다. '인의예지신'은 중화 전통미덕의 핵심가치관과 기본정신으로서 사람들이 보편적으로 좇아야 하는 가장 중요한 다섯 가지 사회도덕규범이고, 중화 전통미덕에 대한 고차원적 개괄로서 중화 전통미덕 중에서 핵심적 지위를 차지한다. 그러나 '인의예지신'은 중화 전통미덕의 모든 덕목을 빠짐없이 포괄하지는 못한다. 중화 전통미덕의 범주는 너무 풍부하며 매개 범주의 내용도 각기 다르다. 게다가 시대가 변화 발전됨에 따라 중국인 미덕의 방대한 체계가 구성되었다. 그중 '충·효·염·치·용(忠孝廉恥勇)'도 중화 미덕체계 중의 중요한 덕목이다.

제1장에서 서술했다시피 '인의예지신'과 내재적 연계가 있는 기타 중화 전통미덕 덕목, 예를 들어 '충'·'효'·'용' 등을 '인의예지신' 속에 융합시킬 수는 있지만, '인의예지신' 다섯 덕목은 여전히 이들 전통미덕 덕목의 풍부한 내용을 전면적으로 내재화시키지는 못한다. 따라서 그들의 내용과 외연이 교차되는 것은 불가피하므로 주로 본뜻과 주요한 뜻을 취할 뿐이다. 한편

또 일부 미덕 덕목, 예를 들어 '염'·'치' 등은 그 내용을 '인의예지신'의 범위 안에 완전히 포함시킬 수 없을 뿐만 아니라, '인의예지신'에 새로운 시대적 내용을 부여하는 것을 통해 충분히 구현할 수도 없다. 충·효·염치·용 이들 전통미덕 덕목은 중국 역사 발전과정에서 줄곧 매우 중요한 도덕규범의 역할을 발휘했으며, 오늘날에 이르러 중국인의 아름다운 도덕의식과 도덕행위를 부각시키는 면에서도 빠질 수 없는 중요한 의미가 있다. 중화 전통미덕을 계승하고 발양하며 사회주의 핵심가치관을 양성하고 선양함에 있어서 충·효·염·치·용 등 전통미덕 덕목의 중요한 가치를 절대 경시하고 잊어서는 안 되며, 그들을 다시 제창하고 강조함으로써 중화 전통미덕을 더욱 완정하고 풍부하며 전면적인 것이 되도록 해야 한다.

1. 충(忠): 사욕을 버리고 공익만을 위해 힘써야 하는 책임

'충'은 즉 충성을 말하는데 사욕을 버리고 공익만을 위해 힘쓰는 것이다. 『논어·학이(論語·學而)』에서는 "남을 위해 일을 행함에 있는 힘과 성의를 다했는가?(爲人謀而不忠乎？)"라고 했다. 뜻은 곧 사람 됨됨이와 처세에 있어서 충성을 해야 한다는 것이다. 『순자·요문(荀子·堯問)』에서는 "마음속에 충성심이 깊고 성하면 겉으로 드러나게 되며 온 천하에 널리 퍼지게 된다(忠誠盛於內. 賁於外. 形于四海)"라고 했다. 이는 사람은 마음속으로부터 충성에 주의해야 하고 행동으로 충성을 실천해야 하며 충성을 빛내고 발전시켜야 한다는

227

뜻이다. 옛 사람들이 이르기를, "세상 사람이 근심하기에 앞서 걱정하고 세상 사람이 즐거움을 누린 뒤에야 즐거워해야 한다. (先天下之憂而憂, 後天下之樂而樂.)"[132]

"나라를 위해 충성을 다하려는 마음은 죽을 때까지 변함이 없어야 한다.(報國之心, 死而後已.)"[133]

"비천한 지위에 있어도 나라를 걱정하는 것을 잊어서는 안 된다.(位卑未敢忘憂國.)"[134]

"무심코 얻게 되는 부귀는 추구하지 말아야 한다, 나라에 충성을 다 바치는 일편단심이 있어야만 진정한 남아대장부라 할 수 있다.(富貴倘來君莫問, 丹心報國是男兒.)"[135]

"천하의 홍망성쇠에는 모든 백성에게 책임이 있다(天下興亡, 匹夫有責.)"[136]

이러한 명언과 경구들은 우리에게 남을 위해 일을 행함과 처세에 있어서

---

132) 범중엄(范仲淹), 『옥양루기(嶽陽樓記)』
133) 소식(蘇軾), 『항주소환걸군장(杭州召還乞郡狀)』
134) 육유(陸遊), 『병기서회(病起書懷)』
135) 어겸(於謙), 『제소무충절도(題蘇武忠節圖)』
136) 고염무(顧炎武), 『일지록 · 정시(日知錄 正始)』

사욕을 버리고 공익만을 위해 힘쓰는 것은 중요한 인생 미덕이라는 것을
알려주고 있다.

1) 나라에 충성을 다하다

충성은 주로 나라에 대해서 하는 말이다. 한 사람이 나라의 이익을 위해
생각하고 진언하며 열심히 뛰고 분투하는 것이 바로 나라에 충성을 다하는
것이다. 나라를 위해 충성을 다해야 한다는 사상은 모든 국가와 민족에
필요한 정신적 이념이다. 만약 한 나라 혹은 민족의 모든 사람이 자기만
돌보고 자신의 이익만 추구하며, 목숨을 아끼고 죽음을 두려워한다면 그
국가와 민족은 존재하고 발전할 수가 없다. 따라서 보국(報國)사상은 모든
국가와 민족이 적극적으로 제창하는 군체의식이며 사상 건설의 중요한
내용이다. 매 개인이 모두 일정한 사회공간에서 생활하고 있기 때문에
나라가 있고 집이 있어야 개인도 존재할 수가 있다. 군체를 잃으면 개인도
존재할 수 없는 것이다.

옛 사람들은 나라가 있어야 집이 있고 나라는 집의 확대라고
여겼다. 나라에 어려움이 닥치면 마치 집안의 어려움을 대하듯이 온
힘을 다해야 한다. 반대로 나라의 통치자들도 민중을 아끼고 백성을
자식처럼 아껴야 한다. 『한비자·오두(韓非子·五蠹)』에서는
"선대 임금이 백성을 아끼는 것은 부모가 자식을 아끼는 것에 미치지
못한다(先王之愛民, 不過父母之愛子)"고 했다. 『논형·치기(論衡
·治期)』에서도 "어진 임금이 나라를 다스리는 것은 마치 자애로운

아버지가 집안을 다스리는 것과 같다(賢君之治國也,　猶慈父之治家)"라고
했다. 청조 초기 황종희(黃宗羲)는 『명이대방록(明夷待訪錄)』에서 "옛날
세상 사람들은 자신의 임금을 우러러 섬기는 정도가 아버지를 섬기는 것에
비교하고 하늘을 우러르는 것에 비해도 전혀 지나칠 것이 없었다(古者天下
之人愛戴其君,　比之如父,　擬之如天,　誠不爲過也)"라고 말했다.

진(晉)대의 부함(傅咸)이 지은 『효경시(孝經詩)』에서는 효성으로
보국하는 것에 대해 논했다. "효성이 있는 사람은 나라 임금을 섬김에
있어서 반드시 충성할 수 있어 자신의 훌륭한 명성을 잃지 않을 것이다.

충성심을 다해 의리에 맞는 일에 대해서는 간언을 드리지 말고, 그릇된
행위에 대해서 바로잡아 주면 재난이 발생하지 않을 것이다. 부모와 형에
대한 효도와 공손함을 제대로 행하면 세상 물정에 밝게 된다(以孝事君,
不離令名; 進思盡忠, 義則不爭; 匡救其惡, 災害不生; 孝悌之至, 通於神明.)"

'충'은 '효'의 확대로서 가정에서 국가로의 위치 이동이다. 효자가
나라에 충성을 다 바치면 죽어도 여한이 없다. 나라에 보답하는 것은
효성을 다하는 것이다. 『효경 · 개종명의장(孝經 · 開宗明義章)』에서는
"사람이 세상에서 인의도덕에 따르고 공을 세워 후세에 널리 이름을
날림으로써 부모에게 혁혁한 영광을 누릴 수 있게 하는 것은 효도의 최종
목표이다.(立身行道, 揚名於後世, 以顯父母, 孝之終也)"라고 했다. 나라를
위해 공을 세우고 조상과 가문을 빛내는 것이 '효'의 최종 목표이다. 명(明)대
정태화(鄭太和)는 자신이 쓴 가훈 『정씨규범(鄭氏規範)』 중에서 "만약
벼슬자리에 앉은 자손이라면 아침저녁으로 나라에 보답하는 것을 잊지
말아야 한다. 가난한 백성을 관심하며 그들을 대함에 있어서 마치 자애로운
어머니가 자신의 아들을 대하듯이 아껴야 한다.

억울함을 호소하며 도움을 구하는 백성에 대해서는 측은지심을 갖고 반드시 실제 사정을 조사해야 하며 절대 함부로 헛되이 지나치지 말아야 한다. 또한 절대 백성에게서 한 푼이라도 함부로 취해서는 안 된다(子孫倘有出仕者, 當早夜切切, 以報國爲務; 撫恤下民, 實如慈母之保赤子; 有申理者, 哀矜懇惻, 務得其情, 毋行苟慮, 又不可一毫妄取於民.)"라고 했다. 이는 가규(家規) 형식으로 자녀에게 나라에 충성을 다 바치고 백성을 위해 복지를 도모할 것을 요구한 것이다.

정씨는 또 만약 벼슬자리에 앉은 자손이 뇌물을 주고받아 악명이 높으면 마땅히 족보에서 이름을 빼버려야 하며, 죽은 뒤에는 사당에 위패를 놓지 못하도록 규정지었다.

굴원(屈原)은 초(楚)나라에서 좌도(左徒, 재상 버금가는 벼슬)직을 맡았는데 나라에 충성을 다 바친 전형적인 인물이다. 전국시기의 복잡한 형세 앞에서 굴원은 늘 초나라의 발전을 생각하고 개혁사상을 제기했으며, 꾸준히 조정에 제안을 올렸지만 아쉽게도 초나라 임금(楚王)에게 받아들여지지 않았다. 결국 그는 멱라강(汨羅江)에 투신자살해 죽음으로써 그 나라 사람들의 각성을 불러일으킬 수 있기를 기대했다. 후세 사람들은 굴원의 충성심에 감동을 받아 매년 단오절이 되면 용주경기를 하고 쫑즈(粽子)를 흩뿌리며 굴원을 기리고 있다.

굴원의 사적은 『사기·굴원열전(史記·屈原列傳)』에 상세하게 기록되어 있다. 그 서적의 기록에 따르면 굴원은 "난세를 다스림에 밝았을 뿐 아니라" 위대한 정치가이며 게다가 대 충신이기도 했다. 유배를 가서까지도 굴원은 여전히 "초나라에 관심을 기울이고 회왕(懷王)을 마음에 두고 있었으며 다시 되돌아가려는 마음을 내려놓은 적이 없었다(眷顧楚國,

系心懷王, 不忘欲反)." 굴원은 『이소(離騷)』에서 "재덕을 겸비한 어진 이를 선발 중용해야 하며 법도에 따라 행하면 일을 그르치지 않을 것이다(擧賢而授能兮, 循繩墨而不頗)"라고 질호(叱呼)했다. 굴원은 "그의 일당은 충직한 이를 시기 질투하고 향락만 추구하면서 나라가 멸망할 위기에 처한 것도 모른다. 설마 나 개인이 재앙을 입는 것이 두려워서 이러는 것일까? 내가 두려운 것은 초나라가 뒤집어져 선왕이 일으킨 업적이 망가지는 것이다(唯夫党人之偸樂兮, 路幽昧以險隘. 豈餘身之憚殃兮, 恐皇興之敗績.)"라고 탄식하기도 했다.

송대의 문천상(文天祥, 1236−1283)도 중화민족 역사에서 평가받는 충의지사이다. 문천상은 자가 송서(宋瑞)·이선(履善)이고, 호는 문산(文山)이며 현재의 장시(江西) 지안(吉安) 사람이다. 문천상은 보우(寶祐) 년간의 진사(進士)였으며, 그의 서적 『문산집(文山集)』 20권이 전해져 내려오고 있다. 『송사기사본말(宋史紀事本末)』권 190의 기록에 따르면 문천상이 전투에서 패해 포로가 된 후 "4년간 옥에 갇혀 지내면서 충성과 절의를 시가로 썼는데 수십 편에서 백여 편에 이르렀다. 그래서 병마사(兵馬司, 관서명칭)의 문서로써 보관했는데 그 시를 읽고 슬퍼 울지 않은 이가 없었다(居獄四年, 忠義之氣, 一著於詩歌, 累數十百篇. 至是, 兵馬司籍所存上之, 觀者無不流涕悲慟.)" 문천상은 일생동안 남송(南宋)의 진흥을 위해 애썼으며 늘 황제에게 상소문을 올려 여러 가지 제안을 제기했다. 남송이 멸망하자 그는 순국했다. 문천상은 『영정양을 지나며(過零丁洋)』라는 시를 지었다.

갖은 고생 끝에 어렵게 벼슬길에 올랐건만,

전란으로 세상이 어지러워진 지 어언 4년.

강산은 짓밟혀 광풍에 흩날리는 버들 솜같은 신세,

이 내 몸 또한 소나기 속 부평초 신세라네.

황공탄에서의 참패에 공포감이 엄습하고,

영정양에서 쓸쓸함을 한탄하노라.

인생 자고로 뉘 아니 죽으련만,

나라를 향한 일편단심 고이 남겨 청사에 빛내리라.

(辛苦遭逢起一經, 干戈寥落四周星.

山河破碎風飄絮, 身世浮沉雨打萍.

惶恐灘頭說惶恐, 零丁洋裡歎零丁.

人生自古誰無死, 留取丹心照汗青.)

이 시는 나라에 충성하는 애국심을 읊은 천추에 길이 남을 아름다운 시이다.

2) 충덕(忠德)에 관한 고전서적 – 『충경(忠經)』

중국은 '충'에 대한 사상이론이 아주 풍부하다. 『충경』은 바로 '충'과 관련된 사상이론을 집대성한 고전이다. 『충경』은 한(漢)대 마융(馬融)이 편찬한 것으로 전해지고 있다. 마융은 한대의 유학가이며 문학가이다. 그는 성정이 활달하고 예절에 얽매이지 않았으며, 평생 예악을 좋아했고 거문고를 즐겨 타고 피리를 즐겨 불었다. 한환제(漢桓帝) 시기에 마융은 형주(荊州) 태수(太守)직에 임명되어 주로 민중을 교화시키는 업무에 종사했다. 임직 기간에 마융은 『충경』을 편찬하고, 『효경』·『논어』·『모시』·『주역』·『노자』 등 고전을 주해했다. 역사 기록에 따르면 그는 군수 관청(郡治)에 강장대(絳帳臺)를 설치하고 학생을 널리 받아들여서 성현의 도나 학설을 전하고 학업을 전수했다. 그의 문하에는 생도가 늘 수백 명에서 천 여 명에 이르곤 했다(현재 형주중학교의 캠퍼스 내에는 여전히 강장대의 유적이 남아있다.) 마융의 제자 중 출중한 인물들로 노식(盧植)·정현(鄭玄) 등이 있었다. 마융이 늘 높은 대청 위에 올라 앉아 사(紗)로 만든 휘장을 드리우고 휘장 앞에는 수업을 받는 학생들이 앉고 휘장 뒤에는 악기들을 배열했으므로 후세에 이르러서는 '마융의 강장(馬融絳帳)'이라는 말로 강단 혹은 교사가 교학을 진행하는 것을 뜻하기도 했다. 마융의 다스림과 교화 덕분에 그때 당시 형주는 '문화의 형주'로 불릴 정도였으며 천하의 문인들이 그곳에 운집하곤 했다.

『충경』은 『효경』을 본 따 18장으로 쓰여 졌다. 그 내용을 보면 『충경』은 논술 범위가 아주 넓다. 『충경』은 민속에 대한 관찰·여러 사(司)의 직능·문무겸비 등의 내용에 대해 기록했다. 예를 들어 『충경·무비장(忠經 ·武備章)』에서는 군사력을 키울 때 중시해야 할 도덕에 대해 썼는데 "군왕 된 자는 군사를 세워 그 위력을 사처에 과시함에 있어서…… 인(仁, 어짊)으로써 부하에 대해 관심을 두고, 의(義, 의로움)로써 부하의 사기를 진작시키며, 예(禮)로써 부하를 교도하고, 신(信, 믿음)으로써 부하를 감동시켜 행하게 하며, 상(償)으로써 권고하고 벌(罰)로써 엄격히 다스려야 한다. 이 여섯 가지를 행하게 되면 이롭다고 할 수 있다(王者立武, 以威四方……仁以懷之, 義以厲之, 禮以訓之, 信以行之, 賞以勸之, 刑以嚴之, 行此六者, 謂之有利.)"라고 했다. 『효경』은 개인과 가족에 착안했다. 예를 들어 "자신의 몸을 감히 상하게 해서는 안 되고(不敢毁傷)", "부모에게 영광을 안겨주어야 한다(以顯父母)"는 것과 같은 것이다.[137]

『충경』에서는 하늘과 땅은 편애하지 않는다고 했다. "사람이 실천해야 하는 것 중에서 충성보다 더 중요한 것은 없다."[138] 충(忠)의 기준에는 나라에 순국하고 가정을 잊는 것뿐만이 아니라 계책을 내고 유능한 인재를 선발 등용하는 것도 포함된다. 『충경・백공장(忠經・百工章)』에서는 "언사에 거리낌이 없고 오로지 나라의 이익만을 위하며 자신의 안위를 돌보지 말아야 한다(言事無憚, 苟利社稷, 則不顧其身)"라고 했다.

『충경・수재장(忠經・守宰章)』에서는 조정 백관에 대한 요구를 아주 구체적으로 제기했다. "관직에 있는 자는 반드시 사리에 밝아야 하고, 일에 임하여서는 반드시 공정해야 하며, 처신함에 있어서는 반드시 청렴해야 한다. 청렴하면 탐욕스러워지지 않을 것이고 공정하면 불공정한 일을 하지 않을 것이며, 사리에 밝으면 도리에 어긋나지 않게 올바른 풍속을 지킬 수 있다(在官惟明, 蒞事惟平, 立身惟淸, 淸則無欲, 平則不曲, 明能正俗)"라고 요구했다.

오늘날의 사회에서도 『충경』은 아주 참고할만한 가치가 있다. 예를

---

137) 『효경・개종명의장』
138) 『충경・천지신명장(忠經・天地神明章)』

들어 『충경·보국장(忠經·報國章)』에서는 "보국의 도리에는 네 가지가 있다. 첫째는 유능함을 바치는 것이고, 둘째는 계책을 바치는 것이며, 셋째는 공을 세우는 것이고, 넷째는 이익을 가져다주는 것이다. 유능한 자는 나라의 주체이고 계책이 있는 자는 나라의 규범이며, 공적이 있는 자는 나라의 장수이고 이익을 가져다주는 자는 나라에 쓸모가 있는 자이다(報國之道有四, 一曰貢賢, 二曰獻猷, 三曰立功, 四曰興利. 賢者國之幹, 猷者國之規, 功者國之將, 利者國之用.)"라고 했다. 이러한 보국관은 오늘에 이르러서도 여전히 취할 부분이 있다.

3) 충덕에 새로운 시대적 내용 부여

'충'은 전통미덕의 중요한 덕목으로서 그 내용이 풍부하고 심오하다고 할 수 있다. '충'의 형태와 내용에 따라 충덕을 다음과 같은 다양한 유형으로 분류할 수 있다.

첫 번째 유형은 충언(忠言)을 올리는 것이다. 『순자·치사(荀子·致士)』에서는 "충직한 말은……명백하고 통달하지 않는 것이 없다(忠言忠說……莫不明通)"라고 했다.

『한비자·안위(韓非子·安危)』에서는 "성인군자는 위기에 처한 나라를 구제할 때 귀에 거슬리는 충언을 올린다.…… 충직한 말은 귀에 거슬리기 때문에 마음은 잠깐 불편할 수 있으나 국가는 장기적인 이익을 얻을 수 있다(聖人之救危國也. 以忠拂耳.……拂耳, 故小逆在心, 而久福在國.)"라고 했다. 속담에 이르기를 "입에 쓴 약이 몸에는 좋고 귀에 거슬리는 충언이 행위를 단정히 하는 데는 도움이 된다"라고 했다. 중국 전통문화에서 국가와 민족의 이익을 위해 감히 충언을 올려 통치자에게 자신의 견해를 적극 진언한 이는 세인의 존중을 받아 마땅하다. 한(漢)대의 사마천(司馬遷)은 충의지사의 본보기로 일컬어지고 있다. 그가 궁형을 받은 이유는 그가 조정에서 충언을 올려 사실에 따라 싸움에서 패한 장수 이릉(李陵)을 변호했기 때문이다. 궁형을 받았지만 사마천은 여전히 직무에 충실했다. 그는 몸과 마음이 모두 막대한 상처를 입은 상황에서도 여전히 붓을 들어 위험을 무릅쓰고 역사적 사실을 숨기거나 왜곡하지 않고 사실대로 기록해 위대한 역사 거작인 『사기(史記)』를 써냈다.

『사기』는 역사적 사실에 충실했을 뿐 아니라 역사에 대해 객관적이고 정곡을 찌르는 평가를 진행했다. 사마천이 일생동안 "하늘의 이치와 인류사회의 관계에 대해 연구하고 고금에 이르는 변화에 대해 훤히 꿰뚫고자(究天人之際, 通古今之變)"[139] 애써왔기 때문에 조정에 충언을 올릴 수 있었고 위험을 무릅쓰고 역사적 사실을 숨기거나 왜곡하지 않고 사실대로 기록할 수 있었던 것이다. 그래서 그가 쓴 『사기』는 후세에 참고할 가치가 풍부한 훌륭한 치세 처방을 제공할 수 있었던 것이다. 사마천 외에도 중국 역사에는 간신(諫臣, 임금에게 옳은 말을 간하는 신하)이 적지 않다. 당(唐)나라의 위징(魏徵)은 감히 직언으로 윗사람에게 대들었고, 송대의 구준(寇準)·명대의 해서(海瑞)도 모두 강직한 신하였으며, 청조

---

139) 『한서 · 사마천전(漢書 · 司馬遷傳)』

말기 왕국유(王國維)는 학문을 함에 지극히 충실해 양계초는 왕국유가 모든 문장 하나하나 마다 언제나 지극히 충실했고 신중한 태도로 써내려갔다고 말했다. 왕국유가 20세기 학술의 거두가 될 수 있었던 것은 전적으로 그의 충성심에서 비롯된 것이다. 민국시기에 웅십력(熊十力)이 유학의 부흥을 견지하고, 전백찬(翦伯贊)이 역사유물주의 관점을 견지한 것은 모두 학술에 충실하고 감히 직언을 할 수 있는 태도를 가지고 있었기 때문이었다.

두 번째는 충행(忠行, 충직한 행위)을 행하는 것이다. 사람이 이 세상에 살아가면서 하는 일이 나라에 이롭고 국민에 이로운 일이라면 충행이라고 할 수 있다. 고금의 인물을 살펴보면 모든 사람에게 충언을 올릴 기회가 있었거나 혹은 독특한 사상견해를 발표할 수 있는 능력이 있었던 것은 아니다. 그러나 매개인은 모두 자신의 행동을 통해 나라에 대한 충성심과 국민에 대한 충성심을 증명했다. 전국시기의 인상여(藺相如)는 강국인 진(秦)나라를 두려워하지 않고 화씨벽(和氏璧)을 온전하게 조(趙)나라로 돌려보냈고, 한대의 장건(張騫)은 천신만고 끝에 서역과의 연결을 실현시켰으며, 소무(蘇武)는 양을 치면서도 뜻을 굽히지 않고 사명을 완수했고, 명대 정화(鄭和)는 서쪽 바다로 나가 나라의 위상을 드높였으며, 근대의 첨천우(詹天佑)는 주로 철도를 가설하는데 개척과 혁신을 실현했다.

이들은 모두 큰일을 하면서 충성심을 행동으로 실천한 이들이다. 충행을 행함에 있어서 또 한 가지 기본적인 요구가 있다. 바로 개인의 이익을 희생시키는 것을 두려워하지 않고 작은 나를 포기하고 큰일을 성취하려 했다는 점이다. 고대 중국에서는 중원(中原)지역의 안정을 유지하고 민족 간의 우호관계를 발전시키기 위해 중앙정부가 늘 화친정책을 실행해 유목부락과 통혼하곤 했다. 한대에 소군(昭君)이 국경을 넘어 먼

흉노족에게 시집을 갔고, 당대에 문성(文成)공주·금성(金城)공주가 먼 청장(靑藏)고원의 토번으로 시집을 갔다. 바로 그들의 희생과 기여가 여러 민족 간의 우호적인 왕래를 추진했으며, 그들은 오랜 세월동안 사람들로부터 경모(敬慕)를 받고 있다. 오늘날의 사회에서도 조국의 번영과 부강을 위해, 사회의 안정과 발전을 위해 사람들은 모두 각자의 근무처에서 마땅히 해야 할 역할을 발휘하고 있다. 예를 들면 왕진시(王進喜)·쟈오위루(焦裕祿)·가오젠청(高建成)·뉴위루(牛玉儒)·양리웨이(楊立偉) 등 같은 사람들인데, 이들은 모두가 다양한 업종에서 본분에 충실한 모범인물이었다.

세 번째는 충직의 아름다운 도리(忠道)를 다하는 것이다. 이는 사회의 대의이다. 각기 다른 시대에 각기 다른 충직의 아름다운 도리가 존재한다. 고대에는 수많은 충의지사들이 국민을 각성시키고 민족의 진흥을 실현시키기 위해 죽음으로써 나라에 진언했다. 전국시기에 굴원대부가 멱라강에 투신했고, 청조 말기 유신지사 담사동은 자신의 이상과 신념을 위해 흔쾌히 죽음을 택했으며, 진천화(陳天華)·추용(鄒容)·추근(秋瑾) 등도 모두 죽음을 두려워하지 않았다. 역사상에서 나라를 보위하고 국민을 안정시키며 본분에 충실한 영웅인물들은 아주 많다. 우겸(于謙)·척계광(戚繼光·등정정(鄧廷楨) 등 이들은 모두 공경하고 우러를만한 천추의 호걸들이다. 송대의 육유가 지은 유명한 시에는 "평생 철석간장을 지녀 가족애를 잊고 나라를 위해 충성을 다 바쳤네(平生鐵石心, 忘家思報國)"[『태식·숙청산포작(太息·宿靑山鋪作)』]라는 구절이 있다. 그리고 또 "남아대장부는 태어날 때부터 원대한 포부를 지녀야 하며, 조국을 위해 몸 바치는 것을 본래의 귀숙으로 간주해야 한다.(男兒墜地志四方, 裹屍馬革固其常)"[140]라고 했다. 중화민족은 위대한 부흥을 실현해야 하는 중요한 시기에 처해 있다. 중화의 모든 아들딸은 중화민족의 위대한 부흥을 실현하기 위해 꾸준히 분투해야 한다. 이것이 바로 충직의 아름다운 도리를 다하는 것이다.

물론 '충'에는 지충(智忠, 지혜로운 충성심)·우충(愚忠, 어리석고 고지식한 충성심)·위충(僞忠, 허위적인 충성심) 등의 구별이 있다.

지충은 사람들에게 전반적인 도리를 알고 당면한 형세와 흐름에 대해 명확하게 인식할 것을 요구하기 때문에 취할 만한 '충'이다. 역사상에서 지충은 사람들에게 대공무사할 것을 요구했다. 『예기·예운(禮記·禮運)』에서는 "대도가 행해질 때 천하는 사람들이 공유하게 되는 것이다(大道之行也, 天下爲公)"라고 했다. 임금에게 충성하고, 나라에 충성하며, 민족에 충성하는 세 가지를 현명하게 결합시켜 천하에 충성하는 자야말로 진정한 '충'이라고 말할 수 있다. 예를 들어 당조의 위징·송조의 구준 등 명신들은 모두 지충을 다한 본보기였다.

우충은 일종의 황당하고 웃기는 행위이다. 고대에는 임금에게 충성하는 것을 나라에 충성하는 주요 상징으로 삼았다. 그러나 실제로 임금에게 충성하는 것은 나라에 충성하는 것이 아니다. 어리석고 무능한 군주가 나타나 나라를 망치게 되는 시기에, 이런 아둔한 군주에게 충성을 하게 되면 반드시 나라를 망치게 된다. 강유위(康有爲)가 만년에 역사의 흐름을 거슬러 애써 황제를 복위시키고 군주제를 부활시키려는 터무니없는 시도를

---

140) 『농두수(隴頭水)』

했는데 이것이 바로 우충이다.

위충은 '충'과 대별되는 말로서 허위적일 뿐 아니라 심지어 나라와 민족에 막대한 재난을 가져다줄 수 있다. 『노자』 제18장에서는 "간교함이 극에 이른 자는 그 간교한 본모습을 감출 줄 알아 아주 충성스러운 것처럼 보인다(大奸似忠)"라고 말했다. 조고(趙高)·진회(秦檜)·엄숭(嚴嵩) 등 역사상의 대 간신들이 바로 그러했다. 간신이 정권을 장악하는 때면 필연코 민족에 재난을, 인민에게 고통을 가져다주게 된다.

그래서 '충'에 새로운 시대적 내용을 부여해야 하며, 국민에 충성하고 나라에 충성하는 미덕을 발양케 하고, 전통 중 시대의 요구에 부합되지 않는 내용을 버려야 한다. 위대한 민주혁명의 선구자인 손중산 선생은 『삼민주의·민족주의』에서 '충'에 대해 구체적으로 설명했다. 그는 이렇게 말했다.

"지금 일반 국민은 민국시기가 되었으니 '충'자를 강조하지 않아도 된다는 사상을 갖고 있을 것이다. 이전에 '충'자를 강조한 것은 군주에 대한 것으로서 군주에게 충성하는 것을 가리켰지만, 지금은 민국이어서 군주가 없으므로 '충'자를 쓰지 않아도 될 것이라고 생각하는 것이다…… 이런 이론은 실은 오해이다. 한 나라에서 군주는 없을 수 있지만, '충'자는 없으면 안 된다. 만약 '충'자가 없어도 된다고 한다면 묻건대 우리에게 나라가 없다는 것인가? 우리의 '충'자는 나라에 쓰면 안 되는 것일까? 지금 우리가 군주에게 충성한다는 말을 하는 것은 물론 안 된다. 그렇다면 나라에 충성한다고 하면 안 되는가?

또 사업에 충성한다면 안 되는가? 우리는 한 가지 일을 할 때 언제나 처음부터 끝까지 변함이 없어야 하며 성공할 때까지 견지해야 한다. 만약 성공하지 못한다면 목숨을 희생시키는 한이 있더라도 아까워하지 않는다면 그것이 곧 충이다.

충성을 다 한다는 말의 시대별 내용은 각기 다르다. 근대 기업가들은 사업경영을 통해 국민을 부유하게 하고 나라를 부강하게 할 수 있기를 바라는데, 이 역시 충성을 다하는 방식 중의 하나이다. 그들은 나라와 국민을 걱정하고 식민주의자들이 중국에서 멋대로 날뛰는 것을 통탄해 하며 "죽을 때까지 나라에 충성하려는 마음을 변치 않을 것"이라고 다짐한다. 20세기 초 영종경(榮宗敬)·영덕생(榮德生) 형제가 영(榮)씨 기업을 일으켰다. 그들은 외국의 밀가루가 중국으로 끊임없이 투매되고 있어 중국의 재부가 대량으로 외국으로 유출되고 있는 것을 보고는 자금을 모아 밀가루공장을 설립해 서양 제품을 배척했다. 그들의 애국심이 민심을 얻으면서 기업이 빠르게 발전했다. 항일전쟁시기에 일본 상인들은 '합작경영' 혹은 '거금 인수'방식으로 영씨 기업을 합병하려고 했는데, 영씨 형제는 위협에도 아랑곳 않고 의연히 자금을 후방으로 이전시켜 항일물자를 생산하는데 투입함으로써 나라에 충성하는 민족기업가의 미덕을 보여주었다.

다른 한 기업가 장진훈(張振勳)은 애국주의를 동력으로 기업을 일으켰다. 장진훈은 일찍이 홀홀단신으로 동남아를 떠돌아다니면서 천신만고 끝에 자금을 모은 다음 바로 귀국해 '중국인이라면 조국을 위해 온 힘을 다해야 한다'는 맹세를 다짐했다. 그는 사처로 뛰어다니면서 중국 최초로 기계를 이용해 와인을 양조하는 공장 - 연대(煙臺)장유(張裕)와인양조회사를 설립했다. 맛 좋은 술을 빚기 위해 그는 정성 들여 계획하고 모든 일을 몸소 행하면서 해외에서 포도묘목을 들여오고, 외국의 고급 양주사를 초빙해 거듭되는 시험 양조 끝에 마침내 중국산 브랜디가 1915년에 세계 금상을 따내기에 이르는 성과를 올렸다. 그 외에도 장진훈은 또 '유(裕)'자 상호를 쓰는 기업들을 설립해 민족공업을 진흥시키는데 기여했다.

중국공산당의 지도하에 무수히 많은 혁명 선열들이 새 중국을 창립하는 위대한 혁명투쟁 속에서 희생을 두려워하지 않고 조국에 충성을 다 바쳤으며, 영웅인물과 영웅사적들이 속출했다. 리다자오(李大釗)·샤밍한(夏明翰)·류후란(劉胡蘭)·둥춘루이(董存瑞) 등 헤아릴 수 없이 많다. 이들 중 어떤 이는 적의 위협 앞에서 정의롭고 당당했으며 굽힐 줄 모르는 강한 의지를 보여주었고, 어떤 이는 전투의 승리를 쟁취하기 위해 희생을 두려워하지 않고 용감하게 목숨을 바쳤다. 이들의 희생이 있었기에 새 중국 창립의 기반을 마련했으며, 중국이 희망에 찬 새 아침을 맞이할 수 있었다.

새 중국이 창립된 후 국민이 주인이 된 새 사회에서도 본분에 충실하고 조국에 충성을 다 한 영웅인물과 사적이 헤아릴 수도 없을 정도로 많이 나타났다. 평화로운 건설시기에는 당의 훌륭한 아들딸들인 레이펑(雷鋒)·샹슈리(向秀麗)·쟈오위루(焦裕祿)·콩판선(孔繁森) 등이 마음속에 공산주의의 원대한 포부를 품고 평범한 일자리에서 평범하지 않은 업적을 이루었다. 그들의 마음속에는 국민이 있으며 그들은 자신의 모든 것을 국민을 위한 사업에 바쳤다. 그들은 중화 아들딸들의 우수한 대표이며 자신의 모든 것을 공적인 사업에 바치고 나라에 충성을 다 바친 본보기였다.

중국 사회주의 현대화 건설은 헌신정신이 있는 보국지사들을 절실히 필요로 하고 있다. 매 개인마다 얼마만한 힘이 있으면 얼마만한 힘을 내야 한다. 매 개인이 모두 자신의 빛과 열로써 기여해야만 나라와 민족이 비로소 빠르게 굴기할 수 있다. 새 세기에 후진타오(胡錦濤) 동지가 제기한 사회주의 영욕관(榮辱觀)의 제1조가 바로 "조국을 사랑하는 것을 영예로 여기고 조국에 해를 끼치는 것을 치욕으로 여겨야 한다"는 것으로서 우리에게 가장 진지한 감정으로 조국을 대할 것을 요구했으며, 자신의 운명을 조국의 운명과 연결시킬 것을 요구했다. 조국을 사랑하고 조국에 충성하며 조국을 건설하고 조국을 보위해야 하며, 자신의 부지런한 노동과 총명한 재능과 지혜로써 조국이 더 아름다운 미래를 향해 발전할 수 있도록 추진해야 한다고 강조했다. 어디서 근무하고 생활하든, 그 어떠한 상황에서든 언제나 국가의 주권·이익·존엄·영예를 단호히 수호해야 하며, 국가에 해가 되는 모든 행위에 대해서는 단호히 반대해야 하고, 국가의 존엄에 손해를 끼치는 그 어떠한 일도 절대 하지 말아야 할 것이다.

2. 효: 부모에게 효도하고 노인을 공경하는 애심

중화 전통미덕 중에서 '효'는 모든 선한 것(善) 중 첫 번째 순서를 차지한다. 옛날 사람들은 '효'가 사람의 가장 기본적인 도덕준칙이라고 여겼다. 『효경·개종명의장』에서는 "효는 모든 도덕의 근본이다.(夫孝, 德之本也)"라고 했다. 다시 말하면 효친경로(孝親敬老, 부모에게 효도하고 노인을 공경함)는 여러 가지 도덕의 바탕이다.

중국에서 '효'는 유구한 전통이 있다. 자고로 중국인은 자녀와 손아랫사람들이 부모와 손윗사람의 은혜에 감사하고 그들을 부양하며, 존경하고 도와주는 것을 책임과 의무로 삼았을 뿐 아니라 중화민족의 민족 정감 중의 하나로 쌓아왔다.

1) 효의 내용

'효'란 무엇인가? 사람들은 흔히 부모에게 잘하고 책임을 다하는 것이라고 대답한다. 이는 소박한 대답이며 '효'에 대한 통속적인 해석이기도 하다. 실제로 중국 고대 문화에서 '효'는 넓은 학문으로서 그 내용이 아주 풍부하다. 고서를 뒤져보면 옛날 사람들은 '효'에 대한 아주 다양한 설이 있음을 발견할 수 있다. 예를 들면:

"순(舜)임금은 효도로써 온 가족을 화목하고 안정되게 할 수 있었다(克諧以孝.)[141] 효란 선조의 유지를 받들어 선조들이 다 하지 못한 일을 잇는 것이다(夫孝 者, 善繼 人之志, 善述人之事者也.)"[142]

"공자가 이르기를, '지금 효란 다만 부모를 부양할 수만 있다면 충분하다.' 맹의자가 효에 대해 묻자 공자가 이르기를, '효란

---

141) 『상서 · 요전(尚書 · 堯典)』
142) 『중용(中庸)』

바로 예에 어긋나지 않음이다'(子曰 ： 今之孝者, 是謂能養.
孟懿子問孝, 子曰 ： 無違.)"[143]

"만약 아버지가 세상을 떠난 지 3년이 지난 후에도 여전히 아버지
생전 때처럼 고유한 인간으로서의 준칙을 고수한다면, 그 사람은
효도를 했다고 할 수 있다(三年無改于父之道, 可謂孝矣.)"[144]

"부모에게 효도하는 품성으로 임금을 섬겨야 한다(孝者, 所以
事君也.)"[145]

"자식이 부모를 사랑하고 존경하며 부모에게 도움이 되는 일을
하는 것을 효라고 한다(子愛利親謂之孝.)"[146]

　　고대의 '효'는 협의적인 것과 광의적인 것으로 구분된다. 협의적 '효'는
부모를 부양하는 것을 가리키며, 의・식・주・행 및 오락면에서 노인을
보살피며 자식 된 책임을 다하는 것이다. 『설문해자(說文解字)』에서는
"효란 부모에게 잘하는 것이다. 위의 세대에서 그리 해야 하고, 그 자식
세대에서 그리 해야 하며, 자식이 부모 세대의 효심을 대대로 이어내려

---

143) 『논어・위정(論語・爲政)』
144) 『논어・이인(論語・里仁)』
145) 『대학(大學)』
146) 『신서・도술(新書・道術)』

가는 것이다.(孝, 善事父母者.從老省, 從子, 子承老也.)"라고 했다. 부모에게 잘하는 것은 바로 부모를 봉양하고 부모에게 순종하는 것이다. 광의적 '효'는 더 깊은 차원과 더 넓은 의미에서의 '효'이다. '효'의 대상은 부모뿐 아니라 조부모·외조부모·장인 장모 및 백부·숙부·고모·외숙 등 모든 친척 웃어른이 포함되며 이웃의 모든 웃어른도 포함된다. '효'의 내용은 가정생활뿐이 아니라, 웃어른의 뜻에 따라 일을 처리하고 웃어른의 바람을 실현하며, 인생가치를 실현하고, 민족과 국가에 충성하며, 가족과 고향사람을 위해 영예를 빛내는 것이다.

옛날 사람들은 '효'를 다양한 차원으로 구분했다. 예를 들어 『예기·제의(禮記·祭義)』에서는 "1등급의 효는 부모에게 영예를 안겨주는 것이고, 2등급의 효는 부모의 높은 명성을 더럽히지 않는 것이며, 3등급 효는 부모를 부양하는 것이다(大孝尊親, 其次弗辱, 其下能養)", "작은 효성은 힘을 바치는 것이고, 중간 정도의 효성은 공을 세우는 것이며 큰 효성은 부모의 요구라면 모든 것을 들어주는 무궁무진한 것이다(小孝用力, 中孝用勞, 大孝不匱)"라고 주장했다.

『효경·개종명의장(孝經·開宗明義章)』에서는 "효는 부모에게 잘하는 데서부터 시작해 임금을 잘 섬기는 과정을 거쳐 최종 입신(立身)의 목표에 이르는 것이다(夫孝, 始於事親, 中於事君, 終於立身)"라고 주장했다. 『맹자·만장상(孟子·萬章上)』에서는 "효자에 이르는 과정에서 제일 중요한 것이 부모를 존경하는 것이다(孝子之至, 莫大乎尊親)"라고 주장했다. 대체 부모를 존경하는 것이 효에 이르는 것인지 아니면 입신이 효에 이르는 것인지에 대해 옛날 사람들도 통일된 인식이 없다.

옛날 사람들은 또 '효'를 천자의 효와 제후의 효·대부의 효·선비의 효·서민의 효로 구분했다. 『효경·천자장(孝經·天子章)』에서는 "도덕 교화를 백성에게 가하는 것(德教加于百姓)"을 천자의 효라고 했다.

『맹자·만장상(孟子·萬章上)』에서는 "천하로써 부모를 봉양하는 것(天下養)"을 천자의 효라고 했다. 『염철론·효양(鹽鐵論·孝養)』에서는 "온 천하 혹은 온 나라의 재부로써 부모를 봉양하는 것이 최대의 효이다(孝莫大以天下一國養)"라고 했다. 이로부터 '효'의 주요 내용은 부모에게 효도하고 노인을 공경하는 것이고, '효'의 내용은 매우 광범위해 자세히 깨칠 가치가 있다는 것을 알 수 있다.

2) 효는 도덕의 근본

'효'는 전통도덕의 범주에 속하며 오랫동안 이어져 내려온 사람이 좇아야 할 준칙이며 중화 전통미덕의 근원 중의 하나이다. 공자는 "군자는 근본적인 일에 전념한다. 근본이 서면 나라를 다스리고 사람 됨됨이에 필요한 원칙도 생기는 것이다. 부모에게 효도하고 형에게 순종하는 것이 곧 인(仁)의 근본이로다!(君子務本, 本立而道生.孝弟也者, 其爲仁之本與!)"[147]라고 말했다. 이로부터 '효'가 공자사상 중에서 차지하는 중요한 위치를 알 수 있다. 공자의 제자인 증자(曾子)가 '효'에 대한 논술은 그의 스승을 훨씬 초월했다. 그는 '효'를 진리와 같은 유형의 준칙으로 간주했다. 『예기·제의(禮記·祭義)』에는 증자가 한 말을 다음과 같이

---

147) 『논어 · 학이(論語 · 學而)』

기록하고 있다.

"효는 일종의 미덕으로서 세워놓으면 하늘을 떠받치고 우뚝 설
수 있고, 눕혀놓으면 온 세상을 뒤덮을 수 있으며 후대에까지
전해져도 사람들이 영원히 신봉할 수 있고, 지역적인 제한도
받지 않는다. 동해까지 널리 전파되면 준칙이 되고 서해까지
널리 전파되어도 준칙이 되며, 남해까지 널리 전파되어도
준칙이 되고 북해까지 널리 전파되어도 역시 준칙이 된다(夫孝,
置之而塞乎天地, 溥之而橫乎四海, 施諸後世而無朝夕, 推而放
諸東海而准, 推而放諸西海而准, 推而放諸南海而准, 推而放諸
北海而准.)"

전통도덕 중에서 '효'는 근본적인 도덕으로서 모든 사람이 '효'를
입신의 근본으로 삼아야만 사회에서 자신의 인생가치를 실현할 수 있다.
『수서(隋書)』 권72에는 다음과 같은 기록이 있다.

『여람(呂覽)』에 이르기를 "효는 삼황·오제의 근본이고
세상만사와 만물의 기강이다. 어떤 한 가지 방법을 장악해 모든
선한 일이 다 나타나고, 모든 사악한 것이 다 사라지며, 천하가
모두 순탄하고 화평해지게 할 수 있다면, 그 방법은 아마도
효도가 유일할 것이다!(夫孝, 三皇,五帝之本務, 萬事之綱紀也.
執一術而百善至, 百邪去, 天下順者, 其唯孝乎！)"
그렇다면 효가 덕행으로서는 고상한 것이고, 도의로서는 깊은

것이며, 백성을 교화하는 역할이 아주 크다. 그러므로 현명한 제왕은 천하에서 효를 널리 행해 그의 덕행을 하늘과 땅을 서로 화합시켜 그의 현명함이 해와 달과 같게 한다. 제후·경 · 대부가 그 나라에서 효를 널리 행하면, 그의 종묘사직을 영원히 보호할 수 있고, 그의 봉록과 관직을 오래오래 지킬 수 있게 된다. 일반 백성의 남자와 여자 개인이 고향에서 효를 실행하면 생전에 아름다운 업적이 널리 전해져 그 명성이 천추만대로 이어질 수 있다. 이 모두 아름다운 인품으로 사물을 감화하는 것이기 때문에 성철들은 이를 중히 여겼다(然則孝之爲德至矣, 其爲道遠矣, 其化人深矣. 故聖帝明王行之于四海, 則與天地合其德, 與日月齊其明. 諸侯卿大夫行之于國家, 則永保其宗社, 長守其祿位. 匹夫匹婦行之于閭閻, 則播徽烈于當年, 揚休名於千載. 此皆資純至以感物, 故聖哲之所重.)

이 말은 '효'의 역할에 대해 아주 구체적으로 개괄한 것이며, 고대 국가들이 효도를 널리 시행한 원인에 대해 밝혀주고 있다. 효도는 제왕에서 서민에 이르기까지 모두 반드시 지켜야 할 도덕이었다.

중국의 수천 년 역사과정에서는 수많은 도덕범주가 나타났었다. 그러나 '효'는 가장 기본적인 도덕범주이며, 모든 사회에서 제창하지 않으면 안 될 도덕적 요구가 되었다. 옛날 사람들은 사람의 일생 중 신체·교양 등 방면에서 가장 큰 도움은 부모로부터 받으며, 부모의 은혜는 하늘보다 크고 땅보다 깊다고 여겼다. 만약 자녀가 어른이 되어서 부모를 봉양하지 않고 부모에게 관심을 두지 않는다면 그런 사람을 어찌 인간이라고 할 수 있겠는가? 만약 한 사람이 자신을 낳아 키워준 부모조차 잘 대하지 않는다면, 그런 사람이 자신의 형제자매를 잘 대할 수 있겠는가? 또 다른 사람에게 진심으로 우호적일 수 있겠는가? 그래서 한 사람이 다른 사람을 잘 대할 수 있을지 여부를 판단하려면 먼저 그가 부모를 잘 대하는지, 즉 기본적인 효성이 있는지를 보아야 한다. 가장 기본적인 효도조차 모르는 사람이라면 그런 사람의 인품을 의심해야 한다. 이런 추리에 근거해 옛날 중국인들은 줄곧 '효'를 도덕의 근본으로 삼았으며, 사람 됨됨이에 대한 가장 기본적인 요구로 삼았던 것이다.

중국 고대의 철인은 성현에 대해 고찰할 때 종합적인 판정법을 제기했다. 공자는 효(孝)·제(悌)·근(謹)·신(信)·애(愛)·인(仁)을 제자에 대한 요구로 제기했다. 『논어·학이』에서는 공자의 말을 이렇게 기록하고 있다. "제자들은 부모 곁에 있을 때는 부모에게 효도하고 순종해야 하며, 밖에 나가서는 형에게 순종해야 하며, 언행에 신중하고 성실하고 신의를 지켜야 하며, 많은 사람들을 널리 사랑해야 하고, 인덕이 있는 사람들을 가까이 해야 한다. 그렇게 몸소 실천한 뒤에도 여력이 있으면 문헌 지식을 배우도록 해야 한다(弟子入則孝, 出則弟, 謹而信, 泛愛衆, 而親仁, 行有餘力, 則以學文.)" 이 말의 뜻은 곧 자녀들은 부모 앞에서는 효를 행해야 하고 형 앞에서는 제(悌)를 행해야 하며, 신중하고 성실하며 신의를 지켜야 한다는 것이다. 오직 사람을 널리 사랑하고 인을 행하는 사람을 가까이하며 윤리도덕을 몸소 실천해야만 문화를 배울 여력이 생긴다. 『좌전·문공십팔년(左傳·文公十八年)』에는 노(魯)나라의 태사(太史)가 "아버지는 의로워야 하고, 어머니는 자애로워야 하며, 형은 아우에게 우호적이어야 하고, 아우는 형에게 공손해야 하며, 자식은 효도해야 하며, 집안이 안정되어야 밖에 나가서도 화목하게 아무 탈 없이 지낼 수 있다(父義, 母慈, 兄友, 弟共, 子孝, 內平外成.)"라고 제기했다는 기록이 있다. 여기서 공(共)은 공(恭)과 뜻이 같다. 이는 실제로 가정에서의 오륜관계에 대해 제기한 것으로서 부모형제 각자가 이에 상응하는 도덕규범을 지켜야 마땅하다.

한(漢)대의 환관(桓寬)은 '효'·'제'·'신' 삼자를 겸비해야만 비로소 '효'라고 할 수 있다고 했다. 그는 『염철론(鹽鐵論)』에서 "집안에서는 자식이 부모에게 효도를 다해야 하고 집 문을 나서면 형제간에 우애를 다해야 하며, 벗 사이의 도리는 신의를 다하는 것이다. 이 세 가지를 행하면 효에 이르게 된다(閨門之內盡孝焉, 閨門之外盡悌焉, 朋友之道 盡信焉. 三者, 孝之至也.)"라고 제기했다. 삼국시기에 왕창(王昶)은 『계자질서(誡子姪書)』에서 사람은 효·경·인·의를 모두 중시해야 한다면서 그래야만 집안에서, 고향에서 입신할 수 있다고 강조했다. 그는 "자식 된 도리로서 자신의 몸을 소중히 여기고 양호한 품행을 유지해 부모의 명성을 날리는 것보다 중요한 것은 없다. ……효경인의는 백행 중 첫 자리를 차지하는 것으로서 입신의 근본이다. 효경은 종족의 안정을 이루고, 인의는 향당(鄕黨)이 중요시해야 하는 것으로서 집안에서 이 덕행이 행해지면 밖으로 널리 이름이 나게 되는 것이다(夫人爲子之道, 莫大于寶身全行, 以顯父母. ……夫孝敬仁義, 百行之首, 行之而立, 身之本也. 孝敬則宗族安之, 仁義則鄕黨重之, 此行成於內, 名著於外者矣.)"라고 말했다. 효경인의를 철저히 지키면 반드시 마을에서 어진 사람으로 불리게 된다는 것이었다.

동한(東漢)시기 강하 안륙[江夏 安陸, 지금의 호북성 윈멍(湖北 雲夢)]

사람 황향(黃香)은 9살 때 어머니를 여의었는데, 어머니를 많이 그리워하며 아버지에게 특별히 효도했다. 무더운 여름에는 아버지에게 부채질을 해주고 추운 겨울이면 아버지를 따뜻하게 해드리곤 해 이웃들은 모두 그를 효자라고 칭찬했다. 후에 그의 사적이 24효 이야기 중의 하나로써 수록되었다. 그는 배움에 게을리 하지 않았으며 글재주가 좋아 그때 당시 어떤 사람은 그를 "하늘 아래 둘도 없는 강하(江夏)의 황동(黃童)(天下無雙, 江夏黃童)"이라고 불렀다. 황향은 위군(魏郡) 태수 직을 맡았었는데 자연재해가 들었을 때 자신의 봉록과 하사 받은 재물을 가난한 사람들을 구제하는데 썼다.

'효'와 '충'은 도덕범주의 한 쌍의 자매와도 같이 밀접히 연결된 행위규범이다. 일반적으로 '효'는 '충'의 바탕으로 여겨지고 있다. 어려서부터 부모와 웃어른에게 효도하는 품성을 갖추게 되면 커서 반드시 '효'가 '충'으로 바뀌어 나라에 충성을 다하게 된다. 집안에서 효도하는 사람은 나라 안에서도 반드시 충성하게 되고, 집안에서 효도하지 않는 사람은 나라에서도 불충하게 된다. 이는 전통도덕 중의 기본 정석이다.

이러한 관념을 바탕으로 고대 조정에서는 지방 관리들에게 효자를 천거해 벼슬을 시킬 것을 요구했으며, 이러한 관리 등용을 '거효렴(舉孝廉, 효성이 있고 청렴한 이를 천거한다는 뜻)'이라고 불렀다.

효자는 반드시 나라에 충성할 것이라고 믿었기 때문이다. 송대의 정이는 '충'과 '효'를 겸할 수 있다면서 "옛날 사람들은 충과 효 두 가지를 모두 돌볼 수 없고 은정과 도의는 서로 어긋나는 것이라고 했는데 이는 고명하고 통찰력 있는 논리가 아니다. 충과 효, 은정과 도의는 같은 이치이다. 불충은 곧 불효이고 은정이 없는 것은 곧 불의이며 서로 어긋나지 않는다(古人謂忠孝不兩全, 恩義有相奪, 非至論也; 忠孝, 恩義, 一理也. 不忠則非孝, 無恩則非義, 而不相悖.)"(『이정집[二程集]』)라고 주장했다. '충'과 '효'는 마땅히 병행되는 것이며 서로 어긋나지 않는다. 효성이 있으면 충성하는 것을 잊지 않고 충성심이 있으면 효도하는 것을 잊지 않게 된다. 만약 나라의 이익을 위해 집에서 부모에게 효도할 수 없다면 얼핏 보기에는 불효인 것 같지만 실제로는 큰 효를 행한 것이다. 나라가 있어야 집이 있고 나라가 안정되어야 집안이 안정될 수 있다. 그렇기 때문에 효도를 가늠하는 기준을 오로지 부모를 곁에서 보살펴드리는지 아닌지의 여부로 정할 것이 아니라 부모가 바라는 일을 하고 있는지 여부를 보아야 하며, 나라와 백성에게 유익한 일을 하고 있는지의 여부를 보아야 한다.

옛날 사람들은 모든 사람이 다 효자가 될 수 있다면서 효자가 관직에 오르게 되면 작은 효도가 큰 충성으로 바뀌는 것이어서 안심할 수 있다고 주장했다. 그러나 옛날 사람들은 또 모든 사람이 다 반드시 직분에 어울리는 관리가 될 수 있는 것은 아니라고 주장했다. 효자는 가족과 고향에 책임을 다한다면 관리는 반드시 조정과 국민에게 책임을 져야 한다. 그래서 효자는 또 마땅히 충(忠)·지(智)·용(勇) 세 가지 품성을 갖춰야만 관리가 될 수 있다. 당(唐)대의 시인 백거이(白居易)는 『한장이릉론(漢將李陵論)』 중에서 "충·효·지·용 이 네 가지 품성은 신하와 자식 된 자에게 큰 보물이다. 고로 고대의 군자는 그러한 품성을 신봉하고 꾸준히 추구했다. 이 네 가지 품성을 일단 잃어버리기만 하면 더 이상 군왕의 신하가 아니요, 부모의 자식이 아니다(忠,孝,智,勇四者, 爲臣爲子之大寶也. 故古之君子, 奉以周旋. 苟一失之, 是非人臣人子矣.)"라고 지적했다. 이는 충효를 제창하는 전통사회에서 사람은 반드시 충·효·지·용 네 가지 품성 사이의 관계를 타당성 있게 처리해야 한다는 도리를 설명하고 있다.

3) 효의 유형

고대에는 효도에 관한 이야기가 헤아릴 수도 없이 많다. 이런 이야기들은 사람들의 입과 귀를 거쳐 전해지면서 사람에 대한 도덕교화 역할을 한다. 이런 이야기들을 두루 살펴보면 여러 가지 유형으로 나눌 수 있다. 제효(帝孝, 황제의 효도)·왕효(王孝, 군왕의 효도)·현효(賢孝, 현숙하고 효성이 있음)·빈양(貧養, 가난한 자를 거두어 기름)·걸양(乞養, 빌려먹는 아이를 제 자식처럼 거두어 기름)·녹양(祿養, 관록으로 부모를 부양함)·기양(嗜養, 부모를 부양하는 것을 좋아함)·애친(愛親, 부모를 사랑함)·경친(敬親, 부모를 존중함)·열친(悅親, 부모의 마음을 기쁘게 함)·준교(遵敎, 부모의 가르침에 따름)·승지(承志, 부모의 뜻에 따르고 비위를 맞춤)·감친(感親, 부모에게 감사함)·기도(祈禱, 부모를 위해 기도함)·도질(禱疾, 부모가 질병에 걸렸을 때 병을 낫게 해달라고 신령에게 빎)·시질(侍疾, 병에 걸린 부모의 시중을 듦)·식의(食醫, 먹을 것을 주어 낫게함)·약의(藥醫, 약을 주어 낫게함)·할고(割股, 허벅지의 살을 베어내 부모에게 대접함)·구죄(救罪)·증난(拯難, 부모를 재난 속에서 구제함)·감폭(感暴)·순난(殉難)·심친(尋親, 부모를 찾음)·호관(護棺, 부모의 시신이 안장되어 있는 관을 지킴)·애훼(哀毀, 부모의 죽음을 슬퍼함)·영장(營葬, 부모의 장례를 치름)·여묘(廬墓, 부모의 묘소

옆에 오두막집을 짓고 지내며 묘소를 지킴)·애제(哀祭, 부모의 죽음을 슬퍼하며 제를 지냄)·애사(哀思, 부모의 죽음을 슬퍼하며 부모를 생각함)·보구(報仇, 부모의 원한을 갚음)·효조(孝祖, 조상에게 효도함)·효우(孝友, 부모에게 효도하고 형제간에 우애로움)·사류(賜類)·절효(節孝, 절조와 효성을 이름)·정효(貞孝, 지조와 절개가 굳고 성행이 효성스러움)·유효(乳孝, 젖을 짜 부모에게 대접함) 등이다. 개괄해보면 우리는 전통 효도를 8대 유형으로 나눌 수 있다.

첫 번째 유형: 효자가 정도를 수양하는 유형. 효자는 마땅히 정도를 추구해야 한다. 양호한 품성을 양성하고 성인군자가 되어야 하며 사악한 소인배가 되어서는 안 된다. 예를 들어 강혁(江革)이 비적 고용주를 감화시킨 것, 우휘(牛徽)가 강도를 감동시킨 것, 원굉(袁閎)이 아버지를 방문한 것, 왕불(王紱)이 자사(刺史)에게 사고를 미리 방지할 것을 가르친 것, 서효숙(徐孝肅)이 효성으로 사람을 감복시킨 것 등은 모두 이 유형에 속한다. 『후한서·원굉전(後漢書·袁閎傳)』의 기록에 따르면 원굉이 외지에서 벼슬을 하는 아버지를 보러 갔는데 그는 아버지가 벼슬을 한다고 하여 거만하게 굴지 않고 처세에 겸허했으며 신중하고 겸손하며 온화했다. 원굉은 "우리 집안이 대대로 내려오면서 부귀영화를 누리고 있는데, 이는 우리가 오로지 덕을 중시해왔기 때문에 비로소 가운을 지켜낼 수 있는 것이다. 만약 자녀가 부모의 권력을 믿고 이를 떠벌리고 다닌다면 부모에게 방해가 될 뿐 아니라 자신도 교만하고 사치스러우며 방종하고 방탕한 생각이 들 것이다"라고 늘 말하곤 했다.

두 번째 유형: 효자가 책을 읽고 학문을 하는 유형. 책을 읽는 것은 바로 교육을 받는 것이며 인류사회에서 전해져 내려오는 지식을

받아들이는 것이다. 공부를 하게 되면 사람은 총명해져 인생의 포부를 실현할 수 있다. 사마천(司馬遷)·이연수(李延壽) 등 이들은 아버지의 뜻을 이어 불후의 역사서를 써냈고, 장중경(張仲景)은 가족의 3분의 2가 장질부사(염병)로 죽자 그는 태수 직을 사퇴하고 장질부사 연구에 전념해 『장질부사잡병론(傷寒雜病論)』을 써냈다. 조지(趙至)는 가난한 가정에서 태어나 집안형편으로 글공부를 한다는 것이 어렵다는 것을 잘 알고 있었기 때문에 부지런히 공부하는 것을 부모에게 보답하는 일로 삼아 공명을 떨쳤다. 중국의 부모들은 예로부터 현재까지 자녀가 글공부를 많이 하기를 바라지 않는 이가 없다. 그들은 모두 자녀들이 더 크게 출세하기를 바란다. 효자가 효도를 하는 가장 좋은 방법 중의 하나가 바로 부지런히 공부하고 글공부를 참답게 하는 것이다.

세 번째 유형: 집권자가 효도하는 유형. 천자이건 대·소 관리이건 할 것 없이 모두 효도를 철저히 해야 한다. 역사적으로 한(漢)의 효문제(孝文帝)·북위(北魏)의 효문제·청(淸)의 건륭(乾隆) 황제는 모두 부모를 아주 존중했다. 한(漢)대의 모의(毛義)·송(宋)대의 포증(包拯)·명(明)대의 진무열(陳茂烈) 등은 집안에서는 효도를 다하고 관직에서는 직분에 충실하고 나라에는 충성을 다했다. 특히 명말청초(明末淸初)의 하완순(夏完淳)은 민족적 기개가 아주 굳은 사람이다. 그의 아버지는 전쟁에서 패하자 강물에 투신해 순국했고 그는 포로로 잡힌 뒤 조금도 두려워하지않고 장렬하게 희생했다. 집권자가 효도를 하는 것은 실제로 솔선수범의 역할을 하는 것이다. 비록 어떤 상황에서는 충과 효를 다 지킬 수 없고, 공과 사를 고루 돌보기가 어렵지만 효도하려는 마음이 없어서는 안 된다. 자식 된 자가 부모에게 효도한다고 하여 꼭 부모 곁을 지켜야 하는

것은 아니며, 한 시각도 효도를 하지 않으면 안 되는 것도 아니다.

효도하려는 마음이 중요하며 변함없이 꾸준히 부모를 잘 모시는 것이 중요하다. 아무리 높은 관직에 오르더라도 부모 앞에서는 언제나 자식이고, 아무리 높은 지위에 오르더라도 부모 앞에서는 위세를 보이지 말아야 하며, 업무가 아무리 바쁘더라도 항상 조금이라도 시간을 내 부모에게 문안을 전할 수 있어야 한다.

네 번째 유형: 효자가 부모의 걱정을 덜어드리는 유형. 효자라면 당연히 부모를 위해 생각해야 한다. 부모와 함께 기뻐하고 함께 즐거워해야 하며, 특히 부모를 위해 근심걱정을 덜어 드려야 한다. 노(魯)나라 민자건(閔子騫)의 아버지가 후처를 쫓아내려고 하자 민자건은 자신을 학대한 계모의 소행을 따지지 않고 중간에서 화해시켜 계모를 크게 감동시켰다. 한(漢)대의 의학자 순우의(淳于意)가 억울한 죄를 쓰게 되자 그의 딸 제영(緹縈)이 상소를 올려 억울함을 호소했는데 그런 그의 정신이 황제를 감동시켰다. 진(晉)대의 양풍(楊豐)이 산에 갔다가 호랑이와 마주쳤는데 그의 딸 양향(楊香)이 죽기내기로 호랑이와 싸워 놀랍게도 부녀는 살아 돌아올 수 있었다. 여기서 말한 것은 모두 자녀가 어려움과 위험을 두려워하지 않고 부모의 걱정을 덜어주고 어려움을 해결해준 이야기이다.

다섯 번째 유형: 효자가 부모를 부양하는 유형. 『논어·위정(論語·爲政)』에서는 "현재 이른바 효라는 것은 오로지 부모를 부양할 수 있다면 충분하다고들 말한다. 그러나 개도 소도 다 사육을 받는 법. 만약 부모에게 정성껏 효도하지 않는다면 부모를 부양하는 것과 개나 소를 사육하는 것이 무엇이 다르겠는가?(今之孝者, 是謂能養. 至於犬馬, 皆能有養.

不敬, 何以別乎)" 자녀가 부모를 부양하지 않고 부모를 길거리에 내다버린다면 그것은 인간으로서의 본성을 잃어버린 것과 같다.

춘추 말기의 노래자(老萊子)는 70세가 되어서도 늘 온갖 방법을 다 동원하여 그의 90여세 난 부모를 즐겁게 해드렸고, 서진(西晉)시기 문학가인 반악(潘岳)은 어머니가 외로워하지 않도록 직접 어머니와 함께 채소를 심어 가꾸고 시를 읊곤 했으며, 같은 서진 시기 사람인 이밀(李密)은 『진정표(陳情表)』라는 글을 썼으며 높은 관직과 두둑한 봉록을 포기하고 조모를 부양했다. 이러한 사례가 특별히 많으며 참으로 자식 된 자의 기본 미덕이라 할 수 있다. 현대사회에서는 부모의 의·식은 기본상 걱정할 것이 없지만 자녀들은 마땅히 부모가 더욱 행복하게 생활할 수 있도록 해야 하며 사회의 발전에 따르는 생활의 변화를 누릴 수 있도록 해야 한다. 예를 들어 부모와 함께 텔레비전을 보고 책을 읽고 여행을 가고 인터넷에 접속하는 것 등이다. 자녀들은 마땅히 부모가 천륜지락을 누릴 수 있도록 해야 하며 효자라면 부모를 부양하는 책임을 다해야 한다.

여섯 번째 유형: 효자가 재정을 관리하는 유형. 동진(東晉)시기 왕순(王珣)은 고리대금을 놓아 가난한 이들을 착취했는데 그가 죽은 뒤 그의 아들 왕홍(王弘)이 아버지의 명의로 모든 채무이자를 포기해 아버지를 위해 좋은 명성을 얻었고, 남조(南朝)시기 채곽(蔡廓)은 아버지가 물려준 유산을 가난한 친척들에게 집을 지어주는데 썼으며, 원(元)대의 손수실(孫秀實)은 이웃 노인의 빚을 대신 갚아주어 "다른 집의 노인도 자기 집안 노인을 대하듯 대해주었다." 이런 효자는 대범하고 의리를 중히 여기며 고상한 지조를 가진 사람이다.

자녀가 부모의 유산을 물려받는 것은 합리적이고 합법적인 일이다.

그런데 현실생활에서는 가산 분배 시 여러 가지 원인으로 인해 자녀들 간에 모순이 생기고 오랫동안 화목하지 못하게 지내는 경우가 많다. 효도의 관념으로 말하면 자녀들은 유산 때문에 서로 대립하지지 말아야 한다. 그렇지 않으면 부모의 바람을 어기는 것이며 곧 이것이 불효이다. 부모가 자녀에게 물려준 유산을 자녀는 모두 다 써버려서는 안 되며, 마땅히 소중히 여겨 적절하게 사용해야만 부모가 만족할 수 있는 것이다.

일곱 번째 유형: 효자가 좋은 보답을 받은 유형. 효자가 노인을 공경하고 잘 모시며, 어질고 너그러우며, 다정다감하고 박애의 마음으로 사람을 대하게 되면 반드시 좋은 인간관계를 맺을 수 있고 사회에서 존중 받게 된다. 순(舜)은 부모에게 효성을 다해 그 이름이 널리 알려지는 바람에 요(堯)임금이 알게 되어 자신의 두 딸인 아황(娥黃)과 여영(女英)을 그에게 시집보냈다. 자로(子路)는 젊은 시절에 집안이 가난해 그 자신은 늘 나물을 캐 끼니를 때우면서도 백 리 밖에서 쌀을 짊어지고 집으로 돌아가 양친을 모셔 공자로부터 높은 평가를 받았다. 황정견(黃庭堅)은 비록 높은 지위에 있었지만 어머니를 모심에 있어서는 효성을 다했으며 매일 직접 어머니의 요강을 씻곤 해 백성들 속에서 칭송이 자자했다. 자식 된 자는 부모가 자신에게 뭔가 더 많은 것을 물려주기를 바라는 등 부모에게 너무 많은 것을 요구할 것이 아니라 마땅히 자신이 부모에게 뭔가 더 많이 해줄 수 있는지를 많이 생각해야 한다.

여덟 번째 유형: 효자가 부모를 생각하는 유형. 자식 된 자는 부모를 걱정시켜서는 안 되며 마땅히 자식이 부모를 걱정해야 하고 부모 대신 생각하고 부모 대신 급해해야 한다. 자식은 늘 부모의 은정과 가르침에 감사해야 하며 완벽한 사람이 될 수 있도록 자신을 격려해야 한다. 자식은

밖에 나가 공부하거나 장사를 하거나 벼슬을 하더라도 여전히 부모의 기대를 명심하고 늘 여러 가지 방식으로 부모에게 문안을 드려야 한다. 목석이 아닌 이상, 사람에게 어찌 감정과 생각이 없겠는가! 당(唐)대의 적인걸(狄仁杰)은 오랜 세월 동안 외지에서 벼슬을 했는데 항상 높은 산에 올라가 고향이 있는 방향을 향해 구름을 바라보며 부모의 당부를 되새기면서 훌륭한 관리가 되어야 한다는 생각을 한 시각도 잊은 적이 없었다.

4) 효도의 시대적 내용

전통적인 효도 중에도 우매한 곳이 많다. 이는 현대사회에서 제창할 가치가 없을 뿐 아니라 오히려 제지하고 비판해야 한다. 한(漢)대의 곽거(郭巨)는 노모를 보살피기 위해 자신의 딸을 생매장해 먹을 식량을 절약하려고 했고, 왕상(王祥)은 얼음을 깨고 생선을 잡아 어머니에게 대접하기 위해 어린 나이에 얼음 위에 누워 체온으로 얼음을 녹였으며, 오맹(吳猛)은 아버지가 모기에게 물리지 않게 하기 위해 자신이 알몸으로 자면서 모기가 자신을 물게 했다. 명·청시기에는 또 자녀들이 자신 몸에서 살을 베어 국물을 끓여 부모에게 대접해 병이 낫게 하는 것이 유행이었다.

참으로 어리석기 그지없는 일이다. 그리고 부모가 세상을 떠나면 자녀는 마땅히 후사를 타당하게 처리해야 한다. 그런데 "부모가 돌아가신 뒤 섬김에 있어서 살아생전에 섬기는 것처럼 해야 한다"고 지나치게 강조한 탓에 거금을 써 묘지를 고르고 장례를 대대적으로 치르며 3년간 묘소를 지켜야

했다. 어떤 사람은 묘지를 두고 다투다 사람을 죽이거나 자신이 다치는 경우까지 있어 사회의 불안을 초래하기도 했다.

북주(北周) 시기의 황보하(皇甫遐)는 부모가 세상을 떠난 뒤 슬픔에서 헤어날 수가 없어 매일 묘지 옆에다 땅굴 파기를 멈추지 않고 몇 년간 수백 평방미터에 이르는 큰 땅굴을 파 그 굴속에서 먹고 자며 지냈는데 그로 인해 군현(郡縣)으로부터 표창까지 받았다. 이런 효도는 실질상에서 '효'에 대한 왜곡과는 괴리가 있는 일화들이다. 이러한 모든 일화 같은 효는 오늘날 버려져야 할 것들이다.

보모에게 효도하는 것은 중화민족의 전통미덕이며 모든 공민이 반드시 지켜야 하는 사회적 윤리이다. 2천 여 년 전, 맹자가 "자기 집 연장자를 공경하는 것처럼 다른 집의 연장자를 공경하라(老吾老以及人之老)"고 세인을 타일렀다. 이는 자기 집안의 연장자에게 효도하는 한편 다른 집의 연장자에게도 효도해야 한다는 말이다. 「공민도덕건설실시요강」에서는 "연장자를 공경하고 어린이를 사랑할 것"을 강조했으며 이러한 행위를 가정 미덕 건설의 중요한 구성부분으로 삼았다. 오늘날 연장자를 공경하는 것은 인류사회의 보편적인 요구와 영원한 미덕을 반영한다. 왜 연장자를 공경해야 하고 어떻게 해야 연장자를 공경하는 것이냐는 것은 우리가 일상생활 속에서 마땅히 애써 해결해야 할 문제이다.

부모에게 효도하는 마음으로 모든 연장자를 대하는 것은 춘추시기 이전에 사람들이 이미 몸소 체험하고 힘써 실천했던 일이다. 그때 당시 예법은 육식을 일반적으로 제사에 쓰이도록 규정지어 '희생(犧牲)'이라고 했다. 그래서 귀족일지라도 평소에 소·양·돼지를 잡는 것은 제한을 받았으며 일반인들은 더더욱 고기냄새조차 맡기 어려웠다. 그러나 70세

이상의 노인은 고기를 먹을 자격이 있었다. 다시 말하면 70세 이상의 노인은 신을 공경하는 것과 같은 예우를 받을 수 있었다는 말이다. 그래서 민간에서는 "사람이 70세가 넘으면 고기를 배불리 먹을 수 없는 이가 없다"는 설이 전해졌다. 강희(康熙) 61년(1722년) 정월 초이튿날, 강희 황제가 건청궁(乾淸宮)에서 65세 이상 노인들을 위해 연회를 베풀었는데 총 1,020명이 참가했다. 연회석상에서 강희 황제와 노인들 사이에 술잔이 오고가고 황자와 황손들이 시중을 들었는데 어떤 이들은 옆에 서서 시중들며 의식을 참관하고 어떤 이들은 노인들에게 술을 부어 드렸다.

건륭(乾隆) 50년(1785년)에는 건륭황제 역시 국가 경사를 축하하기 위해 건청궁에서 '천수연(千叟宴)'을 마련했는데 연회에 참가한 노인이 3,000여 명에 달했다.

효도는 중화민족의 전통미덕으로서 고대 사서·소설·연극·시사에 많이 묘사되었다. 예를 들어 '황향(黃香)이 여름에 부채질로 아버지가 주무실 돗자리를 시원하게 했고 겨울에는 먼저 이불 속에 들어가 이불 안을 따뜻하게 덥혀놓은 뒤 아버지에게 그 이불 속에 들어가 주무시게 한 이야기', '동영(董永)이 몸을 팔아 아버지의 장례를 지낸 이야기', '이규(李逵)가 어머니를 업고 산에 오른 이야기' 등은 모두 생동적이고 감동적인 이야기로 부모에 대한 자녀의 사랑을 표현했다. 역사적으로 다양한 형식을 통한 효덕에 대한 선전을 강화함으로써 부모에게 효도하고 웃어른을 공경하는 도덕의식을 고무 격려했다.

혈육 간의 정과 우애로움은 효도의 기본 내용이다. 고대사회에서 중국인은 4대가 한 집에 사는 습관이 있어 거의 가정마다 숱한 형제자매가 모여 살았다. 현대사회에는 계획출산정책의 실시에 따라 대가정이 보기

드물어졌으나 혈연관계는 여전히 존재한다. 가족의 부모와 웃어른에게는 공손하고 예의 바르게 대해야 하며 형제자매 혹은 외사촌 형제자매 혹은 사촌 형제자매 간에는 공손하고 서로 우애로워야 한다. 사람들은 "피를 나눈 형제간에는 서로 존중하고 서로 아끼며 사이좋게 지내야 하고, 가족은 서로 돕는 대 가정이요, 혈육 간에 화목하고 형제간에 정이 좋으면 집안이 번창한다"고 했다. 중국의 전통도덕은 "온 천하는 모두가 형제"라는 도덕관념을 제창했다. 사람들은 한 핏줄을 타고난 친형제라고 할 수는 없지만 사회의 다른 사람을 피를 나눈 형제처럼 대해야 한다. 자신보다 20살 이상인 연장자는 아버지처럼 대하고, 자신보다 10살 이상인 연장자는 큰 형으로 대하며, 자신과 연령이 비슷한 사람은 형제로 대해야 한다. 자신보다 나이가 많은 사람을 존중하고 자신보다 나이가 어린 사람은 아껴주고 관심을 두어야 한다. 만약 사회 모든 사람들이 자기 가정 내의 친족을 대하듯이 모든 사람을 대한다면 전 사회는 온정이 넘치는 대가정이 될 것이다.

고금을 막론하고 '효'는 줄곧 중화민족이 떠받들고 따르는 중요한 도덕규범이며 또 중화민족 5천 년 문명을 이어오고 유지해올 수 있는 중요한 유대 중의 하나이기도 하다. 현재 가정의 화목은 사회주의 도덕건설의 중요한 한 방면이며 광대한 사회 구성원의 행복한 생활과 사회문명의 건강한 발전을 보장할 수 있는 중요한 조건이다.

혈연과 혈육 간의 정을 중심으로 하는 효덕은 여전히 사회 윤리도덕의 중요한 내용이다. 중국 전역에서 폭풍적인 인기를 모은 노래 〈자주 집에 들러 보세요(常回家看看)〉는 자녀들에게 어른들의 걱정하는 마음을 느낄 수 있게 했고, 자녀들은 어른들이 자신들에게 두는 관심이 얼마나 필요한지를 느끼게 했다. 이는 한 측면에서 사람들의 생활수준이 꾸준히 제고됨에 따라 노인들의 물질생활은 기본적으로 보장되었으나 노인들에 대한 정신적 부양은 비교적 보편적인 사회문제가 되었음을 반영한다. 노인에게 관심을 갖고 보살피고 사랑으로 돌보는 것은 자녀의 책임과 의무이다. 부모에게 자녀들은 감사하는 마음을 가져야 하며 부모의 어려움을 헤아려 부지런히 공부하고 일해 웃어른들의 걱정을 덜어드려야 한다. 그리고 부모의 걱정을 덜어드리고 부모의 어려움을 해결해 드리며 부모가 병이 들었거나 어려움에 처했을 때 애써 관심을 갖고 부모를 보살피고 부모를 도와야 한다. 또 부모의 가르침에 귀를 기울여야 한다. 부모와 생각이 다르더라도 제멋대로 대들지 말고 평정심을 갖고 이치를 따져야 한다.

중화민족의 전통 효도에서는 '존로(尊老, 노인을 존중함)·경로(敬老, 노인을 공경함)·양로(養老, 노인을 부양함)'를 강조하는 동시에 또 '송로(送老, 노인의 마지막 길을 잘 보내드림)'를 강조한다. 이른바 '송로'란 부모가 죽은 뒤 자녀가 부모의 장례를 치르고 마지막 길을 보내드리는 것이다. 오늘날 대 작가인 웨이밍룬(魏明倫) 선생은 「화하능원부(華夏陵園賦)」에서 "부모의 마지막 길을 보내드리는 것은 자녀의 천직이다.(送老歸山, 兒女天職)"라고 했다. 부모가 세상을 떠난 뒤 자녀들이 효성을 다해 부모를 안장하는 것은 중화민족의 우수한 전통이며 자녀들의 도의상 거절할 수 없는 책임과 의무이다. 그런데 현실생활 속에서 일부 사람들은 부모 생전에 진정으로 '효'를 행하지 않고 부모가 세상을 떠난 뒤 자신의 이른바 '효'를 과시해 자신의 체면을 세우기 위해 대규모의 장례식을 치르곤 하는데 장례 대오가 갈수록 장대해지고 장례 차량도 갈수록

호화로워지고 있으며, 심지어 승려와 도사를 청해 망자의 망령을 제도하고 조기(弔旗)를 올려 망자의 영혼을 부르는 등의 현상까지도 나타나고 있다. 이는 진정한 효도와는 전혀 어울리지 않으며 또 부모가 실제로 바라는 것과도 어긋나는 것이다. 오늘날 사회에서는 적당한 정도에서, 인정과 사리에 맞게 예를 다해 장례를 치르는 것으로 충분히 애도의 마음을 기탁할 수 있으므로 낭비하며 세인이 질시하는 '후한 장례'를 삼가야 하며 또 그럴 필요도 없다.

오늘날 '효'는 주로 사회주의 가정 미덕중에서 "어른을 존중하고 어린이를 사랑한다(尊老愛幼)"는 말 중의 '존로(尊老, 어른을 존중함)'로써 대변되고 있다. 즉 어른을 존중함에 있어서 마음 속 깊은 곳에서부터 노인을 존중하고 노인의 의식주행에 관심을 둘 것을 요구하며, 노인을 대함에 교양 있고 상냥하게 대하는 태도를 요구한다. 가장 중요한 것은 노인에게 정신적인 위안을 주는 것이다.

통계에 따르면 중국은 현재 60세 이상 노인이 1억 3천만 명에 달해 세계 같은 연령대 노인 인구의 5분의 1을 차지하는 것으로 나타났다. 이는 중국이 이미 노령화사회에 들어섰음을 설명하며 노인문제가 점차 사회의 안정에 영향 주는 중요한 요소가 될 수 있음을 의미한다. 실천이 증명하다시피 모든 사람이 자발적으로 노인을 존중하고 노인을 공경한다면 가정의 화목을 촉구할 수 있고, 모든 가정 구성원이 아늑함과 원만함을 느낄 수 있어 사회의 안정적인 발전을 촉구할 수 있을 것이다. 그래서 노인을 존중하는 것은 가정 내부의 사적인 일일뿐이 아니라, 모든 사회 구성원에 대한 사회의 기본 요구이기도 하며, 가정의 행복, 사회의 조화로움과도 연결되는 것이다.

노인이 부양을 받을 수 있고 어린이가 의지할 데가 있는 것은 가장 기본적인 가정의 미덕이다. 가정의 미덕을 건설하려면 오래도록 전승되어 온 '가훈(家訓)'·'치가격언(治家格言)'을 계승하고 발전시켜야 하며, 부모와 자식 사이, 연장자와 어린이 사이에 더 많은 존중과 이해 · 관심이 필요하다. 그렇기 때문에 장쩌민(江澤民) 동지가 중국 여성 제8차 전국대표대회 대표와 좌담하는 자리에서 말한 것처럼 "만약 가정마다 노인들이 충분히 존중 되도록 자녀들이 교육을 받도록 하며, 집집마다 좋은 가풍을 유지한다면 전 사회는 훌륭한 기풍을 수립할 수 있을 것이다"라는 것은 아주 중요한 일이다

3. 염(廉): 정의롭고 청백한 품성

'염'은 중화민족의 중요한 도덕규범이었다. '염'의 본뜻은 본채의 옆쪽, 기물의 모서리를 말한다. 『노자』 제58장에서는 "염이불귀(廉而不劌)"라고 했다. 그 뜻은 "사람 됨됨이가 비록 모 나기는 하지만 다른 사람에게 상처를 입히지는 않는다"는 말이다. 그래서 "모가 나다"는 말은 인품이 단정하고 포부가 있으며 절개가 있음을 비유되곤 하는 것이다. 그렇기 때문에 고대에 '염사(廉士, 청렴한 선비)'라면 흔히 절개가 군은 사람을 가리킨다. 『관자』에서는 '염'을 '나라의 사유(國之四維)' 중에 포함시켜 매우 크게 중시했다.

1) 염의 내용

중화문명은 농경문명에서 기원했다. 농업국가의 사람들은 노동의 열매는 쉽게 얻을 수 있는 것이 아님을 가장 잘 알고 있다. 그래서 자고로 '염'은 검소하다는 뜻을 포함하고 있다. 『회남자・원도훈(淮南子・原道訓)』 중에는 이런 말이 있다. "사치스러움을 영예로 여기지 않고 청렴함을 슬퍼하지 않는다(不以奢爲榮, 不以廉爲悲)" 고유(高誘)는 주석을 달아 "염은 검소함이다(廉, 猶儉也)"[148]라고 말했다. 그밖에 '염'은 구체적인 도덕적 요구로서 더 흔히 쓰이는 의미는 마구 취하지 않고 탐욕스럽게 얻지 않는 것이며, 이것이 곧 사람들이 흔히 말하는 청렴결백이다.

청렴결백은 사람들이 재물과 이익을 대하는 올바른 태도 중의 하나로서 그 기본적인 요구는 부당한 재물은 취하지 않고 부당한 이익을 탐내지 않는 것이다. 『논어・술이(論語・述而)』에서는 "부당하게 얻은 부귀는 나에게 하늘에 떠가는 구름과도 같다(不義而富且貴, 於我如浮雲)"라고 했다. 『여씨춘추・충렴(呂氏春秋・忠廉)』에서는 "큰 이익 앞에서 의로움을 잃지 않는 것을 청렴하다고 한다(臨大利而不易其義, 可謂廉矣)" 이로 보아 올바른 의리관(義利觀)을 수립하는 것은 청렴결백한 덕성을 양성하는 전제이다. 올바른 의리관은 사람들에게 재물과 이익 앞에서 마땅히 도의에 어긋나지 않는지의 여부에 따라 취할지 여부를 결정할 것, "부당하게 재물을 취하지 말고(臨財毋苟得)"[149], "이익 앞에서 도의를 저버리지 말

---

148) 『회남자주(淮南子注)』
149) 『예기・곡례(禮記・曲禮)』

것(見利不虧其義)"¹⁵⁰⁾을 요구하며, 이익 앞에서 도의를 잊어버리고 재물을 '부당하게 얻는 것(苟得)'과 '허락 없이 함부로 취하는 것(妄取)'에 반대한다. 맹자는 "취할 수도 있고 취하지 않을 수도 있으나 취하게 되면 청렴결백에 흠집을 내게 된다(可以取, 可以無取, 取傷廉)"¹⁵¹⁾라고 했다. 그는 취할 수도 있고 취하지 않을 수도 있는 상황에서는 취하지 않는 것이 마땅하다고 주장했다. 이는 청렴결백에 대한 더 한층 높은 차원의 요구이다.

하나의 도덕규범으로서 '염'은 주로 집권자·위정자·재위자, 즉 각급 관리에 대한 도덕적 요구이다. 일반 백성에 비해 각급 관리들은 '공권력'을 장악하고 있기 때문에 공적·사적 재물을 부당하게 얻거나 허락 없이 함부로 가져갈 수 있는 기회와 가능성이 더 많다. 관리가 탐욕스러우면 나라의 재산을 강점하거나 백성의 고혈을 착취하고 여러 가지 뇌물을 받아 챙긴다. 게다가 부패한 관리는 반드시 직권을 남용해 법률과 공정함을 파괴하는 심각한 후과를 빚어내게 된다. 그래서 청렴결백이 각급 관리에게는 더욱 중요하며 관리들이 마땅히 지켜야 할 직업 도덕이다.

『맹자·만장상(孟子·萬章上)』에서는 "의리에 어긋나는 것, 요와 순 임금의 도의에 어긋나는 것이라면 아주 작은 것일지라도 남에게 주지 않을 것이며 또 아주 작은 것일지라도 남에게서 받지 않을 것이다(非其義也, 非其道也, 一介不以與人, 一介不以取諸人)"라고 했다. 고대 청렴한 관리들은 모두 '아주 작은 것이라도 남에게서 받지 않도록' 자율적으로 행했으며, 그들이 백성의 추대와 칭송을 받을 수 있었던 원인도 바로 그것이었다.

---

150) 『예기·유행(禮記·儒行)』
151) 『맹자·이루하(孟子·離婁下)』

2) 관리에게는 염결봉공(廉潔奉公)이 가장 필요하다

청렴결백의 반대말은 수뢰이다. 뇌물 수수 현상이 존재하기 때문에 청렴결백의 요구가 있는 것이다. 청렴결백의 대상은 주로 관리사회의 관리이다. 관리에게는 권력이 있으며 권력과 재물은 흔히 연결되어 있다. 권력을 가진 자는 부패타락하기가 쉬우므로 청렴결백해야 한다고 항상 스스로 귀띔해야 한다. 역사상에서 수많은 이들이 공을 세워 이름을 떨쳤으며 정치업적도 쌓고 재능도 있으며 양호한 인간관계도 수립했지만, 탐욕스러움에 무너지고 사치스러움에 망해버렸다. 탐오와 부패 때문에 신세를 망친 것이다. 그래서 검소함과 청렴결백을 유지하는 것은 명철보신의 도리인 것이다.

관리가 탐욕스러워지는 것은 그 어떤 사회에서도 피해갈 수 없다. 고대사회에서는 염결봉공하는 관리일지라도 흔히 회계 감사는 감당할 수가 없었다. 관리의 실제 재산과 봉록 사이의 관계는 상세히 밝힐 수 없었기 때문이었다. 봉록을 합친 것은 흔히 저축의 극히 작은 일부분에 지나지 않을 뿐이기 때문이다. 청(清)대 강희(康熙) 황제는 아주 도량 넓게 말한 적이 있다. "청렴한 관리의 청렴에 대해서는 대체적으로 논할 수밖에 없다. 지금 장봉핵(張鵬翮)은 관직에 있으면서 매우 청렴하지만 산동(山東) 연주(兗州)에서 벼슬을 할 때는 역시 상용 관례에 따라 뇌물을 받은 적이 있다(受人規例). 장백행(張伯行)도 관직에 있으면서 청렴하지만 많은 서책을 판각 인쇄로 간행했다. 서책 한 부를 간행하는 비용으로 천 금이상이 들어야 하는데 그 많은 비용이 다 어디서 왔겠는가?"[152] 이로부터 강희제는 아주 총명한 황제였음을 알 수 있다. 그는 관리에게 있어 청렴은 그저 상대적인 개념일 뿐, 청렴한 관리에게서도 청렴하지 않은 행적이 존재한다는 사실을 잘 알고 있었던 것이다.

물론 자고이래 청렴한 관리도 적지 않다. 예를 들어 초장왕(楚莊王)의 영윤(令尹, 초나라 최고의 관직 이름)인 손숙오(孫叔敖)는 정치를 하고 군사를 다스리는 방면에서 공을 세워 초 장왕이 여러 차례 상을 내렸으나 손숙오는 모두 굳이 사양하고 받지 않았다. 손숙오는 관직에 있으면서 청빈했으며 저축이 별로 없어 임종 시 관조차 마련할 수 없었다. 맹우(孟優)가 그를 대신해 불공평함을 호소했으며 사마천은 『사기』에서 그를 최고의 '순리(循吏)'라고 칭찬했다.

당(唐)조의 유능한 재상 요숭(姚崇)은 일생 동안 높은 관직에 있었고 대신들 중 관직이 가장 높은 사람이었으며 측천무후(則天武后)·중종·예종·현종 4개 조대에 걸쳐 벼슬을 하면서도 시종일관 염결봉공을 실천했다. 그가 죽은 뒤 자녀에게 물려줄 가산이 별로 없었다. 요숭은 죽기 전에 자신의 장례를 간소하게 치르라는 유언을 남겼다. 그는 그렇게 하는 것이 엄격하게 절약하는 양호한 풍기를 일으킬 수 있을 뿐 아니라 사회의 재부도 절약할 수 있다고 말했다. 이로부터 한 세대를 살다 간 청렴한 관리가 세상을 떠나면서 마지막 힘마저도 사회를 위한 모범이 되는데 쓰고자 했음을 알 수 있다.

---

152) 『성조인황제훈(聖祖仁皇帝訓)』 권 46

북송 때 유명한 재상 구준(寇準)도 염결봉공을 행한 본보기였다. 그는 재상에 오른 뒤에도 여전히 원래의 낡은 집에서 살았다. 그의 막료들은 그에게 재상 관저를 지으라고 권하고 싶었으나 감히 쉽게 입을 열지 못했다. 어느 날 구준은 그때 당시의 유명 인사인 위야(魏野)를 위한 연회를 베풀게 되어 막료들도 연회에 함께 참가시켰다. 술이 세 순배 돌고 분위기가 무르익어가자 한 막료가 "소인이 감히 한 말씀 올리겠습니다.

공께서는 대송의 재상 신분임에도 이처럼 작은 집에서 지내면 조정의 존엄을 손상시키는 일이 아니겠습니까? 새 저택을 지을 수 있도록 허락해주십시오."라고 말했다. 그러자 구준은 "재상이라면 자신의 수양을 닦고 집안을 다스리고 나라를 다스리며 천하를 태평하게 하는 것으로 스스로 독려해야 하며 위로는 성군을 도와 태평성세를 이루고 아래로는 백관을 감독해 직분에 충실하도록 하는 것이야말로 본분을 지키는 것입니다. 공들께 묻겠습니다. 사택을 짓게 되면 어찌 자신의 수양을 닦고 집안을 다스리는데 이로울 수 있으며, 자신의 수양을 닦고 집안을 다스릴 수 없다면 어찌 나라를 다스리고 태평성세를 이룰 수 있겠습니까? 본인은 재상으로서 성현의 도리를 공손히 행하고 있는데 어찌 조정의 존엄을 손상시켰다고 할 수 있단 말입니까?"라고 말했다. 이에 막료들은 모두 부끄러워하는 기색이었다. 위야는 구준의 청렴함에 감동을 받고 즉석에서 『상지부구상공(上知附寇相公)』이라는 시를 지어 "높은 벼슬자리에 앉았으나 집 지을 땅조차 없다네.(有官居鼎鼎,　無地起樓臺)"라고 썼다.

구준은 30년간 재상 직에 있으면서 줄곧 낡은 집에서 살면서 재상저택을 새로 짓지 않았다. 이에 대해서는 요(遼)나라의 임금과 신하들도 탄복해마지 않았다.

명(明)대의 해서(海瑞)는 평생 강직하고 아첨할 줄 모르며 법을 철저히 지키는 청렴한 관리였다. 만력(萬曆) 15년(1587년) 10월, 해서가 74세에 늙고 병들어 관저에서 죽은 뒤 갈포(칡 섬유로 짠 베)로 지은 낡은 옷밖에 없어 동료들이 장구(장례에 쓰는 여러 가지 기구)들을 기부해서야 장례를 치를 수 있었다. 해서와 한 고향 사람인 소민회(蘇民懷)가 유물을 수습했는데 참대 바구니 하나에 봉금 8냥이 담겨 있고 낡은 옷가지 몇 벌이 고작이었다. 해서는 청렴함으로 백성들에게 떠받들려져 발인하는 날 그를 보내려고 나온 백성들이 강 양옆에 길게 늘어서서 술을 땅에 뿌리며 우는 백성의 대오가 백 리나 이어졌다. 그는 백성들에게 '해청천(海青天)'으로 불렸다. 그 당시 사람 왕세정(王世貞)이 "불파사, 불애전, 불립당(不怕死, 不愛錢, 不立党, 죽음을 두려워하지 않고 재물을 사랑하지 않았으며 패거리를 만들지 않았다)"이라는 9자로 그의 일생을 평했다.[153]

3) 청렴을 제창하고 부패를 억제하는 것은 시대적 주제

염결봉공은 모든 관리에게 있어서 가장 중요하고 가장 기본적인 본분이다. 당대 사회에서 청렴결백은 직책을 다하고 직권을 이용해 사사로운 이익을 챙기지 않는 것이다. 청렴결백은 조화로운 사회의 기반이 되는 품성으로 청렴결백을 떠나서 사회의 조화로움을 논할 수는 없다.

자고로 청렴을 제창하고 부패를 억제하는 것은 줄곧 역사적인

---

153) 주휘(周暉), 『금릉쇄사(金陵瑣事)』 권1

난제였다. 청렴을 제창하고 부패를 억제하는 것이 어려운 것은 사람의 이기적인 욕망을 만족시키기 어려운 데서 비롯된다. 명(明)대의 왕양명(王陽明)은 『전습록(傳習錄)』 중에서 사람의 마음은 언제나 만족시키기가 어려우며 욕심은 한이 없다고 했다. 그는 "공리에 대한 탐욕이 독이 되어 사람의 마음과 골수에까지 깊이 스며든다. ……벼슬자리에 오른 이들은 재정을 주관하는 관리가 군사형법을 관리하는 관직까지 겸하고 싶어 하고, ……어사 직위에 있으면서 또 재상이라는 요직을 엿본다.(功利之毒, 淪浹於人之心髓.…… 其出而仕也, 理錢谷者, 則欲兼夫兵刑……居台諫, 則望宰執之要)"라고 말했다. 이로부터 욕심은 끝이 없으므로 매개인은 모두 시시때때로 욕심을 경계해야 한다는 도리를 알 수 있다. 중국 고대 관리사회에서 벼슬아치들은 모두 부수입이 짭짤한 보직을 얻을 수 있기를 희망했다. 중앙 관리들은 대다수가 수입이 짭짤한 이(吏)·호(戶)·형(刑) 세 개의 부에 가고 싶어 했으며, 예(禮)·병(兵)·공(工) 세 개의 부는 별로 좋아하지 않았다.

민간에서는 "탐오하지 않는 관리는 없다", "3년간 청(淸)조 지부[知府, 명·청(明淸)대 부(府)의 일급 행정 수장]직에 있으면 백은 십만 냥을 축적할 수 있다"라는 말이 전해지고 있었는데, 이런 말은 모두 사실적 근거가 있는 것이다. 건륭 연간에 화신(和珅)은 가산이 백은 8억 냥에 달했는데 조정의 십년 총수입에 해당하는 금액이었다. 만약 한 사람의 사욕이 팽창해 권력을 이용해 사리사욕을 채우려고 도모한다면 부패 타락의 블랙홀에 빠지게 되는 것이다.

청렴을 제창하고 부패를 억제하기 어려운 것은 제도가 집권자들에게 엿볼 수 있는 기회를 쥐어주기 때문이다. 사람들로 사회를 이루는데 사회가 있으면 권력이 존재하는 법이다. 만약 사회제도가 완벽하지 않으면 부패에 기회를 주게 된다. 영국의 역사학자 존 액턴(John Emerich Edward Dalberg-Acton) 훈작은 "모든 권력은 필연코 부패를 초래하게 되며 절대적 권력은 필연코 절대적 부패를 초래하게 된다"라는 명언을 남겼다. 국가의 체제가 완비되지 않으면 관리들은 탐오의 기회를 포기하기 어려우며 그래서 멋대로 부정부패를 저지르게 된다.

만약 사회체제가 좀 완비되면 관리들은 훨씬 삼가게 될 것이다. 명 태조 주원장(朱元璋)은 탐관오리를 처형한 뒤 그 껍질을 벗겨 그 안에 풀을 채워 넣는 형벌(剝皮實草刑)로 탐관들을 처벌했다. 은 80냥을 탐오하게 되면 그 형에 처해졌다. 그러나 근본적인 조치를 취하지 못했기 때문에 즉 제도적 개혁을 진행해 근본적으로 부패를 방지하고 뿌리 뽑지 못했기 때문에 부패는 갈수록 심각해졌다.

청렴을 제창하고 부패를 억제하는 것이 어려운 것은 관리사회에서 뇌물 수수현상이 보편적으로 존재하기 때문이다. 옛날 사람들은 탐오부패가 나라를 망하게 할 수 있고 또 본인과 집안에 누가 될 수 있음을 이미 오래 전부터 분명하게 인식했다. 『정관정요 · 탐비(貞觀政要 · 貪鄙)』에서는 "주군 된 자가 탐오하면 필히 나라가 망하게 되고, 신하 된 자가 탐오하면 필히 그 본인이 망하게 된다.(爲主貪, 必喪其國 ; 爲臣貪, 必亡其身)" 청렴을 제창하고 부패를 억제하기 위해 역대로 간의(諫議)제도 · 감찰제도 · 법률제도 · 심사제도 · 회피제도 등을 꾸준히 보완했으며, 일부 제도는 이미 상당히 엄격하고 엄밀해졌다. 그러나 일부 관리들이 "자기 자신을 위하지 않는 자는 천벌을 받는다(人不爲己, 天誅地滅)"는 인생신조를 신봉했기 때문에 사회 정의감이 타락하고, 관리들의 가치관이 비뚤어져 전반 관리사회에서 뇌물수수가 성행하게 되었으며, 매관매직하고, 뇌물을 받고 법을 어기며, 부패 타락하고, 직권을 이용해 뇌물을 받거나 사기를 치거나 협박해 재물을 강탈하며, 터무니없이 세금을 마구 징수하는 현상이 지극히 심각했다. 어떤 조대에서는 부패문제가 심지어 만회할 수 없는 정도에 이르기까지 했다. 청렴을 제창하고 부패를 억제하는 어려움이 어느 정도인지 가히 짐작할 수 있다.

청렴을 제창하고 부패를 억제하는 것은 제도에 의지해야 하며, 또 관리에 대한 도덕수양을 강화하는 것도 중시해야 한다. "관리를 잘 다스리면 나라가 잘 다스려질 수 있고, 관리가 부패하면 정권은 망하게 된다." 관리의 도덕수양은 사회의 본보기로서 사회의 도덕풍조와 사회기풍의 좋고 나쁨에 직접 영향을 준다. 공자는 관리들이 "이익을 추구하기 위해 행동하는 것"[154]을 극구 반대했다. 만약 관리가 사사로운 이익만을 도모한다면 자신의 행위 준칙을 개인의 이익에 맞추게 되어 필연코 공중의 원한을 사게 된다. 관리들은 마땅히 염정사상을 수립해 여러 가지 유혹에 맞닥뜨렸을 때 "부당하게 얻은 부귀는 나에게 하늘에 떠가는 구름과도 같은 것"이 될 수 있도록 노력해 행동으로써 덕성을 수립하고 행동으로써 덕성을 단속하며 덕성으로써 위망을 수립해 청렴결백하고 공정한 미덕을 유지해야 한다.

오늘날 사회에서 부패는 경제발전을 저해하고 정부의 위망을 갉아먹으며 정당의 응집력을 파괴하고 정권과 사회의 안정에 영향을 주는 중대한 문제로 간주되고 있다. 정부와 관리에게 있어서 가장 위험한 것은 '부패'이며

---

154) 『논어 · 이인(論語 · 里仁)』

민중이 가장 통탄하는 것도 '부패'이다. 부패현상은 거리낌 없는 뇌물 수수, 홍청망청 먹고 마시기, 매관매직, 공금에 의한 여행, 정부(情婦) 두기 등 형형색색이다. 이러한 부패현상은 모두 청렴결백으로써 극복해야 한다. 현재 청렴을 제창하고 부패를 억제하는 것은 다양한 사회제도의 국가가 공동으로 직면한 난제로 되어 있다. 세계 130여 개 국가가 모두 부패를 척결하고 청렴을 제창하는 업무를 적극 전개하고 있다.

옛날 사람은 "스스로가 바르면 명령하지 않아도 백성들은 따를 것이고 스스로 바르지 못하면 명령을 내려도 백성들이 따르지 않을 것이다(其身正, 不令而行 ; 其身不正, 雖令不從)"[155]라고 말했다. '바르다는 것(身正)'은 사상이 단정하고 정무에 부지런하며 염결봉공하는 것이다. 시장 경제가 빠르게 발전하는 오늘날 전통미덕 중의 염덕(廉德)을 발양하는 것은 아주 중요한 시대적 의미가 있다. 염결봉공은 한 사람의 사람 됨됨이와 관리로서의 사상경계를 직접 반영하고 그가 수중의 권력을 올바르게 대하고 사용할 수 있는지의 여부를 반영하며, 사람 됨됨이와 관리로서의 위망과 영향력을 어느 정도 결정할 수 있는 것이다.

4. 치(恥): 인간으로서의 최저 기준

중국 고대에 미덕으로서의 '치(恥)'는 수치심을 말하는데, 즉 수치를 아는

---

155) 『논어 · 자로(論語 · 子路)』

마음을 가리킨다. 이에 대해 주희는 "치는 곧 자신이나 타인의 옳지 못함을 부끄러워하고 착하지 못함을 미워하는 것(恥便是羞惡之心)"[156]이라고 해석했다. 수치심은 일정한 영욕관·시비관·선악관을 바탕으로 생겨나는, 영예를 추구하고 치욕을 피하려는 일종의 자발적인 마음으로서 자신의 존엄을 소중히 여기고 수호하려는 감정의식이다. 수치를 아는 것은 사람의 기본적인 덕성이고 기본적인 인격이다. '치'는 인간으로서의 최저 기준이다.

1) 중국의 전통 지치관(知恥觀)

중국 고대의 사상가들은 역대로 지치관(知恥觀, 수치를 아는 것에 대한 견해)에 대해 중시해왔다. 공자는 도덕적 교화를 제창했으며 인덕으로 천하를 다스림이 효과적이었던 것은 인덕이 백성들로 하여금 수치를 알게 해 자발적으로 어떤 일은 함부로 행하지 않을 수 있게 하기 때문이라고 주장했다. 만약 자발적으로 어떤 일은 함부로 행하지 않고 범죄를 수치스러운 것으로 여긴다면 사람들은 스스로 범죄를 피할 수 있다. 공자는 사람들에게 "일을 행함에 스스로 수치를 아는 마음을 가질 것(行己有恥)"[157]을 요구했다. 맹자는 "수치심은 사람에게 매우 중요하다(恥之於人大矣)", "사람은 수치심이 없으면 안 된다(人不可以無恥)"[158]라고 주장했다. 『관자』에서는 치(恥)를 예

---

156) 『주자어류(朱子語類)』
157) 『논어 · 자로(論語 · 子路)』
158) 『맹자 · 진심상(孟子 · 盡心上)』

(禮)·의(義)·염(廉) 3자와 나란히 '나라의 사유(四維)'로 간주했다.

『관자 ·목민(管子·牧民)』에서는 "나라의 통치를 공고히 하는 준칙은 사유(四維)를 정돈하는 것이다. …… 사유를 발양하지 않으면 나라는 멸망하게 된다(守國之度, 在飭四維.…… 四維不張, 國乃滅亡)"라고 해 '치'덕을 매우 중요한 지위로 끌어올려 중국 고대의 중요한 덕목 중의 하나로 삼았다.

중국 고대에는 사회기풍을 두 가지 유형으로 나눴다. 한 가지는 바른 기풍으로서 생기(生氣)·패기(志氣)·화기(和氣) 등이 그에 속하고, 다른 한 가지는 사기(邪氣, 사악한 기풍)·패기(覇氣, 횡포하고 포악한 기풍)·음양괴기(陰陽怪氣, 태도가 애매하고 언행이 괴상한 괴상야릇한 기풍)·오예지기(汚穢之氣, 지저분하고 더러운 기풍)·허위지기(虛僞之氣, 허위적인 기풍)·매기(霉氣, 곰팡이 냄새가 나는 기풍)·나산지기(懶散之氣, 나태하고 산만한 기풍) 등이다. 사악한 기운은 두 가지 병증을 부른다. 한 가지 병증은 기능 상실 풍기(痿氣), 음침한 기운(陰氣), 타락한 기풍(墮氣), 보잘 것 없는 기운(庸氣), 아양을 떠는 기풍(媚氣), 낙담하는 기풍(泄氣)으로서 연골증(軟骨症)을 초래한다.

다른 한 가지 병증은 횡포하고 포악한 기운(覇氣), 탐욕스러운 기풍(貪氣), 사치스러운 기풍(奢氣), 경박한 기풍(浮躁氣), 안하무인 기풍(傲氣), 거만한 기풍(牛氣)으로서 부패증을 초래한다. 사악한 기운에 대해서는 역대로 군자들이 멸시해오고 있다. 수치를 모르는 뻔뻔스러운 소인배에 대해서는 항상 사정없이 호통을 쳤으며, 지탄을 받아야 하는 걸로 간주했다. 중국 전통도덕에서는 수치를 모르는 뻔뻔스러운 사람을 역사적 치욕이라는 기둥 위에 박아두고 반면교사로 삼았다.

후진(後晉) 때 석경당(石敬瑭)은 변량(汴梁, 지금의 허난[河南] 카이펑[開封])에서 황제를 자칭하고 목숨을 부지하기 위해 거란(契丹)의 호감을 사려고 온갖 방법으로 아첨했으며, 거란의 군주를 부황제(父皇帝)라고 불렀다. 거란의 사신이 변량에 올 때마다 석경당은 별전에서 절을 하고 조서를 받았으며, 매년 거란에 30만 냥 어치의 금과 비단을 바치고 명절 때마다 진기한 물품을 진상했다. 그는 심지어 연(燕, 유주[幽州]를 가리킴)·운(雲, 운주[雲州]를 가리킴)16개 주를 거란에 떼어주고 나라를 팔아 부귀영화를 도모했으며, 스스로 '아황제(兒皇帝)'라고 자칭했다.

남송(南宋) 때 진회(秦檜)는 군주를 팔아 부귀영화를 도모하고 충신들을 모해했으며 그 당시 수많은 사람들의 멸시를 받은 소인배였다. 진회가 유명한 학자인 호굉(胡宏)에게 벼슬을 하기를 청했으나 호굉은 진회와 한패거리가 되는 것을 원치 않아 여러 가지 이유로 사절했다. 호굉은 『여진회지서(與秦檜之書, 진회에게 보내는 편지)』[159]에서 다음과 같이 썼다.

"생각해본 결과 수천 년간 수많은 사대부들이 부귀영화에 빠져 한평생 아무 의미 없이 흐리멍덩하게 보낸 이가 그 어느 시대에나 없었던 적이 없으니 그 수를 어찌 백억으로 다 헤아릴 수 있겠는가. 비록 그때 당시는 마음속으로 즐겁고 처자식에게

---

159) 『오봉집(五峰集)』 을 참고

영예를 안겨주기에 충분하지만, 눈 깜짝할 사이에 몸도 이름도 모두 사라져버린다. 그것은 본인이 학문에 뜻을 둔 후로 원하지 않는 일이다. 스스로 포부를 세워 천지간에 가득 차도록 할 것이며, 생사의 고비에 처해도 신념을 굽히지 않고 굳게 지킬 것이다. ……바람에 흔들리지 않고 물의 흐름에 따라 흐르지 않을 것이요. 몸은 비록 죽더라도 늠름하고 생기가 있게 살 것이다.

(稽諸數千年間, 士大夫顚冥于富貴, 醉生而夢死者無世無之, 何啻百億. 雖當時足以快胸臆, 耀妻子, 曾不旋踵而身名俱滅. 某志學以來, 所不願也. 至於傑然自立志氣, 充塞乎天地, 臨大節而不可奪……風不能靡, 波不能流, 身雖死矣, 而凜凜然長有生氣.)"

이로 볼 때 중화민족은 예로부터 고상한 절개와 완벽한 인격을 추앙해왔으며, 염치를 모르는 소인배들에 대해서는 도덕의 반면교사로 간주해 별책에 집어넣었다. 청대 학자 장순휘(張舜徽)는 고염무(顧炎武)를 크게 추앙했다. 그는 다음과 같이 말했다.

"염무의 학문에 대한 논설은 오로지 두 가지뿐이다. 즉 옳지 못함을 부끄러워하고 착하지 못함을 미워하는 수치심으로 자신의 행위를 단속하고 문화지식을 널리 배워야 한다는 것이다.…… 도의를 분명히 밝히고 세상을 구제하는 데 도움이 되거나 나라 경제와 국민의 생활과 관련이 있는 일이라면 모두 헛되이 여기지 않았다.

(炎武論學, 不外二語: 曰行己有恥, 博學于文. ……非有裨明道淑

世, 或攸關國計民生者, 皆不徒作.)"[160]

사람은 일생에서 어깨를 펴고 떳떳하게 살아야 한다. 소인배가 아닌 군자로 살아야 한다.

2) 사람은 수치를 알아야 한다.

도덕은 일정한 풍속이나 기풍으로 표현되며 선과 악, 정의와 사악, 성실과 허위, 영예와 치욕 등 관념을 포함하고 있다. 고대 그리스신화 중에 이런 아름다운 전설이 있다. 18세의 영웅 헤라클레스는 인생의 교차로에서 두 명의 여신을 만났다. 한 명은 악덕여신이고 다른 한 명은 미덕여신이다. 악덕여신은 그에게 개인의 행락과 편안함을 추구하며 다른 사람의 화복을 돌보지 않는 생활을 하도록 유혹했고, 미덕여신은 그에게 인류를 위해 해로운 것을 제거하고 행복을 가져다주는 인생의 길을 선택할 것을 권유했다. 고통스러운 생각과 마음속 투쟁을 거쳐 결국 헤라클레스는 악덕여신을 떠나 미덕여신의 부름에 따랐으며, 항상 동포들을 위해 좋은 일만 하는 인생의 길을 선택했다. 이 이야기는 생활 속에서 항상 두 가지 도덕적 힘인 악덕과 미덕이 우리를 부르고 우리에게 영향을 주고 있음을

---

160) 『청인문집별록 · 정림문집(清人文集別錄 · 亭林文集)』

형상적으로 보여주고 있다.

수치를 아는 것과 영욕관은 밀접히 연결되어 있다. 우리 선조들은 올바른 영욕관념을 수립하는 것을 크게 중시했다. 중국 최초의 시집 『시경(詩經)』에 이미 영욕관념이 등장한다. "상서유피, 인이무의; 인이무의, 불사하위?(相鼠有皮, 人而無儀; 人而無儀, 不死何爲?)"[161] 이 말의 뜻은 "저 쥐를 보라 가죽이 있지 않는가. 그런데 사람이 어찌 존엄과 염치가 없을 수 있겠는가. 만약 한 사람이 존엄과 염치를 모른다면 살아서 뭐하겠는가?"라는 것이다. 후에 사람들은 또 영욕이라는 관념을 종합해 사람들 사이에서 널리 회자되는 수많은 격언을 제기했다. 예를 들어 관중은 "먹고 입는 것이 충족하면 영욕을 알게 된다(衣食足則知榮辱)"[162]라고 했다. 맹자는 "수치심은 의로움의 발단이다(羞惡之心, 義之端也)", "수치심이 없으면 사람이 아니다(無羞惡之心, 非人也)"[163]라고 말했다.

이밖에도 "차라리 몸이 망가질지언정 명예는 훼손시킬 수 없다(寧可毀人, 不可毀譽)"라는 등의 말도 있다. 이 모두는 영욕과 고상한 인격 간의 관계를 강조한 것으로서 한 사람이 수치를 알아야만 고결할 수 있다는 주장이다. 생활 속에서 사람들은 더욱 영욕관을 몸으로 직접 실천해 영욕이 사회생활의 여러 차원에서 일관되도록 해야 할 것이다. 예를 들어 전통사회에서 제창하는 효도 중에 영욕에 대한 문제가 침투되어 있다.

자녀가 생활에서 마음을 다해 부모를 보살피는 것은 물론 효도의

---

161) 『시경 · 용풍 · 상서(詩經 · 鄘風 · 相鼠)』
162) 『관자 · 목민(管子 · 牧民)』
163) 『맹자 · 공손추상(孟子 · 公孫醜上)』

표현이라 할 수 있다. 그러나 그렇게 하면서도 부모의 명성을 욕보이는 나쁜 일을 해 부모가 수치를 당하게 했다면 이 역시 불효라 할 수 있다.

영욕관은 일종의 문화정신으로 중국인의 혈맥 속에 이미 깊숙이 침투되어 중화민족정신의 중요한 성분이 되었으며, 예전부터 어질고 포부가 있는 인사들과 일반 백성들이 공동으로 인정하는 기본 도덕규범이 되었다.

도덕을 갖춘 사람이 되려면 먼저 올바른 영욕관념부터 갖추어야 하며 수치를 알아야 한다. 영욕관념을 갖추면 옳고 그름 · 아름다운 것과 추한 것 · 선과 악을 명확히 가릴 수 있고 인간의 존엄이 무엇이고 국가의 존엄이 무엇인지를 알 수 있다. 영욕을 아는 것은 우리 도덕 습관 양성에서의 기본 요구이다. 어떠한 영욕관을 갖느냐에 따라 어떠한 도덕준칙과 도덕규범을 갖추게 되며 따라서 어떠한 행위방식을 갖느냐가 결정된다. 올바른 영욕관을 수립하는 것은 한 사람이 양호한 도덕품성을 양성하는 중요한 지표이고, 한 사회의 문명정도를 평가하는 중요한 징표이며, 양호한 사회 기풍을 형성할 수 있는 중요한 기반이고, 또 국가의 발전 · 사회의 진보 · 민족의 진흥을 추진하는 필연적인 요구이기도 하다.

영(榮)은 곧 영광, 영예를 가리키고, 욕(辱)은 곧 치욕, 수치를 가리킨다. 영과 욕은 사람들의 행위에 대한 사회의 좋고 나쁜 평가와 이런 평가에 대한 사람들의 자아감수이다. 이런 감수는 우리 매개인을 도와 행위의 좋고 그름을 판단할 뿐 아니라 사람의 행위를 꾸준히 규범화시키고 사람들이 악을 버리고 선을 지향하도록 이끌어 수치를 피하고 영예를 추구하도록 한다. 이로 보아 영예감은 사람들이 이상을 실현할 수 있도록 격려하는 거대한 역할을 하며 도덕규범을 지킬 수 있도록 우리 자신을 단속하고 독촉하는데 도움이 된다. 수치감은 자신의 언행 · 품성이 사회도덕준칙과 행위규범에 부합되지 않아 생기는 일종의 부정적인 정서의 체험이며 도덕에 어긋나는 자신의 행위에 대한 부끄러움과 뉘우침으로서 자아교육 역할이 아주 강하다.

인생관·가치관의 중요한 내용으로서 영욕관은 우리 매개인이 어떻게 처신하고 어떻게 처사하며 타인과 어떻게 지내느냐 하는 인생의 도덕지침이다. 영예와 치욕을 어떻게 대할 것이며 영광이 무엇이고 치욕이 무엇인지를 어떻게 분명히 분별할 것이냐는 것은, 매 사회 구성원이 사회에 발을 들여놓을 때 마땅히 명확히 해야 할 문제이다. 어떠한 영욕관을 갖느냐에 따라 어떠한 도덕준칙과 도덕규범을 갖추느냐가 결정된다. 올바른 영욕관을 갖추면 실천 속에서 최대한 영예를 드높이고 치욕을 억제할 수 있어 사회가 요구하는 양호한 이미지로 세인들 앞에 나타날 수 있다. 영예와 치욕은 마치 거울과도 같아 한 사람의 영혼을 비춰 보일 수 있다. 영예와 치욕을 올바르게 대해야만 영혼은 건강하고 활력으로 넘칠 수 있다.

유명한 시인 장커자(臧克家)가 노신(魯迅) 선생을 기념해 시 한 수를 지은 적이 있다. 그 시의 제목은 「어떤 사람(有的人)」인데 그 시에서 영욕에 대한 올바른 인식을 표현했다. 시에는 이렇게 썼다.

어떤 사람은 살아있지만 이미 죽었고 어떤 사람은 죽었지만 아직 살아있다.
어떤 사람은 국민의 머리 위에 올라 타 "아하, 나는 너무 위대해!"라고 하고 어떤 사람은 허리를 굽혀 국민에게 소와 말이 되어준다.

어떤 사람은 바위에 이름을 새겨 "불멸"을 꾀하고 어떤 사람은 들풀이 되어 땅 밑에서 일어나는 불길에 타버리기를 진심으로 원한다.
어떤 사람은 살아 있으면 다른 사람이 살 수 없고 어떤 사람은 살아 있으면 대다수 사람들이 더 잘 살 수 있기를 위한다.

국민의 머리 위에 올라탄 이에 대해서 국민은 팽개쳐 무너뜨릴 것이고 국민의 소와 말이 되어준 이에 대해서 국민은 영원히 기억하리라!
바위에 이름을 새긴 이는 그 이름이 시신보다도 더 빨리 썩을 것이고 들풀은 봄바람이 부는 곳마다 푸르싱싱하게 살아 있다.
살아 있으면 다른 사람이 살 수 없는 그런 자는 말로가 훤히 보이고 살아 있으면 대다수 사람이 더 잘 살 수 있기를 위하는 그런 이는 대중들이 그를 높이 떠받든다.

이 시는 발표된 후부터 수많은 사람의 좌우명 혹은 생명의 의미를 추구하는 지침이 되었다. 그의 영욕관념은 시에서 분명히 드러났다. 즉 본인은 살아있지만 다른 사람의 마음속에서는 오래 전에 이미 죽어간 '사람'이 되어서는 안 되며, 본인이 살아있다면 다른 사람의 마음속에도 살아있는 '사람'이 되어야 한다는 것이다. 또한 애써 일하거나 혹은 생활을 누릴 때 나라와 사회 및 다른 사람을 많이 위하도록 노력해야만 우리 인생은 의미가 있으며, 그런 사람이어야만 진정으로 영광스러운 것이라는 관념이다.

오늘날 중국은 이미 개혁개방과 현대화건설의 새로운 발전단계에 들어섰다. 사람들의 정신문화적 수요가 갈수록 늘어나고 있고, 인간관계 개선에 대한 요구와 양호한 사회풍조에 대한 요구가 점점 높아지고 있다. 올바른 영욕관을 수립하는 것은 사회 문명정도의 중요한 표징이며, 경제사회의 순조로운 발전의 필연적 요구이기도 하다. 올바른 영욕관을 갖추면 옳고 그름, 선과 악을 분명히 분별할 수 있고, 어떤 행위가 영광스럽고 어떤 행위가 수치스러운지를 명확히 할 수 있으며, 어떤 것을 따라야 하고 어떤 것을 반대해야 하며, 어떤 것을 창도해야 하고, 어떤 것을 배척해야 하는지에 대해 명확히 할 수 있어 자발적으로 행동을 통해 영예를 얻고 수치스럽고 명예를 손상시키는 일을 하지 않도록 힘쓸 수 있다. 그래야만 사회도덕준칙을 자기 내심의 수요와 바람으로 전환시킬 수 있어, 고상한 도덕을 적극 추구할 수 있고, 조국의 진흥과 건설에 대한 강렬한 사명감·책임감·영예감을 불러일으킬 수 있는 것이다.

3) 사회주의 영욕관

중화민족이 줄곧 완강한 생명력으로 세계의 동방에 우뚝 서서 끊임없이 번창할 수 있는 주요 원인 중의 하나가 바로 기나긴 역사발전과정에서 시비를 명확히 가릴 수 있는 전통과 영예를 드높이고 수치를 억제하는 미덕을 시종일관 유지했다는 데 있다. 그래서 정정당당함과 의연함, 분발 향상하려고 노력하는 정신적 면모를 가지고 있기에 천지간에서 고개를 들고 활보할 수 있었던 것이다. 중화민족 자손들은 줄곧 분명한 시비 분별과 명확한 영욕관에 의지해 민족 존망의 대과업을 짊어지고 먼 옛날에서 오늘날까지 걸어왔다. 중국인은 줄곧 '수신 · 제가 · 치국 · 평천하(修身, 齊家, 治國, 平天下, 개인의 수양을 닦고 가정을 잘 다스리고 나라를 잘 다스려 천하를 안정시킴)'를 자신의 인생신조로 삼고 현실과 역사 · 자신의 가치를 하나로 융합시켜 왔다. 수천 수백 년간 무수히 많은 우수한 중화민족의 아들딸들은 줄곧 분명한 시비 분별 · 영예와 수치를 아는 전통미덕을 발양해 나라와 민족을 사랑하고 나라를 위해 죽을 때까지 온 힘을 다했다.

굴원은 "나는 길게 탄식하노라, 하염없이 흐르는 눈물을 주체할 길이 없네. 백성들의 너무나도 힘겨운 삶이 애통스 럽구나!(長太息以掩涕兮, 哀民生之多艱)"[164]라고 했으며 결국 멱라강에 몸을 던져 순국했다. 소무(蘇武)는 북해(北海)에서 양치기를 하면서도 사명을 완수했고, 악비(岳飛)는 한평생을 군인으로 살면서 나라를 위해 충성을 바쳤으며, 문천상(文天祥)은 죽음을 두려워하지 않고 "나라를 향한 일편단심 고이 남겨 역사를 빛냈고", 담사동(譚嗣同)은 "죽음 앞에서도 하늘을 앙천대소했으며" 앞장서 변법을 위해 피 흘리며 희생했다. 그들은 조국을 사랑하는 것을 영예로 생각하고 국가를 진흥시키고 난국을 다스리는 것을 자신의 책임으로 여겼으며, "온 세상 사람이 걱정하기에 앞서서 걱정하고, 온 세상 사람이 모두 즐거움을 누린 뒤에야 비로소 즐거워한" 사람들이었다. 그들은 기율과 법을 지키는 것을 영예로 생각하고 스스로 수양해 단정함을

---

164) 『이소(離騷)』

유지했으며 "공명정대하고 청렴결백했다". 그들은 단결하고 서로 돕는 것을 영예로 생각하고 어진 마음을 유지하 면서 부모에게 효도하고 형에게 공손한 덕행을 실천했다. 이러한 바르고 아름다운 언행이 역사 기록에 자주 나타난다. 중화민족의 역사는 바로 영예와 수치가 무엇인지를 아는 역사라고 할 수 있으며, 중화의 문명은 바로 영욕을 분명히 분별하는 문명이라고 할 수 있다. 시비를 분명히 가리고 영예와 수치를 알며 한 위대한 민족의 기나긴 역사를 창조하고 이어가고 있다.

현재 중국은 샤오캉사회(小康社會, 중등 발전 수준의 사회)를 전면적으로 건설하고 사회주의 화해사회를 건설하는 중요한 역사시기에 놓여 있고, 사회경제발전이 과거를 계승하고 미래를 여는 관건적인 시각에 처해 있어, 사회기풍이 사회주의 현대화 강국 건설의 웅대한 청사진에 직접적인 영향을 주게 되며, 중화민족의 위대한 부흥을 실현하는 사업과 직접 관련된다.

2006년 3월 4일 후진타오(胡錦濤)가 '팔영팔치(八榮八恥, 여덟 가지 영예로운 일과 여덟 가지 수치스러운 일)'를 주요 내용으로 하는 사회주의 영욕관을 제기해 올바른 가치관을 수립하는 것에 대한 구체적인 요구에 대해 전면적으로 상세하게 논술하고 현재 중국사회의 기본 가치 방향과 행위준칙에 대해 명확히 밝혔으며, 사회주의 기본 도덕규범의 본질적 요구를 반영함으로써 옳고 그름·선과 악·아름다운 것과 추악한 것의 경계를 명확히 구분하고 양호한 사회적 기풍을 형성하는 면에서 중요한 현실적인 지도적 작용을 하고 있다.

사회주의 영욕관은 우리에게 "조국을 사랑하고, 국민을 위해 봉사하며, 과학을 숭상하고, 부지런히 일하며, 단결하고 서로 도우며, 성실하고 신의를 지키며, 기율과 법을 지키고, 고난과 시련을 이겨내면서 있는 힘을 다해 싸우는" 사회주의 도덕신념을 전 사회적으로 대대적으로 창도하고 수립할 것을 요구함으로써, 사람들의 소양을 전면적으로 제고시켜, 사람들의 발전을 추진하고, 옳고 그름을 분명히 가리고, 영예와 수치를 알며, 영예로운 것과 수치스러운 것을 명확히 구분하고, 수치스러운 행위를 배척할 수 있도록 해, 민주 법치·공평 정의·성신 우애·안정 질서적인 사회 환경을 마련할 수 있도록 하고자 하는 것이다.

조국을 사랑하는 것을 영예로, 조국을 해치는 것을 수치로 생각해야 하고,

국민을 위해 봉사하는 것을 영예로, 국민을 등지는 것을 수치로 생각해야 하며,

과학을 숭상하는 것을 영예로, 무지몽매한 것을 수치로 생각해야 하고,

부지런히 일하는 것을 영예로, 편한 것만 꾀하고 일하기 싫어하는 것을 수치로 생각해야 하며,

단결하고 서로 돕는 것을 영예로, 남에게 손해를 끼치고 자기 이익만을 차리는 것을 수치로 생각해야 하고,

성실하고 신의를 지키는 것을 영예로, 이익 앞에서 의로움을 잊는 것을 수치로 생각해야 하며,

기율과 법을 지키는 것을 영예로, 법을 어기고 기율을 어지럽히는 것을 수치로 생각해야 하고,

고난과 시련을 이겨내면서 있는 힘을 다해 싸우는 것을 영예로, 교만하고 사치스러우며 방종하고 방탕한 것을 수치로 생각해야 한다.

'팔영팔치'를 주요 내용으로 하는 사회주의 영욕관은 말은 간결하나 뜻은 모두 들어 있고 내용이 풍부하며 깊이 있게 논술했고, 중화 전통미덕과 시대적 정신의 과학적인 결합을 반영했으며, 새로운 형세 하의 사상도덕 건설을 위한 기본 도덕의 본보기를 확립했다.

사람은 '수치스러운 것'이 무엇인지 명확히 알아야만 '영예로운 것'이 무엇인지를 진정으로 명확히 알 수 있다. '팔영팔치'를 주요 내용으로 하는 사회주의 영욕관은 '수치'와 '영예'의 내재적 관계를 깊이 있게 밝혀냈으며, 긍정과 부정, 찬양과 비난을 서로 대립시키는 형식으로 사회주의 영욕관을 완벽하게 표현해 알기 쉽고 배우기 쉽게 함으로써 국민 대중들이 이해하고 실천할 수 있도록 이끄는 데 이롭게 했다.

'팔영팔치'를 주요 내용으로 하는 사회주의 영욕관은 정치·경제· 사회·인생 등 여러 방면에 관련되는 도덕준칙으로서 조국을 사랑하고 국민을 위해 봉사하며 과학을 숭상하고 부지런히 일하며 단결하고 서로 도우며 성실하고 신의를 지키며 기율과 법을 지키고 고난과 시련을 이겨내면서 있는 힘을 다해 싸우는 등 여덟 가지 방면을 포함하고 있다.

이 여덟 가지 규범은 서로 연결되고 서로 추진하면서 유기적인 통일체를 이루었다. 이 여덟 가지 규범은 과학적인 세계관·인생관·가치관을 반영했고, 현재 중국 공민의 기본 가치방향과 행위준칙을 명확히 했으며 새로운 형세 하에 사람들이 옳고 그름을 분명히 가리고 선과 악을 구분하며 아름다운 것과 추악한 것을 분명히 구별하는 명확한 기준이 된다.

'팔영팔치'를 주요 내용으로 하는 사회주의 영욕관은 중화 전통미덕을 계승하고 전통 영욕관의 정수를 받아들였다. "영욕을 모르면 사람이 될 수 없다", "가난하나 포부를 가진 사람이 될지언정 부유하나 절개가 없는 사람은 되지 말아야 한다" 등의 격언은 옛날 사람들이 영예와 수치를 알고 절개를 꿋꿋이 지키는 것을 목숨처럼 소중하게 여겼음을 설명한다.

사회주의 영욕관의 구체적 내용은 전통미덕과 밀접히 연결되어 있다. 예를 들어 "조국을 사랑하는 것을 영예로, 조국을 해치는 것을 수치로 생각해야 한다"와 "천하의 흥망성쇠는 일반 백성에게도 책임이 있다(天下興亡, 匹夫有責)", "단결하고 서로 돕는 것을 영예로, 남에게 손해를 끼치고 자기 이익만 차리는 것을 수치로 생각해야 한다"와 "유리한 시기와 기후는 유리한 지세보다 못하고, 유리한 지세는 사람들이 한마음 한뜻으로 힘을 합치는 것보다 못하다.(天時不如地利, 地利不如人和)"(『맹자·공손축하[孟子 ·公孫丑下]』), "부지런히 일하는 것을 영예로, 편한 것만 꾀하고 일하기 싫어하는 것을 수치로 생각해야 한다"와 "부지런함으로 재능이 부족함을 보완할 수 있다" 등은 모두 계승과 발전의 관계가 있다.

'팔영팔치'를 주요 내용으로 하는 사회주의 영욕관은 중국공산당이 국민을 이끌고 혁명·건설·개혁 과정에서 형성된 숭고한 정신을 발양했다. 사회주의 영욕관은 징강산(井岡山)정신·장정(長征)정신·옌안(延安)정신·붉은 바위(紅岩)정신·시바이포(西柏坡)정신·다칭(大慶)정신·양탄일성(원자 폭탄과 수소 폭탄 및 인공 위성)정신 ·'홍수와의 전쟁(抗洪')정신·'사스(SARS, 중중 급성 호흡기 증후군)' 퇴치정신· 64자 창업정신, 그리고 후진타오 총서기가 제기한 "특별하게 고생을 두려워하지 않는 정신·특별한 전투력·특별하게 난관을 돌파하는 정신·특별한 기여 정신"을 갖춘 유인우주정신 등과 일맥상통한다.

이러한 숭고한 정신은 광범위한 인민대중이 여러 시기의 어려움과 험난함을 이겨낼 수 있도록 막강한 정신적 격려역할을 발휘했으며, 오늘에 이르러서도 여전히 중대한 현실적 의의를 띤다.

예를 들어 '양탄일성'정신은 조국을 사랑하고 사심 없이 기여하며 단결협력하고 악전고투하며 부지런하고 용감하며 과학의 정상을 향해 용감하게 매진하는 등의 내용을 포함하고 있으며, 특정된 역사조건 하에서 사회주의 영욕관의 생생한 반영이라고 할 수 있다.

중국인의 한 사람으로서 마땅히 자신의 조국을 사랑해야 한다. 이는 가장 기본적인 요구이다. 국민의 한 사람으로서 마땅히 나라의 법규를 지켜야 한다. 이 역시 가장 기본적인 요구이다. 그리고 이 사회에서 생존하는 한 사람으로서 "남을 사랑하는 사람은 남들도 영원히 그를 사랑하게 될 것이고", "모든 사람이 나를 위하고 나 역시 모든 사람을 위하며", 서로 돕고 한 마음으로 협력하여 함께 곤경을 헤쳐 나가야 한다. 이는 사람으로서 마땅히 갖춰야 할 품성이다. 국민을 위해 봉사하고 과학을 숭상하며 부지런히 일하고 성실하고 신의를 지키며 고난과 시련을 이겨내며 있는 힘을 다해 싸우는 것 등 가치관 중에서도 우리는 마찬가지로 사회주의 도덕의 기본 요구를 찾아낼 수 있다.

'팔영팔치'를 주요 내용으로 하는 사회주의 영욕관은 개인과 집단·국가 3자의 관계를 포함하고 있고, 인생 자세·공공 행위·사회 기풍과도 관련되며 사회주의 도덕의 명확한 지향을 구성하고 있다. 사회주의 영욕관은 고상하면서도 평이하고 소박하며, 이상적이면서도 현실적이다. 사회주의 영욕관은 바로 우리 곁에 있으며 모든 일과 관련되어 있고, 시시때때로 마주하게 되며 당대 중국인의 처세와 처사를 위한, 볼 수 있고 만질 수 있는 기본 도덕기준을 수립했다.

"영예와 수치에 대해 명확히 하고 선과 악을 알며 옳고 그름을 분별할 수 있은 뒤에야 정신이 생긴다." 정신과 문화 영역의 성과는 사회문명 정도의 높고 낮음을 직접 반영하게 되며, 또 한 민족의 응집력과 생명력을 집중적으로 반영한다. 수치를 아는 것은 일종의 정신적 동력으로 전환될 수 있다. 사람이 수치를 알게 되면 자각성이 생겨 자신이 무엇을 해야 하고 무엇을 하면 안 되는지를 알 수 있다. 사회주의 영욕관을 발양하게 되면 당대의 중국인에게 자존·자신·자립·자강하는 민족정신을 수립할 수 있게 하며, 고난과 시련을 이겨내며 있는 힘을 다해 싸우고 분발하여 강성해지려고 노력할 수 있도록 인민대중들을 교육함으로써 중화민족의 위대한 부흥을 실현하는데 막강한 정신적 힘을 제공할 수 있다.

5. 용(勇): 대의를 짊어지는 기개

'용(勇)'은 바로 두려움을 모르는 것이며 도덕적 의지에 속하는 품격이다. '용'은 사람들에게 고난·고통·협박·압력 앞에서 겁먹지 않고 물러서지 않으며 피하지 않고 낙심하지 말 것을 요구한다. '용'은 사람들에게 용감하게 앞으로 나갈 것을 요구하며 사람들이 자연을 인식하고 자연을 개조하며, 사회를 인식하고 사회를 개조하며, 자신을 인식하고 자신을 완벽케 하는 실천 과정에서 마땅히 갖춰야 할 미덕이다.

그렇기 때문에 '용'은 줄곧 중국 고대 사상가의 중시를 받아왔으며, 유가에 의해 '삼달덕(三達德, 어떠한 경우에도 통하는 세 가지 덕. 즉 지[智], 인[仁], 용[勇]) 중의 하나로 되었다. '용'은 전통미덕의 중요한 범주이다. 공자는 『논어·자한(論語·子罕)』에서 "총명한 사람은 미혹되지 않고 인덕이 있는 사람은 근심이 없으며 용감한 사람은 두려워하지 않는다(知者不惑, 仁者不憂, 勇者不懼)"라고 했다.

『중용(中庸)』에서는 공자의 말을 인용해 "배우기를 좋아하는 사람은 총명한 사람이 되기까지 거리가 멀지 않고 무슨 일이나 있는 힘을 다해 행하는 사람은 어진 사람이 되기까지 거리가 멀지 않으며 수치를 아는 사람은 용기 있는 사람이 되기까지 거리가 멀지 않다.

이 세 가지를 알게 되면 어떻게 수양해야 하는지를 알게 되며, 어떻게 수양해야 하는지를 알게 되면 사람을 어떻게 다스려야 하는지를 알게 되며, 사람을 다스릴 줄 알게 되면 나라를 어떻게 다스려야 하는지를 알게 된다(好學近乎知, 力行近乎仁, 知恥近乎勇. 知斯三者, 則知所以修身 ; 知所以修身, 則知所以治人 ; 知所以治人, 則知所以治天下國家矣.)"라고 했다. 이로부터 인생에서 '용'자가 빠져서는 안 된다는 것을 알 수 있다.

그런데 '용'은 무엇인가? '용'은 앞장서서 적진으로 돌격하는 용맹한 정신만 가리키는 것이 아니라 더 중요한 것은 사람이 갖춰야 할 일종의 정신 상태를 가리킨다. 묵자(墨子)는 "용은, 포부가 있어 용기가 생기는 것(勇, 志之所以敢也.)"[165]이라고 말했다. 즉 '용'은 사람의 지향이고 대의를 짊어지는 기개인 것이다. '용'은 인(仁)·의(義)와 서로 통일된다. 인을 행하고 의를 선택해 행동에 옮기는 것은 큰 지혜와 큰 용기이다. 『좌전·은공원년(左傳 · 隱公元年)』에는 "불의를 많이 저지르면 반드시 자멸하게 된다.(多行不義必自斃)"라고 했다.

---

165) 『묵자 · 경상(墨子 · 經上)』

공자는 "한 나라 군대의 총사령관은 앗아갈 수 있어도 사내대장부의 포부는 억지로 바꿀 수 없다.(三軍可奪帥也, 匹夫不可奪志也)"[166]고 강조했다. 공자는 또 "의로운 일 앞에서 선뜻 나서지 못하는 것은 용기가 없는 것이다(見義不爲, 無勇也)"[167]라고 말했다. 맹자는 "생(생명)은 내가 원하는 것이다. 의(도의) 또한 내가 원하는 것이다. 그러나 이 두 가지를 동시에 얻을 수 없다면 '생'을 포기하고 '의'를 택할 것이다(生, 亦我所欲也 ; 義, 亦我所欲也, 二者不可得兼, 舍生而取義者也.)"[168]라고 말했다. 이 말의 뜻은 만약 '생'과 '의' 사이에서 선택하라 한다면 차라리 '의'를 선택하고 생명을 포기하겠다는 것이다. 순자(荀子)도 "이익에 앞서 도의를 먼저 행하는 것은 영예로운 것이나 도의에 앞서 이익을 먼저 챙기는 것은 치욕스러운 것이다(先義而後利者榮, 先利而後義者辱)"[169]라고 말했다. 『묵자 · 경상(墨子 · 經上)』에는 "의는 바로 천하의 일을 자신의 본분으로 삼으려는 포부이다(義, 志以天下爲芬)"라고 했다.

이러한 순자의 말은 사람들에게 일을 처리함에 있어서 마땅히 정의로움에 부합할 것을 요구하고, 묵자의 말은 천하의 일을 자신의 본분으로 생각할 것을 요구한 것이다. 육구연(陸九淵)은 "군자의 본질은 도의이다. 의를 따르는 자는 다른 사람에게 존중받고 의를 잃은 자는 다른 사람에게 무시당한다. 의를 지키는 것은 영예로운 일이고 의에 어긋나는 것은 수치스러운 일이다.(君子義以爲質, 得義爲重, 失義爲輕, 由義爲榮, 背

---

166) 『논어 · 자한(論語 · 子罕)』
167) 『논어 · 위정(論語 · 爲政)』
168) 『맹자 고자상(孟子 · 告子上)』
169) 『순자 · 영욕(荀子 · 榮辱)』

義爲辱)"[170]라고 강조했다. 이 말은 성인군자라면 마땅히 의를 실천하는 용기가 있어야 한다는 도덕적 요구를 반영한 것이다. 왕부지(王夫之)는 "사람의 생명은 도의를 감당하기 때문에 생명은 소중한 것이고, 도의는 인생의 가치를 확립하기 때문에 도의를 위해 생명도 포기할 수 있는 것이다(生以載義, 生可貴 ; 義以立生, 生可舍)"라고 강조했다. 이 말도 역시 정의를 위해서라면 자신의 목숨을 희생할 수도 있다는 고상한 지조를 표현한 것이다. 이처럼 도의를 위해서 목숨을 버리고 죽음을 두려워하지 않는 정신이 바로 '용맹한' 정신이며, 중화민족이 자강불식하고 끊임없이 생겨나는 힘의 원천이며 중화민족의 지극히 소중한 정신적인 재부인 것이다.

측천무후(武則天) 시기의 배회고(裴懷古)는 정의를 지키기 위해 황제 앞에서 "신은 공평과 정의를 지키기 위해서라면 죽는 것도 마다하지 않겠나이다."라고 큰 소리로 아뢰었다. 남송(南宋)의 민족 영웅 문천상은 원(元)에 포로로 잡혀가 "원하는 것이 뭐냐"고 묻는 원 세조(元世祖)의 물음에 "죽여준다면 그걸로 만족이다."라는 한 마디만 했을 뿐이다. 근대 유신인사 담사동은 무술정변(戊戌政變)이 실패한 뒤 도망치기를 거부하고 죽음으로써 국민들을 각성시켰다. 그는 죽음을 앞두고도 "적을 쳐 없앨 마음은 굴뚝같으나 힘이 없구나. 가치 있게 죽으니 기쁘기 그지없도다!"라고 높이 외쳤다.

항일전쟁시기에는 특히 무수히 많은 중화의 아들딸들이 나라를 위해

---

170) 『육구연집 · 여곽방일(陸九淵集 · 與郭邦逸)』

용감하게 희생된 장엄한 역사의 장을 써냈다. 그들 중에는 국민혁명군 제33집단군 총사령관 장자충(張自忠) 장군이 있는가 하면, 후세 사람들에게 널리 칭송을 받은 '낭아산(狼牙山)의 다섯 용사'가 있으며, 일본침략군과 싸우다 마지막으로 남은 여덟 명의 동북항일연군 여전사가 강변까지 퇴각해 끝까지 싸우다 강물에 몸을 던진 '투강팔녀' 등 헤아릴 수 없이 많다.

노신은 "우리에게는 자고로 말없이 열심히 일에 몰두하는 사람이 있고, 필사적으로 일하는 사람이 있으며, 민중을 위해 목숨을 바치는 사람이 있고, 자신을 돌보지 않고 진리를 추구하는 사람도 있다." "이들이 바로 중국의 대들보이다."[171] 중화민족은 바로 이처럼 무수히 많은 대들보가 있기 때문에 비로소 이 지구상에서 끊임없이 번창하고 끊임없이 반짝반짝 빛나고 있는 것이다.

'용'은 자강불식하는 씩씩한 정신이다. 씩씩한 정신은 민족의 넋이고 매 개인이 발전할 수 있는 동력이기도 하다. 『주역·건·상(周易·乾·象)』에는 "천도의 운행은 가장 씩씩하고 강건하다. 군자는 그런 법칙을 좇는 것을 통해 스스로 자강불식한다(天行健, 君子以自强不息)"라고 했다. 이 말은 줄곧 수천수만의 중국인을 격려해오고 있다. 당(唐)대의 유우석(劉禹錫)도 "꾸준히 추구하는 것을 본체로 삼고 매일 새로운 것을 창조하는 것을 수단으로 삼아야 한다(以不息爲體, 以日新爲道)"[172]고 말한 바 있다. 송(宋)대의 왕안석(王安石)은 "군자의 도리는 자강불식하는데서

---

171) 『차개정잡문 · 중국인은 자신력을 잃어버렸는가(且介亭雜文
　　　中國人失掉自信力了嗎)』
172) 『문대균부(問大鈞賦)』

시작된다(君子之道, 始於自强不息)"[173]고 했다.

　용감한 자는 강하다. 강한 것은 여러 방면으로 표현된다. 역경에
처했을 때 분발하는 것인데 "문왕(文王)은 갇혀 있으면서 『주역』을
써냈고 중니(仲尼)는 역경속에 『춘추』를 썼으며, 굴원은 유배를
가 『이소(離騷)』를 지었고, 좌구(左丘)는 눈이 멀었지만 『국어
(國語)』라는 고전을 남겼고, 손자(孫子)는 종지뼈가 깎이는 혹형을
받았지만 『병법(兵法)』를 써냈으며, 여불위(呂不韋)는 재상 직에서
파직 당하고 촉(蜀)나라 도성으로 이주했으나 저서 『여람(呂覽)』을
세상에 남겼고, 한비(韓非)는 진(秦)나라에 수감되어 있으면서
『설난(說難)』·『고분(孤憤)』과 같은 작품을 남겼으며, 『시(詩)』300편
중 대다수는 성현들이 분발해서 지은 작품들이다."[174] 분발해야만 운명을
바꿀 수 있으며 개인의 가치를 실현할 수 있다. 위기와 고난이 닥쳤을
때 "자신의 포부를 낮추지 않고 자신의 신분을 욕되게 하지 말아야
하고(不降其志, 不辱其身)",[175] "위기 앞에서 두려워하지 말고 의로운
일이라면 마땅히 해야 한다(臨危不懼, 見義必爲)." 상황에 변화가 생겼을
경우 "부귀하나 방탕하지 않고, 가난하고 지위가 낮으나 자신의 뜻을 바꾸지
않으며 권세와 무력에 굴복하지 않을 수 있어야 한다." 일을 함에 있어서
착실하게 해 "한 숟가락 한 숟가락의 물이 모여서 큰 강을 이루고 미세한
먼지가 쌓여서 고산준령을 이루는(積一勺以成江河, 累微塵以崇峻極. -

173) 『임천선생문집·역상논해(臨川先生文集·易象論解)』
174) 사마천: 『보임안서(報任安書)』
175) 『논어·미자(論語·微子)』

299

한국 속담에 티끌 모아 태산이라는 말과 뜻이 비슷함　역자 주)[176] 정신이
있어야 한다.

'용'은 또 사람들에게 그 어떤 경우에도 독립적인 인격과 견해를 갖출
것을 요구한다. 예를 들어 명말 사상가 이지(李贄)는『분서(焚書)』·『속
분서(續焚書)』·『장서(藏書)』·『속장서(續藏書)』를 써 공자의 시비를
자신의 시비기준으로 삼을 필요는 없다면서 "사람마다 모두 성현이
될 수 있다(人人皆可以爲聖)"고 주장했다. 그는 탐관오리들을 두고
"겉으로는 도학을 숭상하는 것처럼 보이지만 뒤에서는 부귀영화를
추구한다(陽爲道學, 陰爲富貴)"고 비판했다. 그는 여성을 동정했으며
과부는 재혼할 수 있다고 주장하며 봉건적인 예교에 반대했다. 그의 이러한
진보적인 사상이 그때 당시 그가 처한 시대에는 "어버이도 나라 임금도
안중에 없는(無父無君)" 이단사설로 간주되어 큰 공격을 받았다.

그러나 그는 여전히 불굴의 의지로 자신의 독자적인 견해를 고집했으며
지식인으로서의 독립적인 인격을 고수했다. '문화대혁명(文化大革命)'
기간에 장지신(張志新)열사는 당과 국민에 대한 일편단심을 안고
장칭(江靑)·린뱌오(林彪)를 비평하고 류사오치(劉少奇)를 위해
변명했으며 마오쩌둥(毛澤東)의 잘못에 대해 솔직하게 지적했다.

그는 또 비정상적인 당내 민주생활·계급투쟁의 확대화 ·'개인 숭배'
등 문제에 대해서 조직적인 형식을 통해 자신의 의견과 견해를 제기했다.
장지신은 비록 그로 인해 잔혹한 박해를 받았지만 그녀는 진리를 고집하고

---

176) 『진서 · 우부전(晉書 · 虞溥傳)』

독자적인 생각을 고수했으며 죽을지언정 뜻을 굽히지 않았다. 이지나 장지신이나를 막론하고 그들의 몸에서는 모두 일종의 진정한 '용'이 반영되었다.

21세기는 특히 경쟁이 치열한 시대이다. 오늘날 어떤 사람을 진정 용기 있는 사람이라 할 수 있을까? 용기 있는 사람은 부지런해야 하고, 평범함에서 벗어나야 하며 감히 전력 질주하는 정신이 있어야 하고 용왕매진하는 용기가 있어야 하며 사회의 흐름 속에서 감히 힘차게 싸울 수 있어야 한다. 예를 들어 한 병사가 감히 적진 깊숙이 돌격하여 용감하게 싸우지 못하고 언제나 뒤에 숨어만 있는 다면 공훈을 세우기가 어렵다.

용기 있는 사람은 포부가 있다. 사람이 포부가 없어서는 안 된다. 포부는 인생의 가치관·도덕관이며 용감하게 나아가는 동력이다.

사람이 만약 눈앞의 안일만 탐내며 되는대로 살아가거나 졸렬하고 속되게 한평생을 산다면 이는 포부가 없고 용기가 부족한 표현이다.

'용'은 감히 권위에 도전하는 품성이다. 중국은 자고로 감히 권위에 도전하는 우수한 전통이 있다. 송(宋)대의 정초(鄭樵), 청(淸)대의 최술(崔述)·요계항(姚季恒), 근대 들어 호적(胡適)·전현동(錢玄同) 등 이들은 모두 회의(懷疑)정신을 갖춘 용맹스러운 사람들이다. 명(明)대의 대학자 진헌장(陳獻章)은 "작은 회의(懷疑)는 작은 발전을 얻을 수 있고 큰 회의는 큰 발전을 얻을 수 있다(小疑則小進, 大疑則大進)"[177]고 말했다. 다시 말하면 대담하게 회의를 품으면 큰 수확을 얻을 수 있다는 뜻이다.

---

177) 『논학서(論學書)』

현대 유명한 학자 호적은 "대담하게 회의를 품고 조심스럽게 증거를 찾을 것"을 제기했다. 그 속에 바로 '용'의 내용이 포함된다. 우리는 학문을 함에 있어서 맹목적으로 다수의 관점에 따라서는 안 되며, 연구를 함에 있어서 실수하는 것을 두려워하지 말고, 잘못이 있으면 용감하게 시정해야 한다는 도리를 알고 있다. 용기 있는 자는 필연코 '사면으로 적의 공격을 받게 된다'.

'적의 공격을 받게 되므로' 최고의 경계태세를 취하고 수시로 응전 준비를 해야 하며, 응전하려면 많이 배우고 많이 생각해야 한다. 싸움에 응하는 과정에서 빨리 성숙할 수 있고 차분하면서도 힘 있게 성장할 수 있다. 1920년대에서 40년대까지 고힐강(顧頡剛) 등 이들은 『고사변(古史辨)』을 편찬하고 '의고파(疑古派)'를 창설해 삼황오제를 부정하고 정통 역사학의 신성한 기반을 뒤흔듦으로써 역사학계에 '지진'이 일어났다. 그러나 변론을 통해 역사사실이 점차 뚜렷해졌다.

중국 군사 전문가 량서우판(梁守磐)도 권위에 대담하게 도전한 본보기로 불릴 만하다. 1960년 초 무기시험장 설비 품질을 심사하고 실제 운영을 통해 연병을 실시하기 위해 상급에서는 P-2미사일을 도입해 무기시험을 진행키로 했다. 그런데 소련의 전문가들은 중국의 연료 중에 가연성 물질이 너무 많이 함유되어 있어 중국 추진제를 사용해 발사할 경우 로켓이 폭발할 위험이 있다면서 로켓을 발사하려면 반드시 소련의 추진제를 구입해야 한다고 말했다. 이에 량서우판이 "우리 제품은 이미 화학실험을 거쳐 자료에 규정된 기준에 충분히 도달했음이 증명되었는데 왜 사용할 수 없다는 말인가?"라며 저항했다.

그러는 그가 걱정이 되어 주변에서 "소련 전문가의 의견을 존중해주시지요. 그러다가 문제라도 생기면 해명할 수 없게 됩니다."라고 그를 설득하려 했다. 그러나 량서우판은 "이론 분석에 따르면 우리 연료에 문제가 생길 수는 없습니다. 만약 잘못된다면 내가 모든 처분을 달갑게 받겠습니다!"라고 힘 있게 대답했다. 일주일 뒤에 드디어 문제점을 찾았다. 외국 전문가가 중국의 연료 데이터를 계산할 때 분석수치 중 어느 한 물질의 기체상태 용적을 액체상태의 용적으로 삼아 계산한 바람에 그 이물질이 액체 연료 중에서 차지하는 비중이 실제 수치보다 1000배나 높아졌던 것이다. 1960년 9월 10일 중국은 최초로 자국 국토 위에서 국산 연료를 사용해 그 P-2 탄도미사일을 발사하는데 성공했으며 중국 미사일 발전역사의 첫 페이지를 기록했다.

'용'의 가장 중요한 것은 새로운 것을 창조하는 정신에서 반영된다. 『시경(詩經)』에는 "주(周)나라가 비록 오래 된 나라이긴 하지만 그 사명은 혁신 중이다.(周雖舊邦, 其命維新)"[178]라고 했다. 청(淸)대의 고염무는 『일지록·서(日知錄·序)』에서 그가 책을 읽고 필기를 하는 과정에서 만약 "옛날 사람이 나보다 앞서 그 내용에 대해 쓴 것을 발견하면 나의 것을 삭제해버렸다(古人先我而有者, 則遂削之)"라고 썼다. 장지동(張之洞)은 『권학편·변법(勸學篇·變法)』에 "융통성이 있고 시대에 적응할 수 있어야 하며, 해로운 것은 개혁하고 이로운 것은 발양시키며, 시대에 맞춰 앞으로 나아가야 한다(變通趣時, 損益之道, 與時偕行)"라고 썼다. 양계초는 신민사상을 제기했으며 『신민설(新民說)』을 썼다. 그는 「소설과 여러 가지 사회문제 관리의 관계를 논함(論小說與群治之關係)」이라는

---

178) 『시경 · 대아 · 문왕(詩經 · 大雅 · 文王)』

글에서 "한 나라의 국민을 새롭게 하려면 먼저 한 나라의 소설을 새롭게 해야 한다"라는 주장을 제기했다. 그는 신(新)도덕 · 신(新)풍속 · 신(新)학문 · 신(新)인심 · 신(新)인격을 호소했다. 진독수(陳獨秀)가 『신청년(新靑年)』을 창간하고 마오쩌둥이 신민학회(新民學會)를 창설해 모두 국민의 신(新)사상을 선전하는데 진력했다.

고금을 막론하고, 국내외를 막론하고 대담하게 옛 것을 버리고 새것을 창조한 사례가 헤아릴 수도 없이 많다. 노벨상의 창설자이며 스웨덴 화학가인 알프레드 노벨은 폭약을 연구 개발하는 과정에서 폭발 사고가 일어나 아우 한 명이 당장에서 폭사하고 아버지가 중상을 입었으며 그 자신도 피투성이가 되는 사고를 당했다. 그러나 그는 낙담하지 않고 계속 연구개발해 끝내 나이트로글리세린 폭약의 개발에 성공함으로써 공업과 교통운송에 크게 기여했다. '오늘날의 필승(畢昇)'으로 불리는 왕쉬안(王選)은 1970년대부터 시작해 중국 컴퓨터를 이용한 한자 레이저조판시스템과 그 이후의 전자출판시스템 연구개발을 주관하면서 과학연구팀을 이끌고 그 당시 국외에는 존재하지 않는 제4세대 레이저조판시스템을 창조해 유럽 한 항목의 특허와 중국 8개 항목의 특허를 따냈다. 그로 인해 중국 인쇄업계는 "납과 불을 이용한 식자시대를 작별하고 빛과 전기를 이용한 식자시대를 맞이하는" 중대한 변화를 이루었으며, 중국 신문출판업 기술과 응용이 국제 선진수준에 달할 수 있었다. 왕쉬안은 중국 지식인의 우수한 대표로서 그에게는 전 세계로 시야를 넓히고 대담하게 새것을 창조하는 중화민족의 우수한 전통이 집중적으로 반영되었다.

영국 박물학자 다윈은 진화론에서 자연계는 "자연선택, 적자생존"의 법칙이 존재한다며 약자는 자강하지 않고 용감하게 생존해나가지 않으면 세계에서 설 자리를 얻기가 어렵다고 주장했다. 인류사회에서도 경쟁과 도태는 아주 치열하다. 역사적으로 얼마나 많은 대제국과 얼마나 많은 민족, 얼마나 많은 문명이 치열한 사회경쟁 속에서 사라져갔는가? 인류사회의 경쟁이 갈수록 치열해지고 있는 오늘날 우리는 개인의 전도와 국가의 발전을 위해 용감한 정신을 제창해야만 한다. 용감 매진하며 두려움 모르는 기개로 현실을 직시해 새로운 미래를 개척해나가야 할 것이다!

제6장
사회주의 핵심가치관의 중요한 원천

제6장
사회주의 핵심가치관의 중요한 원천

중국공산당 제18차 전국대표대회에서는 중국 특색 사회주의의 위대한 사업을 깊이 있게 추진한다는 차원에서 '부강·민주·문명·조화'를 창도하고, '자유·평등·공정·법치'를 창도하며, '애국·맡은 바 업무에 최선을 다하려는 정신·성신·우호적인 것'을 창도하고, 사회주의 핵심가치관을 양성하고 실천하는 것에 대한 전략적 임무를 제기했다.

시진핑(習近平) 중국공산당 중앙위원회 총서기는 중국 특색과 민족적 특성 및 시대적 특징을 충분히 반영할 수 있는 가치체계를 하루 빨리 구축하기 위해 노력할 것을 요구했다.

중국 특색과 민족적 특성 및 시대적 특징을 충분히 반영할 수 있는 가치체계를 구축하고 사회주의 핵심가치관을 적극 양성하고 실천하려면 반드시 중국의 역사문화전통에 입각해 중화 전통미덕과 중국의 전통 핵심가치관을 기본 가치자원으로 삼고 중국의 우수한 전통 핵심가치관을 계승해 중화의 아들딸들이 보편적으로 공감하고 따를 수 있게 할 뿐 아니라, 또 사회주의의 가치 본질과 일치하고 인류문명의 발전추세와도 맞물릴 수 있게 하여 중국 사회주의 핵심가치관의 바탕성·민족성·계승성을 충분히 반영하고 중국 특색·중국 풍격·중국 기백의 지속적인 매력과 독특한 풍모를 충분히 반영하도록 해야 할 것이다.

1. 중화 전통미덕과 전통 핵심가치관은 사회주의 핵심가치관을 양성하고 실천하는 중요한 원천이다.

중화 민족 5천여 년의 우수한 전통문화와 전통미덕은 사회주의 핵심가치관을 양성하는 역사적 원천이다. 시진핑 총서기는 다음과 같이 강조했다.

> 중화의 우수한 전통문화는 중화민족의 뚜렷한 장점이며 가장 막강한 문화 소프트파워이다. 전통을 포기하고 근본을 잃어버리는 것은 자신의 정신적 맥을 끊어버리는 것과 같다. 넓고도 심오한 중화의 우수한 전통문화는 우리가 세계문화의 격류 속에 발을 붙이고 꿋꿋이 설 수 있는 기반이다. 중화의 우수한 전통문화의 역사적 근원과 발전 맥락 및 기본 발전방향에 대해 명확히 말할 수 있어야 하고, 중화문화의 독특한 창조와 가치이념 및 뚜렷한 특색에 대해 명확하게 말할 수 있어야 하며, 문화의 자신감과 가치관의 자신감을 키워야 한다.

중화 전통미덕은 우수한 중화 전통문화의 정수로서 풍부한 사상도덕 자원을 포함하고 있으며, 사회주의 핵심가치관이 축적되어 있는 중요한 원천이다. 우리는 그 속에서 영양을 섭취할 줄 알아야 하며, 시대의 요구와 결부시켜 창조적으로 전환시키고 혁신적으로 발전시켜 중화의 전통미덕이 중국 특색 사회주의의 위대한 사업에 걸맞고 현대 문명사회와 조화를 이룰 수 있게 해 사회주의 핵심가치관의 튼튼한 역사적 기반이 될 수 있도록 해야 한다.

중국은 세계에서 가장 이른 문명 선진국 중의 하나로서 유구한 역사와 찬란한 문화를 가지고 있다. 중화민족은 시종일관 "자강불식, 후덕재물(自强不息,厚德載物)"의 진취적이고 착한 것을 숭상하는 정신을 추구하는 것을 일관해오면서 세계 다른 민족에 비해 더욱 풍부하고 더욱 민족적 특색을 띤 전통미덕이 형성되었으며, 본래부터 '도덕 숭상'·'문명 고국'·'예의지국'으로 세계에서 유명하다. 우리는 중화의 우수한 전통문화와 전통미덕의 사상자원을 갖고 있는 장점과 도덕 실천이라는 장점을 충분히 인식해 그 정수를 섭취하고 대대적으로 선양해 문화적 자신감과 도덕적 자신감 및 가치관의 자신감을 키워야 할 것이다.

중화의 우수한 전통문화와 전통미덕은 인간의 생명 존재문제·인간의 덕행문제·인생의 가치와 의의문제를 중시하고 숭고한 이상과 완벽한 인격을 추구한다. "인애(仁愛)를 강조하고 민본(民本)을 중시하며, 성신(誠信)을 지키고 정의를 존중하며 화합(和合)을 숭상하고 대동(大同)을 추구하며 가장 완벽한 경계에 이르는" 도덕생활을 추구할 뿐 아니라, "덕을 세우는 것(立德), 공적을 쌓는 것(立功), 훌륭한 말을 하는 것(立言)" 등의 '삼불후(三不朽, 썩지 않는 세 가지)'의 숭고한 이상을 창도한다.

씩씩하고 쓸모가 있으며 자강불식하는 인생자세를 추구할 뿐 아니라 다른 사람을 자기 자신처럼 사랑하고 덕을 쌓아 만물을 포용할 수 있는 넓은 포부를 제창한다. 수천 수백 년간 중화의 우수한 전통문화와 전통미덕은 중화민족의 무수히 많은 어질고 뜻 있는 사람들을 양성해냈다. 중화의 우수한 전통문화와 전통미덕에는 중화민족의 가장 풍부한 정신적 추구와 가장 근본적인 정신적 유전자가 축적되었으며, 인류사회 문명 발전의 정수가 포함되어 있어 사회주의 현대화건설의 기본요구에 부합되며, 시공간과 국경을 뛰어넘는 영원한 가치를 갖추었다고 말할 수 있으며, 중화민족이 인류문명을 위해 남긴 보배와 같은 정신적 재부라고 할 수 있다.

중화의 대업을 일으키려면 중화민족 5천여 년 역사의 깊은 원천에 뿌리를 박아야 하며, 중국의 모든 사업을 도모하려면 중화민족 5천여 년 도덕의 정신적 유전자를 이어받아야 한다. 당대 중국의 가치관념은 5천여 년 중화문명의 역사발전이 근원이며, 사회주의 핵심가치관을 양성하는데 있어서 중화 전통미덕은 가장 깊은 차원의 도덕적 지탱점이라는 사실을 떠나서는 안 된다.

"인애(仁愛)를 강조하고 민본(民本)을 중시하며, 성신(誠信)을 지키고 정의를 존중하며 화합(和合)을 숭상하고 대동(大同)을 추구하며 가장 완벽한 경계에 이르는" 중화의 우수한 전통문화와 전통미덕이 사회주의 핵심가치관을 포함한 중요한 원천이 될 수 있도록 하며, "인애(仁愛)를 강조하고 민본(民本)을 중시하며, 성신(誠信)을 지키고 정의를 존중하며 화합(和合)을 숭상하고 대동(大同)을 추구하며 가장 완벽한 경계에 이르는" 도덕정신과 도덕적 자신감·영원한 가치에 대해 깊이 있게 그리고 상세하게 밝혀내고, 사회주의 핵심가치관과 중화의 전통미덕의 역사적 연결을 깊이 있게 상세하게 밝혀내며, 당대 중국 가치 관념의 무궁한 잠재력과 독특한 매력을 상세하게 밝혀내야 한다.

또한 당대 중국의 가치 관념과 사회주의 핵심가치관의 도덕 기반을 튼튼히 다져 당대 중국 가치 관념과 사회주의 핵심가치관으로써 중국 특색의 사회주의 현대화를 실현하고 중화민족의 위대한 부흥인 '중국의 꿈'을 실현할 것이라는 공동적인 가치 추구를 튼튼히 받쳐주어야 한다. 중화민족이 대대손손로 아름답고 숭고한 정신적 경계를 추구한다면 우리 민족은 영원히 희망으로 가득 찰 것이다.

2. 사회주의 핵심가치관을 양성하고 실천하려면 중국 특색의 사회주의 위대한 실천에 입각해야 한다.

사회주의 핵심가치관은 세계 사회주의 실천운동 및 중국 사회주의 혁명과 건설, 특히 개혁개방과 사회주의현대화 건설의 위대한 실천과정에서 점차 확립된 것으로, 세계 사회주의 실천운동 중 사회주의 핵심가치체계와 핵심가치관 건설 방면의 경험과 교훈을 섭취하는데 주의해야 할 뿐 아니라, 또한 중국 인민대중의 현실적인 가치에 대한 공감도가 충분히 반영해야 한다.

한편으로는 중국공산당이 이끄는 중국 사회주의 혁명과 건설, 특히 개혁개방과 사회주의 현대화 건설의 위대한 발전 과정에서 '독립 · 자유 · 민주 · 통일 · 부강'이라는 신민주주의의 총체적인 강령을 제기하면서부터 사회주의 건설시기에 '4가지 현대화' 실현의 웅대한 구상을 제기하기까지, 개혁개방의 새 시기에 '부강 · 민주 · 문명'의 사회주의 현대화 건설목표를 제기해서부터 새 세기 새 단계에 '부강 · 민주 · 문명 · 조화'의 사회주의 핵심가치체계 실현의 현실적 목표를 제기하기까지,

그리고 또 '세 가지 창도'로써 사회주의 핵심가치관을 적극 양성하고 실천할 것을 제기하기까지 사회주의 핵심가치관을 다듬어내고 새로운 단계로 끌어올리기 위한 풍부한 실천 토대를 마련했다.

다른 한편으로는 중국공산당이 전 국민을 이끌고 사회주의 혁명과 건설, 특히 개혁개방과 사회주의 현대화 건설을 진행하는 위대한 실천과정에서 중국 인민대중의 마음속에는 법치·인권·공정·민주·자유·평등·조화·행복·인간 본위 등 가치 이념이 점차 형성되었으며, 그 내용이 아주 풍부해 사회주의 핵심가치관을 다듬어내고 새로운 단계로 끌어올릴 수 있는 풍부한 가치자원과 충분한 현실적 토양을 마련했다.

예를 들어 경제 영역에는 발전·전면 발전·조화로운 발전·지속 가능 발전·생산력 해방·생산력 발전·효율·효과와 수익·공평·착취 소멸·양극분화 해소·공동 부유 등 가치 이념이 존재하게 되었다.

정치 영역에는 자유·민주·평등·권리·인권·정의·법치·덕치·당을 세워 백성의 복지를 위함(立黨爲公)·백성을 위한 정치(執政爲民)·과학적인 정치(科學執政)·민주적인 정치(民主執政)·법의 의한 정치(依法執政)·부패 척결 청렴 창도(反腐倡廉)·안전·안정·평화·조화로운 세계·패권주의 반대 등 가치 이념이 존재하게 되었다.

문화 영역에는 문명·선진·과학·국민을 위한 봉사·애국주의·집단주의·사회공덕·직업도덕·가정미덕·개인 품성과 도덕·법을 지킴·영예 숭상·수치를 진선미(진실하고 선량하고 아름다운 것)·정신문명·'백화제방, 백가쟁명[百花齊放, 百家爭鳴, 서로 다른 형식(풍격)의 예술 작품이 자연스럽게 발전하는 것과 서로 다른 학파들이 자유롭게 논쟁하는 것)'의 기본 방침·'두 가지를 위하는(二爲, 문화예술은 국민과 사회주의를 위해 봉사해야 한다)' 방침 등 가치 이념이 존재하게 되었다. 사회 영역에는 단결·호조 ·우애·공평·성신·조화·자원 절약·친환경·사회 진보·생태문명 등 가치 이념이 존재하게 되었다.

중국공산당이 제기한 과학적 발전관의 핵심은 인간 본위로서 뚜렷한 가치 추세와 가치 색채를 띠며, 중국공산당의 가치 이성에 대한 숭고한 추구를 반영했을 뿐 아니라, 수단 이성에 대한 현실적인 추구를 반영했다.

인간 본위는 "인간의 자유로운 전면적인 발전을 실현하는 것"을 사회주의 발전의 근본 목표로 삼아 마르크스주의의 최고 가치 이상을 충분히 나타냈을 뿐만 아니라, 그러한 최고의 가치 이상을 실현하는 현실적인 길을 분명히 밝혔다. 인간 본위의 원칙에 따르고 과학적인 발전관을 전면 관철 이행한다는 것은 '사람의 자유로운 전면적인 발전'을 추진하는 것과 중국의 경제·정치·문화·사회의 양호하고도 빠른 발전을 실현하는 것을 밀접히 연결시켜 사회주의 경제·정치·문화의 대대적인 발전, 그리고 사람과 자연의 조화로운 공존을 실현하는 것을 통해 사람의 자유로운 전면적인 발전을 추진하기 위한 기본 조건을 마련할 수 있음을 의미한다.

중국공산당이 사회주의의 조화로운 사회건설을 제기한 것은 사회주의 핵심가치관을 적극 양성하고 실천해야 한다는 객관적 요구를 종합적으로 반영한 것이다. 사회주의의 조화로운 사회는 민주 법치·공평 정의·성신 우애를 실현하고, 활력이 넘치며, 안정적이고 질서적이며, 사람과 자연이 조화롭게 공존하는 사회를 가리키는 것으로서 독특한 가치 내용을 포함하고 있다. 생산 발전·풍족한 생활·정결한 농촌 모습·민주적인 관리를 주요 내용으로 하는 사회주의 새 농촌 건설에는 풍부한 가치 내용이 포함된다.

부강·민주·문명·조화를 주요 내용으로 하는 사회주의 핵심가치체계 실현의 현실적 목표는 중국 사회주의 초급단계의 기본 국정에 뿌리를 두고 있으며, 그 사상적 바탕은 집단주의이고, 가치 신념은 사회주의이며, 가치 방향은 공동으로 부유해지는 것이고, 가치 기준은 사회의 발전이며, 최종 가치 목표는 사람의 자유로운, 전면적인 발전이다.

중국 사회주의 혁명과 건설, 특히 개혁개방과 사회주의 현대화 건설의 위대한 실천 과정에서 시대의 발전에 걸 맞는 가치 관념이 끊임없이 형성되었다. 예를 들어 21세기에 들어서서부터 애심을 행동으로 옮겨 사회에서 도움이 필요한 사람에게 관심을 기울이고, 지원자 정신을 발양하며, 현대 문명과 함께 발전하면서 봉사정신으로 청춘을 빛내고 사회와 함께 발전하며 나아가는 것이 당대 청년 대학생의 새로운 가치관으로 되고 있다.

이러한 가치 이념과 가치 추구는 모두 중국 사회주의 혁명과 건설, 특히 개혁개방과 사회주의 현대화 건설의 위대한 실천과정에서 점차 형성되고 확립된 것으로서 중국 인민대중이 현재 비교적 폭넓게 공감하고 보편적으로 받아들이고 있는 가치 이념이며, 인민대중의 가장 광범위하고 가장 강렬한 가치 추구를 표현했다. 이러한 가치이념은 사회주의 핵심가치관을 개괄하고 다듬어내며 종합해서 새로운 단계로 끌어 올리는데 풍부한 가치를 축적해 주었고, 튼튼한 현실적 기반을 마련했으며 모든 사회주의 핵심가치체계에 포함시킬 수 있어 사회주의 핵심가치관의 풍부하고도 현실적인 가치 원천이 되는 것이다.

3. 인류문명발전의 적극적인 성과는 사회주의 핵심가치관을 양성하는 기초자료이다.

인류문명발전의 적극적인 성과와 가치에 대한 공동인식은 인류지혜의 결정체이고 인류의 귀중한 정신적 재부로써 인민대중의 가치 이상과 가치 소망·가치 추구를 반영하고 대표하며 인류사회발전의 길을 밝혀주는 등대이고 인류와 자연, 인간과 사회, 인간과 인간의 관계를 처리하는 공동 가치법칙이며, 한 나라, 한 민족이 나라를 다스리고 사회를 관리하는 공동적인 가치원칙이다.

인류문명발전의 적극적인 성과와 가치에 대한 공동인식은 사회주의 핵심가치관을 양성하는 중요한 자원이다. 그 어떠한 사회 핵심가치관의 양성이든 모두 인류문명발전의 적극적인 성과와 가치에 대한 공동인식을 받아들이는 것을 떠날 수 없다. 중국 특색의 사회주의 역사는 곧 마르크스주의 중국화의 역사이며 시대의 발전과 같은 행보로, 인류문명의 유익한 성과를 폭넓게 받아들이고 참고하는 한편 또 거기에 중국 특색을 부여한 역사이기도 하다. 사회주의 핵심가치관을 양성함에 있어서 인류문명 발전의 적극적인 성과 및 가치에 대한 공동 인식과 폭넓은 교류를 진행하고 서로 참고하며, 또 융합 과정에서 꾸준히 풍부히 하고 새로운 것을 창조 발전시켜야만 비로소 충실해지고 새로운 단계로 끌어올리며 완벽해질 수 있는 것이다.

일반적으로 사회주의 핵심가치관과 인류문명발전의 적극적인 성과 및 가치에 대한 공동인식 사이에 등호를 그어 두 가지를 간단하게 동일시해서는 안 된다. 인류문명발전의 적극적인 성과와 가치에 대한 공동인식에 비해 사회주의 핵심가치관은 상대적으로 특별하다. 특별함은 일반을 반영하고 일반은 특별함 속에 존재하지만 이 두 가지는 또 일정한 구별이 있다. 예를 들어 사회주의에 있어서 역사・문화・현실의 다름으로 인해 인류문명 발전의 적극적인 성과 및 가치에 대한 공동인식의 구체적 표현형태는 큰 차이가 나타날 수 있는데, 예를 들어 인권・민주 등 가치 이념에 대한 구체적 표현형태가 그런 것이다. 그러나 단정컨대 사회주의 핵심가치관과 인류문명 발전의 적극적인 성과 및 가치에 대한 공동인식 사이에는 서로 배척하는 사이가 아니며 또 배척해서도 안 되는 것이다.

실제로 사회주의 핵심가치관은 언제나 인류문명발전의 적극적인 성과와 가치에 대한 공동 인식에 근원을 두고 있으며, 또한 이를 기초자료로 한다. 무릇 진정한 인류문명 발전의 적극적인 성과와 가치인식에 대한 공동인식은 모두 받아들여 사회주의 핵심가치관 속에 포함시켜야 한다. 엥겔스는 사회주의 핵심가치관과 인류문명 발전의 적극적인 성과 및 가치에 대한 공동인식 사이의 기원과 흐름의 관계를 다음과 같이 밝혔다.

(현대 사회주의의 원천은) 그 이론 형태로 말하면 최초에 18세기 프랑스의 위대한 계몽학자들이 제기한 여러 가지 원칙의 진일보, 그리고 어쩌면 더욱 철저한 발전으로 표현된다. 임의의 새로운 학설과 마찬가지로 그 이론형태는 비록 경제적 사실 속에 깊이 뿌리박고 있지만 반드시 먼저 기존의 사상자료에서 출발해야 한다.

분명히 알 수 있는 것은 사회주의 핵심가치관이 인류문명발전의 적극적인 성과와 가치에 대한 공동인식에 대해 이해하지 못하고 받아들이지 못하며 새로운 단계로 끌어올리지 못한다면, 인간의 가치관에 대해 논할 수 없으며 인류의 가치관을 건설하는 것은 더더욱 불가능하다. 1992년에 덩샤오핑(鄧小平)이 남방순회연설을 발표해 "사회주의가 자본주의와 비교해 우위를 차지하려면 반드시 인류사회가 창조한 모든 문명 성과를 대담하게 받아들이고 참고해야 한다"라고 아주 분명하고도 예리하게 제기했다.

한 나라, 한 민족은 오로지 개방성과 수용성을 갖춰야만 부강하고 흥성할 수 있다. 한 정당, 한 주의는 오로지 인류문명 발전의 적극적인 성과를 꾸준히 받아들여야만 발전하고 진보할 수 있다. 인류문명 발전의 적극적인 성과와 가치에 대한 공동인식을 적극 받아들이고 전승하는 것은 사회주의 발전의 필연적 요구이며 더욱이 사회주의의 고유한 본성과 신성한 사명이다.

사회주의 핵심가치관을 적극 양성하고 실천하려면 반드시 역사적 시각과 세계적 안목을 갖추어야 하며 개방된 마음가짐을 유지해야 한다. 개혁개방이래 중국은 과학·효율·민주·법치·인권·공평 등 인류문명 발전의 적극적인 성과와 가치에 대한 공동인식을 점차 받아들여 '화해세계'를 건설하자는 공동 가치이상을 제기하고 적극 창도해오고 있다. 이는 세계문명 공동발전의 역사과정에 융합된 것이며 또 세계문명 공동발전을 추진하는데 대한 중요한 기여이기도 하다.

물론 그 과정에서 우리는 정신적 독립성과 주동성을 시종일관 유지해야 한다. 분별을 거치지 않고 서방 가치관념의 맹목적인 추종자가 되어서는 안 되며, 서방 가치관이 사회주의 핵심가치관을 잠식하고 제거하는 것을 방지해야 한다. 자체만의 정신적 독립성과 주동성이 없다면 우리는 정치·사상·문화·제도 등 방면의 독립성이 송두리 채 뽑히게 될 것이기 때문이다.

4. 중화 전통미덕을 발양함에 있어서 연구해야 할 중대한 문제

현재 중국은 개혁을 전면 심화하는 중요시기에 처해 있다. 이에 따라 사람들의 사상의식·도덕관념·가치방향도 심각한 변화 발전과정을 거치게 될 것이다. 사회주의 핵심가치관을 양성하고 선양하며 중화 전통미덕을 발양하는 것은 강한 치밀성과 긴박성을 띤다고 말할 수 있다.

실천 중에서 가장 근본적인 것은 마르크스주의 지도방침에 따르고 사회주의 선진문화의 전진 방향을 따르며, 형편없고 쓸모없는 것은 버리고 훌륭하고 유용한 것을 취하며, 거짓된 것은 버리고 진실한 것은 남기는 비판적이고 논증적인 자세에 따라 옛날의 문화유산을 오늘의 현실에 맞게 받아들이고, 찌꺼기는 버리고 알맹이만 취하여 새로운 방향으로 발전시키는 방침에 따라 중화 전통미덕의 창조적 전환과 혁신적 발전을 실현함으로써 중화 전통미덕이 마르크스주의 도덕관·사회주의 도덕관과 서로 조화를 이루고, 개혁개방 및 사회주의 시장경제와 서로 맞물리며, 현대 사회문명 발전요구와 일치하도록 해 사회주의 핵심가치관을 양성하고 발양하기 위한 튼튼한 도덕적 기반을 마련하고, 사람들을 격려해 '중국의 꿈'을 실현하기 위해 애쓰도록 강대한 정신적 힘을 마련해야 한다.

구체적으로 말하면 4개 방면의 관계를 잘 처리해야 한다.

1) 중화 전통미덕과 사회주의 도덕 건설 간의 관계를 정확하게 처리해야 한다.

사회주의도덕은 중국 사회주의경제의 토대와 서로 어울리는 상부구조이다. 중화 전통미덕이 중국 사회주의 도덕체계에서의 위치를 어떻게 확립하느냐 하는 것은 사회주의 도덕건설이 직면한 중대한 문제이다. 중국은 현 단계에서 사회주의 도덕의 주도적 역할을 충분히 발휘해야 할 뿐 아니라 공산주의 도덕의 지도적 역할과 중화 전통미덕의 적극적인 역할도 대대적으로 발휘해야 한다.

중화 전통미덕은 풍부한 문화적 잠재력을 가지고 있으며 영원하고 광범위하며 풍부한 정신적 가치를 포함하고 있는, 사회주의 도덕체계의 중요한 원천이다. 혁신을 거쳐 중화 전통미덕은 사회주의 도덕체계에 융합되어 사회주의 도덕체계의 중요한 내용이 될 수 있다. 중화 전통미덕은 사람들이 마땅히 좇아야 할 기본 도덕원칙과 도덕규범이고 덕성품성과 덕성수양의 일종으로서 마땅히 사회주의 도덕체계의 중요한 기반이 되어야 한다. 중화 전통미덕을 발양함에 있어서 마땅히 그 지위를 사회주의 도덕체계의 바탕이 될 수 있는 내용으로 정립함으로서 사회주의 도덕체계에 튼튼한 도덕적 근거를 마련해야 한다.

2) 중화 전통미덕과 사회주의 시장경제 간의 관계를 정확히 처리해야 한다.

상부구조로서의 전통미덕은 반드시 경제 토대에 걸맞아야 한다. 사회주의 시장경제의 발전과 보완에 따라 중국 경제사회에 심각한 변화가 일어났다. 중화 전통미덕을 발양함에 있어서 반드시 사회주의 시장경제 조건하에서 확립된 사상관념과 가치기준 · 도덕적 요구에 걸맞아야 하며, 사회주의 시장경제에 부합되지 않는 도덕 이념 · 도덕 준칙 · 도덕규범은 폐지하고 새로운 도덕 요소를 주입시켜야 한다.

한편 인간의 행위에 대한 전통미덕의 적극적인 지도적 역할을 발휘해야 한다. 예를 들어 도덕에 대한 존중 사람의 생명의의에 대한 추구 사람의 내재적 정신에 대한 긍정 직책 본분을 다하는 등은 시장경제 속에서 수단의 가치와 공리의 가치가 결여된 인문정신을 보충할 수 있다. 예를 들어 인애사상은 여러 가지 복잡한 이익적 요구를 재통합해 극단적인 이기주의를 억제할 수 있고, 성신사상은 상업 질서를 규범화시키고 정돈하는데 도움이 되며 '견리사의(見利思義, 이익 앞에서 도의를 생각함)', '선의후리(先義後利, 도의를 먼저 생각하고 그 뒤에 이익을 챙김)'사상은 사람들이 고상한 정신의 지도하에 이익을 추구할 수 있도록 인도함으로써 사회주의 시장경제의 건전한 발전을 추진할 수 있다.

3) 덕으로 나라를 다스리는 것(以德治國)과 법으로 나라를 다스리는 것(依法治國) 간의 관계를 정확히 해야 한다.

덕치(德治)와 법치(法治)는 마치 차량의 두 바퀴와 같고 새의 한 쌍의 날개와도 같이 상부상조하며 어느 한쪽도 소홀히 하지 않고 동일하게 중시해야 한다. 중화 전통미덕을 발양함에 있어서 사회주의 법률체계와 서로 조화를 이루어야 하고, 그 핵심원칙과 기본 요구 주요 내용은 모두 법률규범의 기본정신을 반영해야 하며 가치 원칙과 조정방향에서 법률규범과 일치성을 유지해야 한다.

전통미덕을 발양함에 있어서 반드시 법률규범의 보장역할을 발휘할 수 있도록 주의함으로써 도덕의 설득력과 법률의 강제력을 유기적으로 결합시켜 전 사회적으로 전통미덕을 발양하는 자각성을 키워야 한다. 입법과정에서 전통미덕 발양의 요소를 충분히 고려해 그 윤리정신을 법치이념에 반영시켜야 하며 심지어 법률규범으로 직접 끌어올려야 한다. 예를 들어 성신은 도덕규범일 뿐 아니라 법률규범이기도 하다. 성신에 대해 중국 「민법통칙」에 이미 명확히 규정지어 성신이라는 도덕규범의 권위성과 실천력을 크게 증강시켰다. 또 예를 들어 노령화사회가 다가옴에 따라 노인을 공경하고 노인에게 효도하는 것이 일종 사회의 초조함이 되고 있다. 사람들이 이 방면에서의 기대는 더 이상 도덕적 차원에만 머물러 있지 않고 법률적인 구속을 호소하고 있다. 새로 수정한 「중화인민공화국 노인 권익보장법」에는 '노인과 따로 거주하는 가정 구성원은 마땅히 노인을 자주 찾아뵙거나 혹은 문안을 드려야 한다'라는 명확한 규정을 새로 추가해 사회적으로 아주 좋은 반향을 불러일으켰다.

중화 전통미덕을 발양함에 있어서 "덕을 소중히 여기고 법을 소홀히 해야 한다(貴德輕法)", "덕으로 다스리는 것을 위주로 하고 형벌을 보조적 수단으로 삼아야 한다(德主刑輔)"라는 주장 중에서 "덕을 소중히 여겨야 한다"의 가치를 반영해야 할 뿐 아니라 "법을 소홀히 해야 한다"의 국한성을 폐지해 '법치'의 시대적 가치를 두드러지게 함으로써 "법을 지키는 것"은 현대 공민의 기본 요구임을 강조해야 한다. 중화 전통미덕을 발양함에 있어서 현대 국가 관리체계에서 법치의 근본적인 지위를 흔들려는 것이 아니라 덕치와 법치를 서로 결합하는 원칙에 따라야 함을 명확히 해야 한다는 것이다.

4) 비판과 계승 간의 관계를 정확히 처리해야 한다.

민족문화와 민족도덕은 한 민족이 다른 민족과 구별되는 독특한 표징이다. 우리는 중화의 우수한 전통문화와 전통미덕에 대해 발굴하고 상세히 밝히는 것을 대대적으로 강화해 중화 전통미덕의 창조적 전환과 혁신적 발전을 실현하기 위해 노력함으로써 시공간을 뛰어넘고, 국경을 뛰어넘으며, 영원히 매력으로 넘치는, 당대의 가치를 띤 문화정신을 발양토록 해야 한다.

물론 도덕은 모두 일정한 사회역사 조건하에서 생겨나는 것으로서 필연적으로 그 시대의 낙인이 찍히게 되어 있다. 중화 전통미덕도 마찬가지이다. 중화민족 5천여 년의 전통미덕을 대함에 있어서 올바른 자세는 형편없고 쓸모없는 것을 버리고 훌륭하고 유용한 것을 취하며 거짓된 것은 버리고 진실한 것은 남기는 토대 위에 옛날의 문화유산을 오늘의 현실에 맞게 받아들이고 낡은 것을 버리고 새로운 것을 만들어내는 원칙에 따라 구별해서 대하고 비판적으로 계승해야 한다.

정수와 찌꺼기를 구분하는 근본적 기준은 중국 특색의 사회주의 사업을 유지하고 발전시키는데 이로운 건인지, 사회주의 도덕체계의 형성에 이로운 것인지, 사람의 전면적인 발전과 사회의 진보에 이로운 것인지의 여부를 보아야 한다. 이러한 요구에 부합되는 것이 정수이고 그렇지 못하면 찌꺼기이다.

후기

후기

중국인의 전통미덕과 전통 핵심가치관은 풍부한 문화적 잠재력과 심오한 정신적 가치를 포함하고 있어 사회주의 핵심가치관에 튼튼한 도덕적 근거를 마련해주었으며, 사회주의 핵심가치관의 중요한 원천이 된다.

개조와 혁신을 거쳐 전통미덕과 전통 핵심가치관은 사회주의 도덕체계에 융합되어 사회주의 도덕체계의 중요한 내용이 될 수 있다. 중화 전통미덕과 전통 핵심가치관은 사람들이 보편적으로 따라야 하는 기본 도덕원칙과 도덕규범이며 덕성품성과 덕성수양이며 사회주의 핵심가치관의 중요한 도덕 기반이다. 중국인의 전통미덕과 전통 핵심가치관을 계승하고 선양하는 것은 중국 특색과 민족 특성, 시대적 특징을 띤 가치체계를 구축하고 사회주의 핵심가치관을 양성하는데 중요한 현실적 의미를 가지고 있다. 중국인의 전통미덕과 전통 핵심가치관을 대대적으로 선양하기 위해 이 책을 편찬했는데, 이 책에 대한 주필은 다이무차이가 담당했다.

이 책의 편찬과 토론에 참가하고 자료 제공을 해준 분들은 다이무차이 · 펑룽훼이(彭隆輝) · 펑린(馮琳 · 황쉐모(黃學模) · 톈하이젠(田海艦) · 류우건(劉武根) · 주훙(朱虹) · 룽위(龍浴) · 리잔훼이(李占會) · 천저야(陳澤亞) · 주징(朱靜) · 허안원(何安文) · 장핑(張萍) · 황쥐안(黃娟) 셰웨이(謝維) · 웨이카이위안(韋開元) · 펑딩꽝(彭定光) 등이 있다. 이 책을 편찬하는 과정에서 다이무차이 · 징훼이민(荊惠民) · 동야오펑(董耀鵬)

우주핑(吳祖平)·홍보(洪波)·장펑즈(張鵬智)·샤오창쥔(邵長軍) 런훼이(任慧)·장링윈(張淩雲)·리딩원(李定文) 등이 펴낸 『중국인의 미덕』을 참고했으며, 왕위더(王玉德)·야오웨이쥔(姚偉鈞) 교수가 책임 편집한 '중국 전통도덕 총서'의 연구성과를 활용했다. 여기에는 류샤오청(劉曉成) 구지우싱(顧久幸)의 『인-사람됨과 정치를 하는 길』 청지송(程繼松)의 『의-역사를 밝게 비춰주는 도덕의 빛』 야오웨이 쥔(姚偉鈞)의 『예-전통도덕의 핵심담』 선지청(沈繼成)의 『지-천고에 길이 빛날 마음의 빛』 캉즈제(康志傑)의 『신-입신처세의 지탱점』 등이 포함된다. 여기서 인용한 자료의 관련 저자들에게 감사의 뜻을 표한다.

　이 책의 출판 과정에서 중국 사회과학원 천잉(陳瑛) 연구원과 중국인민 대학 거천홍(葛晨虹) 교수, 그리고 중국인민대학 출판사의 대대적인 지지에 감사의 뜻을 표한다.

끝으로 이 책에 대한 독자들의 비평과 지적을 바라마지 않는다.

편집자

2015년 4월